De Vℨ

GOUVERNEMENT

DES

HOMMES LIBRES,

OU

CONSTITUTION

RÉPUBLICAINE.

GOUVERNEMENT

DES

HOMMES LIBRES,

O U

CONSTITUTION

RÉPUBLICAINE.

Vivre sans Constitution, c'est s'endormir
au bord des précipices.

PAR CHERHAL MONT-RÉAL.

A PARIS.

Se trouve,

A l'Imprimerie de FRANKLIN, rue du Sentier.
Et chez DESENNE, Libraire, au Palais Égalité.

L'AN IV DE LA RÉPUBLIQUE.

INTRODUCTION.

LES peuples sont soumis à des révolutions comme le globe qui les porte. Ils passent de l'esclavage à la liberté, et de la liberté à l'esclavage. Ce qui fut l'objet de leur culte et de leur amour devient celui de leur mépris et de leur haine. Ils brisent les idoles auxquelles ils prostituaient leur encens, et les remplacent par de nouveaux simulacres auxquels ils adressent encore leur hommage. Le moral des peuples éprouve des modifications si différentes qu'une génération ne ressemble plus à une autre. Les gouvernemens qui obéissent ou président aux sociétés humaines sont entraînés dans les mêmes vicissitudes. Leur aspect politique présente autant de variété dans le dessin, que dans les moyens d'exécution : leur mécanique, leurs ressources, leurs désordres mêmes emportent notre étonnement et notre intelligence. Il semble que tout ce qui est, doit être, et que la nature aussi variée dans ses productions que la morale dans ses rapports, ait jetté l'espèce humaine, comme un monde d'êtres relatifs et non relatifs, une infinité de combinaisons harmoniques et contraires, une perpétuité de destructions et de renouvellemens. Lorsqu'on considère la nature en général, on la retrouve par-tout soumise aux mêmes opérations. La même loi la gouverne. Les corps ont les mêmes principes, le même but et la même fin : la nature morale est également uniforme dans son essence: le genre humain, multiplié d'une manière semblable, est le même dans toutes les contrées, et les rapports qui existent entre des hommes placés au pôle sont les mêmes qu'entre ceux qui sont placés sous la ligne. Le principe du gouvernement qui doit consacrer ces rapports, n'est donc pas différent de lui-même, et la loi qui doit gouverner un peuple est donc essentiellement convenable à l'autre. Cependant les Républiques remplacent les monarchies, les monarchies succèdent aux Républiques Quel est le résultat de ces efforts convulsifs qui ébranlent les Empires? Les peuples obtiennent-ils, par ce changement d'état, un bonheur plus parfait, une tranquillité plus durable, les jouissances de l'avenir enfin compensent-elles les sacrifices révolutionnaires? Les élans vers la liberté sont fructueux ou inefficaces, ils décident du bonheur ou de l'infortuné de la postérité, et les enfans des peuples insurrectionnaires bénissent ou chargent d'imprécations la mémoire de leurs pères. Combien donc grande est l'époque d'une révolution, puisqu'elle fixe le destin des générations successives. Auguste vérité, divinité des hommes libres, apprends-moi la cause de ces évènemens mémorables ! Qu'embrasé de tes feux, mon génie propage d'un pôle à l'autre tes dogmes irréfragables, et puisse le bonheur de l'espèce humaine être le prix de mes soins paternels. Les hommes libres viendront répandre des larmes sur la tombe d'un Législateur fidèle à tes décrets immuables : mais si tu veux me rendre digne de ce tribut de reconnaissance, dis-moi pourquoi les Républiques, ces vastes édifices dont le ciment semblait les rendre inébranlables se sont écroulés sur eux-mêmes, et ont offert au pouvoir absolu d'un maître un trône formé de leurs décombres ; tu me réponds : *Que l'homme a toujours été esclave, parce qu'il n'a cessé d'être soumis à l'homme, et qu'il n'est libre que par le règne de la loi.* J'embrasse avec transport ce principe d'une régénération universelle, et transmettant ton langage aux Nations qui peuplént le globe, j'aspire à fonder une République qui, par sa solidité, bravera l'injure des siècles, et ne reconnoîtra d'autre terme que la dissolution du monde.

GOUVERNEMENT

DES

HOMMES LIBRES,

OU

CONSTITUTION

RÉPUBLICAINE.

ARTICLE PREMIER.

De la Constitution.

LA liberté n'a brillé que momentanément aux yeux des hommes, les révolutions qui avaient pour but l'affermissement de son empire n'ont jamais produit les bienfaits que les peuples avaient droit d'en attendre. Par quelle fatalité s'est-elle dérobée au culte de ceux qui voulaient lui dresser des autels ? Ah ! n'en accusons que notre inconséquence. Son nom auguste n'a cessé d'être souillé en passant par la bouche des profânes, et est trop souvent devenu le prétexte des attentats politiques. Mortels insen-

A

sés : croyez-vous que c'est au milieu des orages et
des convulsions populaires que vous fixerez un se-
jour, et ne voyez-vous pas que la liberté, cette fille
de la nature, s'enfuit avec la rapidité de l'éclair,
dès qu'elle entend un blasphême qui outrage sa
chasteté ? Aussi, quel peuple de la terre peut se
vanter d'avoir une Constitution dont elle ait rédigée les
articles ? Si nous consultons l'autorité des siècles,
nous n'y trouvons que quélques vestiges philosophiques, épars, çà et là, mais non l'édifice constitutionnel que le législateur doit se proposer de bâtir.
Des matétiaux ammoncelés sous une masse informe,
ne composent point le temple de la liberté. Les
bornes de l'esprit humain ont-elles donc été telles,
qu'aucun législateur n'ait pû consacrer l'assemblage
des principes, de manière à offrir un gouvernement
qui, éternel comme la nature, soit à l'abri des
outrages du tems et prévienne les commotions révolutionnaires; un gouvernement libre enfin, qui préside au bonheur de ses contemporains et de la
postérité ? Si nous ouvrons le livre de la nature, cette
mère tendre et généreuse ne pourra nous tromper.
C'est sous ses divins auspices que nous allons examiner les besoins de ses enfans nombreux et mettre un
terme à leurs misères. Le concours des travaux aggrandit le bonheur de chaque membre d'une société
par un échange de secours réciproques. L'homme
ne doit donc éprouver aucune gêne dans le développement de ses facultés. A ce titre, il a des droits à
défendre et des devoirs à remplir. La société doit lui
garantir la jouissance paisible des droits, tant qu'il

ne s'écarte point des devoirs, ainsi il existe non-seulement une correspondance physique entre les hommes par la communication des choses qui leur sont respectivement nécessaires, mais encore des rapports de morale qui règlent leurs actions réciproques. Tel est l'objet de la loi écrite qui ne peut présider à leur félicité, qu'autant qu'elle est l'expression de la loi éternelle, tel est le but qu'une société doit se proposer d'atteindre, tel est le principe de la Constitution d'un peuple libre. Si les gouvernemens avaient été appuyés sur cette base, ils n'auraient éprouvé aucune subversion désastreuse, et celui d'un peuple serait devenu commun à tous les autres. C'est en s'écartant de ce principe fondamental, que la nature morale a éprouvé les mêmes vicissitudes que la nature physique, sans pouvoir comme celle-ci se remettre en équilibre. La matière ne cesse de se décomposer pour reparaître sous une nouvelle forme, les éléments qui la constituent, s'unissent ou se séparent sans être atténués par l'aggrégation ou la dissolution des parties. Telle est la grande chaine de conception de vie et de mort universelle par laquelle tout croit, tout pullule et tout passe. La conception est le développement du germe, la vie est le mouvement du corps, la mort est la mutation des formes. Pendant la conception, le germe reçoit tout et ne donne rien; pendant la vie, le corps reçoit et donne tour-à-tour; à la mort il donne tout pour ne plus recevoir. Cependant la matière est indestructible et n'éprouve que des modifications semblables et nécessaires. Les espèces se succèdent et conservent les mêmes qualités, les mêmes rapports. Elles passent avec le tems, mais la loi à laquelle elles sont soumises ne passe point avec elles. Par-tout le genre humain est le même, les hommes sont toujours semblables, les droits de ceux qui existent aujourd'hui ont été ceux de leurs prédécesseurs et seront communs aux générations futures. Ainsi la morale survit au torrent des vicissitudes, et la loi éternelle existe indépendamment des siècles. La liberté ne peut donc être entraînée dans l'abîme qui engloutit les mortels, et si le législateur consacre son règne tutélaire, les générations passeront, mais la liberté ne cessera de veiller au bonheur de l'espèce humaine.

Une Constitution est le Principe et la forme du Gouvernement.

Lorsque le législateur jette un coup-d'œil sur le globe, il voit l'espèce humaine, dégradée et malheureuse, abandonnée à la merci d'une poignée de dominateurs. Telle est la destinée des peuples qui ne vivent pas sous l'empire de la loi. C'est pour alléger la chaîne qui les accable, que des philosophes ont entrepris à des époques différentes de les rappeler à leur dignité; mais la conquête de leurs droits n'a jamais été conservée, parce qu'en s'éloignant des principes de l'ordre social, ils n'ont vu dans le gouvernement que des modifications physiques. Leurs diverses institutions ne présentent qu'un balancement dans les forces, et des rapports de pouvoirs qui ne composent que des monstruosités politiques. Elles

succombent toutes avec le tems, parce que les fondemens en sont essentiellement ruineux. La république est la seule forme de gouvernement qui
puisse être exempte de ces catastrophes, puisqu'elle
suppose que chaque membre d'une société a intérêt
à la soutenir; mais la république n'a point encore
existé. Ce nom qui signifie un concours de sentimens harmoniques, eut donc offert un gouvernement
immuable, si le gouvernement revêtu de ce titre,
en avait eu en même-tems le caractère sacré. Une
Constitution ne pourra réunir les intérêts de tous
les membres d'une société, qu'autant qu'elle sera la
conservation de la justice éternelle et qu'elle présentera un moyen d'exécution imperturbable. Elle
sera donc composée de deux parties, savoir: le
principe et la forme. L'égarement de ceux qui ont
présidé aux destins des empires, vient de la pente
que l'homme a pour l'imitation. Les gouvernemens
de telle contrée du monde ont été comparés aux
gouvernemens de telle autre contrée, et le despotisme a toujours été le résultat de cet examen. Ainsi
en puisant la morale hors de la source de la nature,
ils ont commis des erreurs d'autant plus déplorables
que les peuples n'ont cessé d'en être les victimes
tout en les propageant au-delà de leur circonscription
territoriale. Les maux des uns sont devenus les
maux des autres, et le genre humain n'a offert
pour fruits de ses recherches qu'une chaine de calamités et de désordres. C'est peu d'avoir adopté
les préjugés barbares de leurs voisins, ils y ont ajouté
encore ceux-là même dont ils étaient imbus et au

A 3

lieu du règne de la liberté, les peuples n'ont établi
que celui d'une tyrannie nouvelle. Une erreur une
fois admise, enfante une multitude de conséquences
aussi pernicieuses que la source dont elles tirent leur
origine ; mais celle qui a exercé le plus d'influence
est la confusion des réglemens conventionnels avec
les rapports éternels de la morale. L'imagination
ne peut donc que s'égarer quand elle substitue des
systêmes vagues à des principes irrécusables, des
opinions à des preuves évidentes et des paradoxes
à des théories certaines. La convention n'est donc
rien en elle-même, et ne peut exister pour le bonheur des peuples, que lorsque cessant d'appartenir
à l'arbitraire, elle devient le résultat de la loi immuable de la nature. Ainsi la première fonction du
législateur est de reconnaître, et la seconde est de
conclure.

II.

Le Principe est Moral, Eternel, Indestructible.

Le bien et le mal ne peuvent être soumis à l'arbitraire. Le crime et la vertu portent un caractère
si opposé qu'il n'est pas permis à l'esprit humain de
les confondre. Ce qui est juste sous un climat, ne
peut être injuste sous un autre et la morale homogène chez tous les peuples est uniforme dans ses
rapports. Puisque cette uniformité existe dans l'homme
multiplié par-tout d'une manière semblable à lui-
même, c'est donc la plus grande erreur d'avancer que
la loi qui convient à un pays ne convient point à un

autre ; que celle qui était bonne , il y a un siècle , ne vaut plus rien aujourd'hui. Que les hommes soient corrompus ou qu'ils soient vertueux, ils ont les mêmes droits à défendre , les mêmes devoirs à remplir. Une seule loi fixe et invariable est donc le régulateur de leurs actions réciproques. La seule différence qui peut se faire remarquer , dans un siècle de corruption , est que le nombre des trangresseurs sera plus considérable que dans un autre où la morale exerce son empire ; mais ce fléau qui ne peut qu'être passager , n'a rien de commun avec l'immobilité du gouvernement. S'il est démontré que les vices des peuples ne sont que les conséquences des vices de leurs institutions anti-sociales, s'il est démontré que leur monstruosité a provoqué sans cesse les égaremens du cœur et de l'esprit en corrompant la morale publique , s'il est démontré que le despotisme seul a engendré toutes les passions honteuses , en arrachant les hommes à leur destination primitive ; en rétablissant l'équilibre des rapports , en élevant entre le peuple et le gouvernement une barrière insurmontable à la tyrannie , en le circonscrivant dans le but de son institution légitime , nous rendrons à la félicité sociale des hommes égarés par leurs dominateurs , les vertus se propageront sous les auspices de la liberté , et la société jouira de tous les avantages qu'elle est en droit de prétendre. Mais pour obtenir ce but d'une régénération universelle, gardons-nous d'offenser la nature , obéissons à la loi éternelle, et que la justice seule prenne la place des

A 4

systèmes arbitraires où l'esprit humain n'a cessé de s'égarer.

I I I.

La forme est Physique , Réglémentaire et Conventionnelle.

Le gouvernement ne peut avoir de volonté et est essentiellement passif, la correspondance des ressorts doit être telle que chacun d'eux puisse exécuter facilement ses fonctions. Leur multiplicité dépend de la population et de la surface du territoire, et c'est sous ce point de vue que la forme est conventionnelle ; mais quelle quelle soit, elle doit être simple et uniforme, afin que le mouvement soit egal, et que le frottement des parties ne puisse entraîner la dissolution de la machine. La volonté du peuple, constante et uniforme, ne peut lui communiquer qu'une impulsion semblable, et son action dépendante de cette volonté, exécutant tout par les mêmes moyens, prévient les désordres qui surviendraient par l'abscence de cette force motrice. Cette partie de la Constitution est l'œuvre de ce génie inventeur qui modifie desê tres matériels et passifs, dont l'organisation remplit par le mouvement, le but qu'on s'est proposé d'atteindre. Si cette machine avait une volonté, elle pourrait se mouvoir dans un autre sens que celui de la volonté du peuple à laquelle elle doit obéir ; dans ce cas, le peuple serait dans l'esclavage, puisque le créateur serait soumis à la volonté de la créature. Pour prévenir ces inconvéniens, le législateur doit fixer la

volonté

volonté du peuple par la reconnaissance de la loi, et mettre le souverain à portée d'enlever les ressorts indociles pour les remplacer par de nouveaux qui, s'engrainant facilement avec le reste du rouage, maintiendront le mouvement de la mécanique. Mais pour exécuter lui-même ce remplacement, il est nécessaire qu'il puisse y atteindre en tout tems. Si la machine était élevée à une telle hauteur qu'elle lui fut inaccessible, comment pourrait-il y mettre la main ? La disposition du gouvernement, une fois convenue, doit donc être telle que le peuple qui ne l'a institué que pour son service, puisse remédier en tout ou en partie aux secousses que les agens qui la composent lui imprimeraient pour en renverser l'harmonie par une suite de leurs passions orgueilleuses et de la soif ardente du pouvoir.

I V.

Le Principe est le Contrat-Social.

L'homme a, dès son enfance, le sentiment du bien et du mal. Ce germe se développe et se fortifie par l'usage de ses facultés. Il sait toujours ce qu'il ne doit pas faire, puisqu'il sait ce qu'il ne voudrait pas qu'on lui fit ; mais le despotisme ne tarde pas à s'emparer de sa faiblesse, et l'homme devient bientôt ou son complice ou sa victime. Lorsque l'impunité et quelquefois même la bienveillance des chefs sont le prix d'une action criminelle, on préfère souvent une félicité mensongère

B

accréditée par l'orgueil , aux jouissances d'une vie
paisible , exempte de troubles et de remords. Lorsqu'une longue habitude de l'esclavage a démoralisé
tout un peuple, quelle idée peut-il se faire du
contrat social ? L'homme ne voit partout que des
tyrans et des esclaves, et tel supporte volontiers
l'injustice de son maître, par le droit qu'il s'arroge
de vexer son inférieur. La tyrannie que l'on exerce ,
paraît d'autant plus légitime qu'on la supporte
avec patience de la main que l'on respecte ; ainsi
il n'est rien de comparable à la férocité d'un tyran,
si ce n'est la férocité d'un esclave. Depuis le chef
de l'empire jusqu'à l'individu qui exerce la profession
la plus abjecte , il n'est aucun homme qui ne regarde
au-dessus et au dessous de lui; cette hiérarchie anti-
sociale ne présente d'autre droit que celui du plus fort.
Tel est l'état des peuples qui se disent civilisés, parcequ'ils présentent une grande population sur un petit
territoire. Cependant leur raisonnement est tellement
abruti, que pour en conserver quelques traces , ils se
voyent obligés d'en former une science cultivée par
quelques hommes qui , s'ils avaient la raison en partage , n'auraient pas besoin de fixer les règles du
raisonnement. Cependant ces peuples croyent jouir
d'un gouvernement , parcequ'ils sentent qu'ils ont
des maîtres. C'est précisément l'existence de ces
maîtres qui les en prive. La science du bien et du
mal y devient si incertaine et si hypothétique , que
la vie d'un homme suffit à peine pour en connaître
quelques parties. Les préjugés et l'expérience habi-
tuelle des actes arbitraires éloignent de plus en plus

la vérité, et loin que les hommes s'interrogent sur
le principe et le but du gouvernement, ils ne voyent
dans leurs dominateurs que des idoles auxquels ils
se font un devoir d'adresser leur hommage. Cependant pour peu qu'on réfléchisse sur la nature de la
force déposée entre les mains des gouvernants, on
ne peut se dissimuler qu'un peuple ne doit l'avoir délééguée que pour son avantage et sa prospérité. Le
but sera atteint, quand son action sera constamment
conforme à la justice qui peut seule présider au
maintien de la morale et à la félicité des empires.
Quel motif peut diriger son action, si ce n'est celui
de réprimer les actes attentatoires aux droits de
l'homme ? Pour quelle fin un peuple aurait-il créé
cette puissance, si ce n'est pour se garantir de la
violence. Or, si le contrat social contient tous les
rapports de justice qui existent entre les hommes,
il est nécessairement le principe du gouvernement,
puisqu'un peuple ne peut confier l'exercice de la
force à des dépositaires que pour mettre le faible
à l'abri de l'injustice du fort, et assurer à chacun
la jouissance de ses droits inaliénables.

V.

La Forme en est le Mode Conservateur.

Pour présenter un bon gouvernement, il ne suffit
pas de consacrer quelques vérités isolées en même
tems que la possibilité de les détruire ou de les
rendre nulles. Il faut les consacrer toutes, de
manière qu'on ne puisse y porter atteinte sous le

prétexte d'y suppléer. Le contrat social une fois obtenu, le mode de gouvernement en doit être une conséquence nécessaire. Sans cela le contrat social serait bientôt méconnu, puisque le gouvernement cesserait d'en être le mode conservateur. Ce qui est de droit, fixe invariablement les détails de fait : et comme ceux-ci sont des résultats identiques, il s'en suit que la forme ne peut être d'une nature différente du principe. Sous le despotisme où le contrat social est absolument outragé, le gouvernement loin d'en être le mode conservateur, en est au contraire le mode subversif, puisqu'il ne cesse de commander au nom de sa volonté arbitraire et que loin de réprimer ce désordre, il s'en rend immédiatement l'auteur soit par les loix qu'il promulgue, soit par les actes auxquels il se livre. Aussi il n'est aucun gouvernement qui soit revêtu d'un caractère légitime, puisqu'en lui ... obéir à la loi, il oblige les peuples d'obéir à ce ... les qu'il lui plait de faire exécuter. Il s'en suit que toutes les formes de gouvernement sont en contradiction avec le principe ; car un peuple qui ne peut vouloir que ce qui est juste, ne peut vouloir l'injustice de la part de ceux qu'il a rendu dépositaires de la force. Mais si les délégués du peuple ne sont que les dépositaires de la force, sans l'être en même tems de la volonté, qui garantira que cette force aveugle et palpable agira conformément à une volonté que l'on feint de ne pas connaître et dont on se rend l'interprète ? C'est pourquoi, il n'est aucun peuple qui ne change de loix et de réglements aussi souvent que de costhumes.

Sous la forme monarchique , comme les rois apportent successivement des affections différentes , ils réforment pour le plus souvent les travaux de leurs prédécesseurs , en attendant que leurs loix éprouvent le même sort de la part de ceux qui leur succèdent. Sous le même règne et dans la même contrée , la législation devient quelquefois si barbare par la multiplicité des lois que quelques toises de distance opèrent une grande différence dans l'administration de la justice. Cette versalité est l'effet inévitable de la privation du contrat social qui , seul , pourrait imprimer un mouvement régulier , constant et uniforme. Sous le règne d'une assemblée , perpétuellement législative , le code est encore plus monstrueux, parce que les actes arbitraires se suivent avec tant de rapidité que le peuple n'a pas même la ressource d'y suppléer par des coutumes. Mais les deux genres de despotisme qui supposent toujours des lois à faire , prouvent en même tems l'insuffisance de la législation : aussi , faute de remonter au principe du gouvernement duquel dépend la forme constitutive , les peuples de la terre n'ont cessé de gémir sous telle ou telle autre forme de despotisme.

DE LA PERFECTION

DE LA

CONSTITUTION.

*La Perfection de la Constitution, est l'impos-
sibilité Morale et Physique de l'étendre ou
de la réduire sans péril pour la Liberté.*

LE caractère distinctif de la perfection consti-
tionnelle, est l'assemblage de tous les rapports de
morale qui existent entre les hommes et le maintien de ces rapports, par la mécanique du gouvernement. En effet, si dans le cours de sa vie, un
homme se trouvait dans une situation telle qu'étant
opprimé, il ne pût invoquer le contrat social en sa
faveur, la constitution serait défectueuse en ne pré-
voyant pas cette conjoncture. Les droits de l'homme
seraient impunément outragés, puisqu'il ne pourrait
pas invoquer le gouvernement qui en est dépositaire.
De deux choses l'une, il faudrait alors, ou que le
gouvernement suppléât au silence de la loi sur la
nature du délit, ou qu'il restât inerte. Dans le cas

d'inertie, il commettrait le crime de la prévarication
par un déni de justice; dans le second, il prouverait par une addition que la constitution est impar-
faite, puisqu'elle serait insuffisante. Si au contraire,
la partie morale avait une extension au-delà de ses
limites naturelles, il en résulterait ou des répétitions
ou des incohérences. Dans le cas des répétitions, on
appliquerait à des synonimes des idées différentes et
conséquemment fausses. L'interprétation ne serait
qu'un aliment aux actes arbitraires. Si ces redondances
étaient inhérentes aux principes fondamentaux, la
manière diverse de les entendre et de les expliquer
deviendrait la source des schismes politiques. Quelle
force humaine pourrait y apporter un terme, si la
constitution à laquelle tout un peuple se serait rallié,
en était la cause primitive? Dans cette hypothèse, il
faudrait la changer toute entière, et les peuples n'auraient d'autre alternative que la guerre civile, ou un
changement de despotisme. Dans le cas des incohérences, toutes les parties auraient raison, quelqu'opposé que fut le point de la controverse, et
dans ce cas chacun prendrait les armes, et en
viendrait aux mains pour défendre et combattre tout
à la fois la même chose. Si les dispositions contradictoires ne portaient que sur les rapports de droits
personnels, la licence des individus et la tyrannie
du gouvernement résulteraient nécessairement du
conflit et du choc des prétentions respectives. Composer une loi interprétative, c'est commettre un acte
absurde et arbitraire. Interpréter une loi, c'est commettre un acte tyrannique. Aussi toute loi interpré-

B 4

tatire ou interprétée, cesse d'avoir le caractère de
loi. La loi ne peut avoir qu'un caractère d'évidence.
L'évidence se démontre, mais elle ne s'interprète
pas, On revêt du titre de loi quelques dispositions
contradictoires, et qui ne sont pour ceux auxquels
elles s'appliquent que des torches de discorde. Les
désordres les plus monstrueux en sont les résultats
déplorables, mais comme ces dispositions n'ont nul-
lement le caractère de loix, elles n'en méritent point
le titre. Si la constitution présentait, dans sa partie
physique, des surabondances ou des lacunes, elle
ne serait point une conséquence du contrat social
qui embrasse un peuple sous tous les rapports, et
les retranchemens ou les additions démontreraient
encore ou le vice de la partie morale ou celui de
la partie physique ; et comme, dans ce dernier cas,
la mécanique exigerait que l'on y portât la main
pour en régler les ressorts, il y aurait lieu de craindre
que son imperfection n'en opérât la dissolution entière.

PRINCIPE MORAL

DE LA

CONSTITUTION

DU CONTRAT-SOCIAL.

ARTICLE PREMIER.

*Le Contrat.Social est le lien Moral, Eternel
et Sacré, qui unit les hommes épars sur la
surface de la Terre.*

LE même raisonnement qui fait connaître à l'homme
ce qu'il doit ne pas faire, lui fait exécuter ce que
prescrit la loi éternelle. C'est en s'y conformant qu'il
accomplit le contrat social, c'est en s'en écartant qu'il
l'outrage. Nul homme ne peut y porter atteinte sans
renoncer à ses droits, puisqu'il outragerait les
droits de son semblable; ainsi l'amour de l'indépendence et le sentiment de la justice se réunissent,
d'un commun accord, pour consolider la félicité
sociale. Pourquoi le despotisme ne cesse-t'il d'en

troubler l'harmonie ? Celui qui est convaincu de la légimité de sa réclamaion, a toujours bien plus de force que celui qui, dirigé par ses passions déréglées, commet le mal avec connaissance de cause.

Ainsi lorsque le Contrat - Social n'est point écrit, il n'en fait pas moins sentir son influence. Sa source est dans le cœur de l'homme, pourrait-il le méconnaitre ? Alors, seulement, son action s'exerce conformément à la gêne dans laquelle il se trouve. Il couvre de honte le front du menteur, et fait pâlir celui du criminel. Il paralyse la main du suicide, et le conduit sous la chaumière de l'indigence. Il désarme deux furieux prets à s'entr'égorger, et étouffe leurs haines dans une réconciliation fraternelle. Il sollicite pour les navigateurs naufragés que les flots jettent sur la rive, et leur procure des soins de la part de ceux qui ont le bonheur de les rencontrer. Il tourmente par le remords : la conscience du juge prévaricateur, et retient dans sa retraite le misérable que le désespoir entrainait vers le crime. Il se plait à soulever de tems en tems les chaines des esclaves, prononce entre les peuples et les rois, et fait pencher momentanément la balance du côté du souverain légitime. Il fait tomber les pleurs du philosophe sur le génie persécuté, la vertu malheureuse. Il gouverne la plume de l'écrivain sensible, et lui dicte ce qui est nécessaire au bonheur de l'espèce humaine. C'est lui qui mûrit les révolutions. Dans les convulsions de la nature morale, au bruit du canon d'alarme, il arrache le citoyen, paisible, des bras de son épouse, et groupe les phalanges

patriotiques qui s'élancent vers la liberté. Il délivre
la patrie des traîtres qui la déchirent, et fait avorter
les projets des conspirateurs. Il renverse les trônes,
les réduit en poudre, et ouvrant les tables de la justice éternelle, il conduit la foudre jusques sur la
tête des tyrans et décide du salut des empires. Après
avoir dompté la tempête tumultueuse des factions,
il lance la réprobation contre ceux dont la conduite
est scandaleuse, désigne le citoyen sans reproche
et le porte à la place qu'il mérite d'occuper. Il décerne les couronnes civiques et préside à la naissance
des républiques, en les affermissant sur les bases
inébranlables du bonheur et de la liberté.

I I.

Les hommes épars sont divisés en Peuples par
les limites de la nature.

Il est une sphère de laquelle l'homme ne sort pas
impunément, c'est celle du climat où il a pris naissance. Plus il s'en éloigne et plus sa santé en souffre.
L'habitant de la zône torride, dont le sang est peu
substanciel et dont la fibre est souple, ne se transporte pas sous la zône tempérée sans éprouver un
dérangement dans le système de son organisation ;
il faut que les liqueurs de son corps se mettent en
balance avec le milieu qui l'environne, le suc des
aliments le fait passer insensiblement à l'état qui
lui convient pour le maintien de son existence. Il
en est de même de ceux qui partent de la zône tempérée pour se rendre sous la zône glaciale ; et, réci-

proquement à mesure que le voisin du pôle se rap-
proche de la ligne, sa machine se décompose dans
une raison inverse. Chez un peuple homogène qui
couvre une surface déterminée, il y a encore des
nuances de climat plus ou moins sensibles ; mais
lorsqu'elles ne sont pas assez fortement prononcées
pour qu'elles exercent une action désastreuse sur le
physique de l'homme et que le peuple s'entend par
l'uniformité du langage et la facilité des communi-
cations, alors il forme, par l'aggrégation de ses
parties, un corps social qui vit sous une même loi
et sous un même gouvernement. Les lignes de dé-
marcations qui le séparent des autres peuples, sont
des bornes naturelles, telles que des montagnes, des
déserts, des précipices et des mers. Ces limites peuvent disparaître aux yeux du voyageur, mais elles
séparent le territoire appartenant à chaque peuple
collectivement pour leur commodité respective, et
pour l'harmonie et le maintien du gouvernement.
Cet ordre de choses a été long-tems renversé par les
tyrans, ils ont fait de l'Asie, de l'Affrique et de
l'Amérique des parties intégrantes de l'Europe, et
leur sceptre de fer pesait en même-tems sur les
quatre parties du monde ; mais, de même que ces
grandes lignes de démarcation n'ont été franchies
qu'au préjudice du tempérament de ceux qui se sont
transplantés dans ces contrées lointaines, de même
aussi ces rapprochements surnaturels ont toujours été
nuisibles à la santé du corps politique qui a tenté de
les exécuter.

I I I.

Un Peuple est une masse d'hommes réunis en Société.

Les hommes ainsi rassemblés par leurs besoins mutuels pour jouir en sûreté des avantages de la vie sociale, ne peuvent accorder à des organes de leur volonté le pouvoir d'anéantir leurs droits les plus chers. C'est là, cependant, ce qu'a fait le despotisme. Le tyran d'un empire a la folie de croire que lui seul fait tout l'état, que le peuple n'est destiné qu'à servir ses fantaisies et ses caprices. Comme son usurpation ne peut se maintenir qu'à l'aide de gens sans mœurs et sans probité, en proie à l'intérêt le plus sordide, il n'accorde les honneurs et les récompenses qu'à des brigands subalternes qui partagent avec lui la dépouille de la classe indigente et laborieuse. Les hommes épars ne présentent d'un côté que des tyrans cruels, et de l'autre que des bêtes de somme qui supportent seules le fardeau de leur existence en même temps que celui de leurs maîtres. La distance énorme qu'il a y entre les classes, renverse toutes les idées de morale, de justice et de prospérité. Un monarque se croit grand, lorsqu'il peut commettre impunément les plus grands crimes. Les uns placent la gloire à devenir les instrumens serviles de ses iniquités, et ceux qui sont les plus habiles dans l'art d'écraser les peuples, obtiennent les dignités, les honneurs, et les récompenses. Ils n'accordent, à leur tour, leur bienveillance qu'à des hommes de leur caractère, ils craignent le mérite qui les ferait rougir. Il faut renoncer à la probité pour parvenir à la fortune, et suivre le torrent général qui entraîne vers le crime. Le tyran n'a besoin ni de talens, ni de vertus, il ne lui faut que des soldats, des fers, des prisons et des bourreaux. Tel est l'aspect hideux du despotisme par la dissolution du contrat social. Là, je cherche le peuple et ne le trouve pas, je ne vois que des individus et pas un citoyen. Le vrai peuple n'existe que là, où l'aggrégation des membres du corps politique forme un faisceau indivisible, que là, où la patrie parle au cœur son langage touchant et énergique, que là, où les hommes unis par le lien de la concorde, et de la fraternité, ne savent être heureux que par le bonheur universel. C'est là, enfin seulement, que je trouve un peuple ; toute association hétérogéne n'en présente ni l'image, ni l'idée.

I V.

La Société a pour but le bonheur de tous les hommes, et est essentiellement juste.

Le gouvernement n'est bon et ne peut être prospère, qu'autant qu'il est fondé sur la justice éternelle. La société n'en peut vouloir un autre, parceque ce qui est injuste est oppressif. Le principe du gouvernement a, seul par sa pureté, le pouvoir de former des citoyens,

et le droit d'attendre de leur part l'attachement, les
sacrifices généreux, un dévouement sans bornes, enfin
l'accomplissement de tous les devoirs de la vie sociale. L'autorité légitime est la seule qui puisse être
sincérement aimée et respectée, elle seule inspire
l'amour de la patrie qui n'est que l'amour de la
félicité commune. Sur ce point, la morale du peuple
est si pure, qu'elle a toujours été en opposition avec
la corruption, suite inévitable du despotisme. La
morale est une digue que le peuple oppose à ce
fléau dévastateur. Dans un état anti-social, à mesure
que le philosophe s'éloigne de la puissance, il
trouve les bonnes mœurs, la candeur et la probité.
La classe pauvre, laborieuse, a toujours les vertus
en partage, tandis que les vices sont les satellites
inséparables de la richesse et de la grandeur. Le
peuple est souverainement bon et souverainement
magnanime. Les traits d'humanité ou d'héroïsme le
frappent, il ne peut les écouter sans attendrisse-
sement ou sans enthousiasme; il en conserve un
long souvenir, et se plaît à imiter les belles actions
qu'on lui récite. Lorsqu'il est accablé par la tyrannie, pour peu que le philosophe prenne sa défense,
il devient l'objet de son amour et de ses caresses. Il
est confiant, de sa nature, car il soupçonne difficilement les vices qui lui sont étrangers. Il a un discernement infaillible qui lui fait distinguer ses amis
de ceux qui n'en ont que le masque, et c'est encore
le plus bel hommage que le crime puisse rendre à
sa vertu; puisque pour plaire au peuple, il se trouve
obligé d'en revêtir les apparences. Il a un sentiment

si profond de la justice, qu'il ne peut retenir ses
larmes au nom du sang de l'innocence, versé par la
main de l'arbitraire ; il aime à rendre hommage à ses
mânes , comme pour la dédommager des tourments
du supplice. C'est un besoin de son cœur, il faut
qu'il le satisfasse. Il n'est susceptible d'être corrompu ,
ni par l'or , ni par les promesses. Son bon sens naturel , ses principes inaltérables ne lui permettent
pas d'être trompé long-tems , il couvre alors de son
mépris ceux dont il avait fait l'objet de son estime.
Il aime jusqu'à l'idolatrie, parce qu'il est extrême-
ment sensible. Enfin son tribunal est si auguste,
que les méchants qui le bravent ont encore l'air de
le respecter. C'est ainsi que l'homme moral trouve
encore une patrie sous le regne même du despotisme ;
en séparant la cause du peuple de celle du gouvernement ; mais un peuple entier ne veut que la justice,
parce qu'il ne peut consentir en aucune manière à
sa propre oppression.

V.

Le but de la Société ne peut être rempli que
par l'application et l'exécution du Contrat-
Social.

Il n'y a point de contrat social là, où les hommes
gémissent sous le joug de l'arbitraire. Le citoyen
doit supporter avec courage les inconvéniens nécessaires de la vie, et partager avec ses frères les calamités passagères qu'ils éprouvent: mais il a droit de
renoncer à l'association , dès qu'il voit qu'elle lui
refuse

refuse les avantages qu'il a droit d'en attendre. Tous les citoyens sont donc également intéressés au règne de la loi. Il n'est pas un seul homme qui ne doive frémir, quand il voit la violence opprimer son semblable. Le bon citoyen est celui qui, dans sa sphère, contribue de tout son pouvoir au bonheur général, parce qu'il reconnaît que son bonheur particulier n'en peut être détaché sans péril pour lui-même. Que les peuples sont malheureux! par-tout ils desirent la liberté, et il n'est pas un gouvernement qui ne soit despotique. Ils ne se donnent que des serviteurs, et ils ne cessent d'avoir des maîtres. Le peuple sent le poids de la tyrannie, quelque forme qu'elle prenne; souvent il la renverse, mais c'est pour la remplacer par une autre; enfin, quelqu'attitude que prennent ses délégués, ils ne doivent agir que d'après sa volonté, cependant ses délégués lui commandent. C'est au nom du souverain qu'ils donnent des ordres au souverain lui-même. Comment l'obéissance serait-elle exigible, puisque le gouvernement, au contraire, ne doit être que l'exécuteur de la volonté du souverain? Cependant le gouvernement veut, et la volonté du gouvernement s'exécute. Il dit : *Peuple, voilà ta volonté, car telle est la mienne*, et ce qu'on fait vouloir au peuple est le contraire de sa volonté, puisqu'il ne veut que le bonheur et la liberté, et que tous les gouvernemens sont oppressifs. Le contrat social contient tous les rapports de justice qui remplissent la volonté du peuple; appliquons-le au gouvernement : en l'exécutant, il obéira à la volonté légitime. Alors, rendu au but de son institution, il

C

ne pourra sortir du cercle que cette volonté lui prescrit. Tel est l'ordre naturel des choses, que si le contrat social ne fixait pas les devoirs du gouvernement et ne dirigeait pas son action passive, le peuple ne jouirait jamais de la liberté, puisque le despotisme n'est autre chose que la volonté du gouvernement mise à la place de la volonté du peuple.

V I.

L'application et l'exécution du Contrat-Social reposent sur la Souveraineté des Peuples:

Il n'y a point de contrat social là où le peuple n'est pas souverain. Par-tout où il l'est, le contrat social existe. La souveraineté du peuple n'est donc que le contrat-social dirigeant l'action du gouvernement. Si le gouvernement alors s'écarte de cette volonté, le peuple est là pour le faire rentrer dans son devoir. Chaque citoyen peut consulter ses droits, les sentir, et en réclamer l'exécution. Le peuple sait ce que ses mandataires doivent faire pour remplir dignement les fonctions qui leur sont déléguées; il peut mesurer dans tous les tems la distance à laquelle ils s'en éloignent et jusqu'à quel point ils outragent la souveraineté, en outrageant le contrat social. Il en jouit dans toute sa plénitude, et aucun fonctionnaire ne peut impunément l'enfreindre. Le citoyen ne doit obéir qu'au contrat social, qui n'a pour objet que la conservation, la sûreté, le bien-être, l'union, le repos de la société. Celui qui obéit en aveugle aux caprices d'un homme, n'est point un citoyen, c'est un esclave. Il n'y a point de citoyens sous le despotisme, où le contrat social est méconnu. La patrie n'est pour les individus qu'une immense prison gardée par des satellites sous les ordres d'un geolier inexorable. Ces satellites sont des mercenaires dont l'obéissance est un crime. La vraie patrie, la vraie société est celle où chacun jouit de ses droits maintenus par le contrat social. Par-tout où des hommes sont plus forts que le contrat social, la justice est obligée de se taire, la société est dissoute et la liberté anéantie. La souveraineté du peuple une fois consacrée, chaque citoyen a un point de ralliement auquel il peut rapporter l'action du gouvernement et juger lui-même si cette action est l'obéissance au principe. Dans une pareille organisation, le despotisme ne peut plus reparaître, parce que le peuple peut toujours comparer sa volonté exprimée, avec celle que le gouvernement manifeste par son action; mais si le contrat social n'existe que dans le cœur du peuple, et n'est point écrit, alors le gouvernement interprète à son gré la volonté du peuple, et une erreur de sa part est un crime, puisque cette erreur est attentatoire à la souveraineté du peuple, et qu'on ne peut y porter atteinte sans conspirer contre lui. Alors la voix du souverain est étouffée par le despotisme; car, comme il ne peut se faire entendre tout ensemble, si une partie réclame, on suppose à la majorité silencieuse un assentiment contraire, et on transporte la volonté de tous où elle n'est pas, pour la confondre et l'anéantir dans la bouche de la minorité qui l'exprime ; l'esprit de parti fait disparaître la raison, la justice et la liberté ; la souveraineté du peuple n'est plus qu'un instrument dont le gouvernement se sert pour enchaîner la liberté publique.

V I I.

La Souveraineté d'un Peuple est l'accomplissement de sa volonté.

Las du joug de la servitude, épuisé de fatigues et de misères, s'élevant à sa dignité primitive et rentrant dans la jouissance de ses droits, le peuple s'ébranle, s'arme et renverse le despotisme. La volonté du peuple est accomplie, c'est un acte de souveraineté. Dans cette conjoncture, la partie peut agir pour le tout ; car le peuple ne voulant que ce qui est juste, une fraction du peuple n'exécute alors que la volonté du souverain ; et comme le trône du despotisme ne se trouve que sur un point du territoire, c'est à ceux qui en sont les plus rapprochés, à l'abattre au nom de la société entière. Dans une révolution, il y a donc deux époques essentiellement différentes ; la première est révolutionnaire, la seconde est constituante. La première est la direction d'une force physique contre le despotisme ; la seconde est celle d'une force morale qui établit sur ses ruines l'édifice de la liberté. Dans le premier cas, le peuple brise les ressorts de l'ancien gouvernement; dans le second, il substitue un nouveau à sa place. Le nouveau gouvernement doit donc être assis sur les bâses de la justice éternelle; car pourquoi le peuple a-t-il renversé l'ancien? c'est parce qu'il était injuste; et si celui qui lui succède l'était encore, il serait obligé de le renverser de nouveau; car ce qui est injuste, est oppressif, et le peuple ne peut vouloir son oppression. Ce qui est juste, est un acte de souveraineté; ce qui est injuste, est un acte attentatoire à la souveraineté. Ainsi, quand une partie morale de constitution comprend tous les rapports de justice éternelle qui existent entre les hommes, et que la partie physique est, par son organisation, une conséquence évidente de la partie morale; c'est-à-dire que la première est le contrat social, et que la seconde en est le mode conservateur, la volonté du peuple est accomplie, et ce dernier acte de souveraineté met le comble à son bonheur, en lui faisant goûter les fruits de la révolution dont les germes sont toujours arrosés de son sang, puisqu'une révolution n'est qu'un combat des principes contre les erreurs, des vérités éternelles contre les préjugés, de la vertu contre le crime, de la justice contre l'oppression.

V I I I.

La Souveraineté est Eternelle, Universelle, Inaliénable.

Une usurpation de plusieurs siècles ne peut légitimer une usurpation présente. L'hérédité de la ty-

C 3

rannie ne prouve rien en faveur des tyrans. Sous
quelque joug qu'un peuple gémisse, il ne peut cesser d'être souverain. L'existence des peuples est antérieure à celle des brigands couronnés. Une génération donne la souveraineté à une autre génération;
l'une et l'autre la tiennent de la nature. L'injustice ne
justifie pas la perpétuité de l'injustice, puisqu'elle
s'est toujours trouvée en opposition avec la souveraineté légitime. Elle est universelle, car tous les
peuples ont le même droit de renverser la tyrannie,
sur quelque partie de la terre qu'elle ait établi son
empire. Un crime commis sur un point du globe,
ne peut autoriser un crime qui se commet sur un
autre. La tyrannie élective ne doit pas plus trouver
grace aux yeux du peuple que la tyrannie héréditaire, puisque le souverain ne peut avoir des maîtres. Il ne sacrifie point une partie de sa liberté pour
en conserver l'autre; il ne se donne un gouvernement que pour lui en confier le dépôt et le mettre
à l'abri de toute atteinte. La division qui résulte des
pouvoirs que s'arrogent les agens du peuple, ne
présente qu'un monstre oligarchique. Par-tout je
vois des autorités constituées au nom du peuple, ti-
rant en sens contraire le char du gouvernement, se
disputer l'exercice de la souveraineté, en même tems
que les trésors du souverain. Fussent-elles d'accord,
cette conformité ne prouve rien par rapport à la volonté du peuple; et lorsque ces autorités s'entrecho-
quent, en abusant respectivement des fonctions qui
leur sont déléguées, je suis convaincu que l'ignorance où elles sont de la souveraineté, devient un

flambeau de discorde éternelle. Le contrat social présente la souveraineté écrite par l'accomplissement de la volonté du peuple. Lui seul peut donc éteindre les divisions en même-tems que la tyrannie, soit héréditaire, soit élective. Aucune autorité ne peut s'attribuer l'exercice de la souveraineté, puisque toutes sont chargées de l'exécution. Alors la souveraineté du peuple planant sur toutes les parties du gouvernement, leur donne le mouvement, la vie, le ressort et l'équilibre, et prévient le retour du despotisme, sous quelque forme qu'il tentât de se présenter.

I X.

Elle est repartie dans son essence en autant de fractions qu'il y a d'individus composant la Société, parce que chaque Citoyen a le même Droit de connaître du Principe et de la forme du Gouvernement sous lequel il doit vivre.

La société étant une réunion d'individus qui, par leur aggrégation, forment le souverain, il s'ensuit que chaque portion de la masse est revêtue d'une fraction de souveraineté, en raison de son poids dans la balance politique et du nombre des citoyens qui la composent. Ainsi, lorsque la société est composée d'un million d'hommes, chaque citoyen a une fraction de souveraineté égale au millionième; elle est donc, par rapport à chacun, en raison inverse

C 4

de la population. D'après ce principe incontestable,
l'esprit public doit être en raison directe de la masse
des citoyens, puisque le despotisme péserait sur un
plus grand nombre de têtes ; mais quand le peuple
connait ses droits, l'abus de la force ne peut être
que local, en ce qu'elle ne peut engager ceux qui par
leur éloignement, ne sont pas à portée d'être subju-
gués par elle, puisque ses victimes mêmes sont dé-
liées par le seul fait de la contrainte où elles sont ré-
duites, ne pouvant consentir à la perte d'un droit
inaliénable. Mais jusqu'ici, les rois qui se sont fait
un jeu des destinées des hommes, les ont parqués
comme des troupeaux de bêtes, pour les façonner à
leur joug. Ils les gourmandent par des agens subal-
ternes qui leur arrachent jusqu'à l'usage de la raison, en les faisant ramper sous le glaive de leurs
caprices. Fléaux de la nature, d'où tenez-vous votre
insolence et votre audace ? avez-vous une configura-
tion différente de l'espèce humaine? n'obéissez-vous
pas à la même mécanique? n'éprouvez-vous pas les
mêmes infirmités, les mêmes vicissitudes? Vous pré-
tendez gouverner des millions d'hommes, et vous
ne savez pas vous gouverner vous mêmes! Peuples,
abattez les rois, vengez l'humanité outragée ; l'heure
de la liberté sonne, il est tems qu'ils soient préci-
pités de l'élévation désastreuse où le crime les fait
asseoir. Peuples, ne reconnaissez d'autre loi que
celle de votre indépendance. Il n'est pas un seul
homme qui ait droit de commander à un autre, et
vous souffrez qu'un seul homme commande à tous!
Vous êtes l'image vivante de la justice éternelle,

chacun de vous en est une portion inaltérable. Renversez, renversez tous les systèmes, tous les dé-
dales tortueux de politique et de fourberie dans lesquels les tyrans vous égarent. La liberté n'appartient point à telles têtes privilégiées, c'est la propriété du genre humain, comme la terre qu'il foule
sous ses pieds. Ne reconnaissez pour chef que la
nature; en lui obéisant, vous n'obéissez qu'à vous
seuls. L'erreur même du plus grand nombre peut-
elle être la loi du sage? Il ne tient qu'à vous de
l'être. Formez une sainte insurrection contre les ennemis de l'humanité; depuis trop long-tems leur
conjuration sacrilège usurpe vos droits. Que les tyrans
et leurs satellites rentrent dans la poussière à la vue
de vos phalanges patriotiques, et disparaissent pour
jamais au nom de la souveraineté légitime.

X.

*Elle est Indivisible dans son exercice, en ce
qu'aucun Individu, aucune fraction du
Peuple ne peut se l'attribuer, et qu'elle ne se
manifeste que par la réunion de la Société.*

Puisqu'aucun homme n'a le droit de commander à
un homme, quelle fraction de la société aurait le
droit de commander à une autre? Peuple, c'est donc
à toi qu'il appartient de reconnaître irrévocablement
tes droits, si tu veux éviter les pièges que l'ambition ne cessera de tendre à ton indépendance; ré-
cuse tout pouvoir qui t'en déroberait l'exercice, puisqu'il serait absurde et tyrannique. Le souverain ne

peut avoir de chef que lui-même. Peuple, tu la per-
drais, ta souveraineté, si tu en confiais l'exercice à
des mains étrangères, puisque ces mêmes mains pourraient agir souverainement contre toi. Il n'y a point
deux peuples dans un peuple, ainsi il ne peut exister deux souverains dans une nation. Peuple, si
tu laissais usurper l'exercice de tes droits, tu aurais
bientôt autant de tyrans que de magistrats qui te
feraient exécuter leurs ordres bizarres et versatiles
au nom de la souveraineté. Cependant, ne pouvant
pas l'exercer toi-même, ne faut-il pas que tes mandataires l'exercent pour toi? non, peuple, non.
Ceux qui te tiennent ce langage, te trompent. Tes
mandataires doivent reconnaître ta souveraineté
et exécuter ce qu'elle leur prescrit. Ils ne pourraient l'exercer sans y porter atteinte; car alors il y
aurait une double souveraineté, ce qui est inadmissible. L'exercice de la souveraineté est essentiellement différente de son exécution. Exercer la souveraineté, c'est agir en souverain; exécuter la souveraineté, c'est agir par le souverain; mais où est
la souveraineté du peuple, pour que ses mandataires
puissent l'exécuter? où? dans l'accomplissement de sa
volonté, présentée par le contrat social. Le contrat
social est donc le centre commun auquel viennent se
réunir toutes les volontés particulières qui forment
la souveraineté nationale; mais sa reconnaisance,
soit qu'elle soit faite par un seul homme ou par
plusieurs, ne peut former la souveraineté que quand
le peuple y reconnaît l'accomplissement de sa

...par l'oppression
... le ... du Peuple. ...

... le plus ... de la terre,
... ne ... pouvoir rien éta-
... de la tyrannie ; s'il la recon-
... il prend les armes, l'écrase sous
... de ses colères. Cette ardeur est le
... qui se manifeste dans les révolutions ;
... qui lui ont frayé la route pour parvenir
... la tyrannie, ne savent plus ce qu'il faut lui
... après sa chute. C'est le patriotisme cons-
... qui devrait succéder au patriotisme révolu-
... et le patriotisme constituant est encore à
... puisque l'antiquité n'a point offert un mo-
... de gouvernement libre. L'immense population
... n'ayant jamais permis de stipuler
... par lui-même, il en a dans tous les
... les fonctions à ceux qu'il en a cru capa-
... Quel fruit a-t-il retiré de son dévouement et de
... L'histoire ne présente qu'une liberté
... fugitive, livrée à la tourmente de toutes
... Les représentans du peuple de tous les
... ont régné tour-à-tour sous des dénominations
... leurs actes ont été successivement res-
... et avilis ; et le torrent des siècles a entraîné

dans sa course toutes les formes dépositaires de la souveraineté du peuple. L'accomplissement de sa volonté a des bornes prescrites par la nature et la justice ; ces bornes sont circonscrites dans le cercle de
morale qui comprend toutes les actions des hommes ;
et comme ces rapports de morale ont un nombre déterminé, il est impossible de les multiplier au-delà
de leurs limites naturelles, sans anéantir la souveraineté et rétablir le despotisme des loix. En réunis-
sant tous les rapports de morale, nous obtiendrons
à la place de la volonté présumée, toujours méconn-
nue par les morcellemens infinis que les représentans
du peuple lui ont fait subir, une souveraineté indivisible
et identique qui, conforme à la nature, sera immuable dans son principe et dans sa conséquence. Nous
aurons rempli le devoir des législateurs qui n'ont été
que des tyrans populaires, en interprétant arbitrairement la volonté du souverain, et en se mettant toujours au-dessus d'elle.

X I I.

*Un Peuple ne peut se donner un ou plusieurs
Tyrans, parce que l'Acte par lequel il tenterait d'aliéner sa Souveraineté serait nul.*

Tel a été le sort des peuples, d'avoir été en proie
aux orages de toutes les passions humaines. A l'extérieur, des brigands couronnés réunissent leurs
efforts sacrilèges pour dévaster la terre de la liberté,
afin de porter ses habitans au désespoir, et les
faire renoncer au bienfait le plus précieux de la nature.

... en particulier à tout à craindre de
... qu'ils ... tent en ... continue
... de la guerre civile qu'il élève
... les ... sanglante qu'ils
... leurs, alors tous les projets des
... en dedans et du dehors s'évanouissent
... contrat social, puisque la volonté du peuple
... déterminée d'une manière irrévocable.

... de sang humain, quel désire vous
... en attaquant un peuple libre par l'ap-
... combats, ou en le divisant par des
... politiques que vous provoquez, à dessein
... lui faire arborer l'étendard de la révolte sous le
... sacré de l'insurrection? Est-ce un roi ou des
... que vous voulez faire proclamer? Quelle
... l'issue de votre tentative criminelle? Votre sang
... de celui que vous aurez fait répandre.
Vous trouverez par-tout autant d'ennemis que de
... citoyens. Qu'une partie de ce peuple subjugué par
la force des armes ou l'hypocrisie de vos vertus, élève
... monstres ensanglantés que vous voulez lui donner
... maîtres, la soumission de cette poignée de
... pourrait-elle asservir la masse innombra-
... des habitans du territoire? La puissance des cons-
... ne s'étend pas au de-là de la présence
... homme libre. Une ville toute entière que sa
... ou son erreur porterait à cette coupable
... pourrait dans tous les tems revenir contre
... lourde et le premier devoir ne serait-il
... de l'anéantir par la force, puisque la force en
... rédige les articles? Pourrait-il obliger une

fraction du peuple, puisqu'il ne pourrait obliger un
seul homme ? Vos droits sont les bras des brigands
qui vous servent, ceux du peuple sont la nature et
la liberté. Renversez donc avec les remparts qui
défendent un peuple libre, cette force morale qui
dirige tous les esprits et tous les cœurs. Les droits
du peuple disparaissent-ils au bruit de la tempête
que votre fureur leur suscite ? Vous pourrez assujettir et ployer à votre joug les hommes, lorsque
leur abrutissement sera la mesure de votre audace ;
mais si cet effort est au-dessus de vos forces, rentrez
dans vos cavernes pour y ensevelir votre existence
et vos forfaits, à moins que vous n'attendiez le
trépas des mains généreuses qui sont toujours prêtes
à délivrer la patrie des monstres qui la désolent.

X I I I.

Le devoir d'un Peuple est de renverser tous les
obstacles qui s'opposent à l'exercice de ses
droits et à l'accomplissement de son bonheur ;
ce devoir est l'insurrection.

Peuples infortunés ! ô vous qui êtes dans les
fers ! quels sont donc les hommes auxquels vous
accordez si gratuitement le pouvoir de vous gouverner ? Élevés par la naissance, la richesse et les
honneurs, ils obtiennent les marques de la considération publique ; que font-ils pour la mériter ? L'autorité que l'on exerce sur les hommes ne peut être
fondée que sur les avantages qu'on leur procure,

... depuis la ... ... la
... ... pas ...
... ... pour le croire. La ...
... ... peut être sur le
... ... de ... nimer dans la paresse
... ... concitoyens et de les
... poids ... ... Sont-ce les hon-
... ... royaux ... que plus un homme est
... ... cette élévation l'entraîne dans l'abus
... Dès-lors il s'imagine que tout ce
... l'empreinte de sa volonté doit être aveu-
... exécuté ; mais ses ordres ne peuvent être
... par des brigands qui se rendent les
... de ses crimes. Si l'un d'eux s'y refusait ;
... est là pour lui dire : obéissez à mes décrets
... le pouvoir de vous exterminer. La crainte
... salaire et le motif d'un intérêt sordide déter-
... la condescendance d'un esclave qui hait
... intérieurement cette autorité malfaisante
... laquelle son destin le force de gémir. Peu-
... Ne sentez-vous pas que vous êtes divisés en op-
... et en opprimés ; que des préjugés ridicules,
... méprisables , des privilèges iniques éter-
... la discorde entre-vous ; que si l'état est divisé
... l'esprit fatal de corps prend la place de l'esprit
... que les grands s'y arrogent le droit de vexer
... citoyens ; que le magistrat ne pense qu'aux im-
... qu'aux prérogatives de sa charge ; que le
... occupe que des tributs et des bénéfices
... l'autel ; que le soldat n'obéit qu'à la voix
... despote qui le paye de vos sueurs ; enfin, que tous

les intérêts discordants s'opposent à l'intérêt général
et détruisent l'harmonie de la société; que le tyran,
habile à profiter de ces divisions intestines, fomente
lui-même la guerre et l'animosité pour conserver
son importance; qu'il met ses courtisans à portée
de profiter des ruines de l'état pour les partager
avec eux; qu'éblouis par la fortune, ceux qui
devraient être les défenseurs du peuple ne cherchent qu'à se maintenir dans la faveur, et travaillent de plus en plus à fortifier la puissance
sous laquelle le tyran doit succomber tôt ou tard.
Un roi n'est fort que par votre faiblesse, n'est grand
que par votre bassesse, n'est puissant que par votre
obéissance. Êtes-vous des bêtes de somme qui ne
ployent le genou que pour recevoir la charge? Quel
est donc cet attachement machinal que vous témoi-
gnez pour un gouvernement impie et désastreux?
Quelle inconséquence! de flatter le tygre qui vous
déchire! Attendez-vous qu'un chef de parti vous
réunisse sous ses drapeaux, et ne renverse le tyran
qui vous opprime que pour le remplacer, en sacri-
fiant votre sang à son ambition criminelle! O vous
que le despotisme affaise! Ne sentez vous pas dou-
bler le poids de vos calamités quand vous pensez
que vous fournissez vous-mêmes tous les moyens
dont on se sert contre vous, et que vous êtes les premiers instrumens de votre ruine? Pour être libre il suffit de le vouloir. Pouvez-vous renverser l'ordre de la
nature, et cesser d'être ce qu'elle veut que vous
soyez? Vous êtes responsables à vos enfans de la servitude dans laquelle vous plongez leur existence.

Avez

Avez vous donné le jour à des citoyens ou à des esclaves? Ah! Si vous ne vous hâtez pas de briser les fers
que vous leur faites partager, ils les briseront eux-
mêmes, en vous reprochant votre lâcheté sacrilège :
ils vous demanderont compte des jours qu'ils auront
consumés par votre faute dans l'opprobre et la misère.
Vous êtes des conspirateurs si vous ne les prévenez
dans cette glorieuse entreprise ; vous trahissez vos
devoirs et les droits de la postérité. Vous lui devez
l'exemple de la vertu ; pouvez-vous lui offrir celui de
la bassesse? Armez vos bras, il en est tems, et marchant
au nom du contrat social , que la liberté soit le fruit
d'une insurrection salutaire dont vous êtes obligés
d'accélérer les coups.

X I V.

Il ne peut contracter d'alliance avec les tyrans,
dont l'existence seule est un crime.

Peuple libre ! quand les rois ne pourront te vain-
cre, ils chercheront à te tromper : ils auront l'air de
t'offrir une alliance avantageuse qui devra mettre le
comble à ta prospérité; ils t'enverront des ambassa-
deurs qui te parleront du ton le plus séducteur pour
établir avec toi des correspondances amicales et des
rapports d'échanges agricoles et industriels ! ils t'in-
viteront à entretenir dans leurs états des proconsuls
nationaux pour y défendre les intérêts de ton commerce , garde-toi de te laisser surprendre par ces
amorces fallacieuses , tu outragerais l'humanité par la
reconnaissance de la légitimité de leurs pouvoirs,

D

et tu conspirerais contre toi-même , en te prêtant à
l'asservissement des peuples qu'ils gouvernent. Tous
les agens que tu aurais auprès d'eux seraient bientôt
autant de traitres ; s'ils ne l'étaient pas , les rois
leur offriraient-ils un asyle ? La liberté peut-elle sym-
patiser avec la tyrannie ? vit-on jamais l'accouple-
ment des loups et des brebis , des serpens et des co-
lombes ? Les tyrans tenteront de corrompre tes agens ;
l'assurance de l'impunité les portera à traiter de ton
indépendance ; ils te ménageront des intelligences
et des intrigues qui n'auront pour but que de te remettre dans les fers ; ils feront couler l'or jusques
dans le sein du sénat, pour attiser la cupidité de tes
représentans mercenaires , et concerter avec eux des
plans liberticides. Les négocians de ton pays seront
insultés , on voudra te faire participer à cette querelle particulière , sous le nom de l'honneur national ; on exaspérera ta sensibilité pour la diriger vers
une vengeance éclatante ; on t'entraînera dans une
guerre à laquelle tu ne seras pas préparé ; les chefs
de ton armée , choisis par une faction , s'entendront
avec ceux qu'ils auront à combattre ; trahi au dedans , menacé au dehors , tous les fléaux d'une conspiration universelle épuiseront tes ressources les plus
chères , et les dangers de la patrie seront les fu-
nestes effets de ta bonté trop facile. O peuple libre !
brise tous ces liens factices que l'orgueil et la cupidité des rois imaginent pour enlacer des intérêts mal
entendus : exécrer les tyrans , voilà ta politique ;
briser les trônes , voilà ton devoir.

... ne reconnaissent d'autre ... que celui du Contrat-Social.

Quelle nécessité de s'assurer, à prouver la non-existence de Dieu à celui qui ne peut prouver qu'il existe? Quelle nécessité de créer une chimère pour l'adorer ou la méconnaître? Les mensonges ... ne sont propres qu'à former des esclaves. Celui qui s'institue intermédiaire entre le ciel et les hommes, ne peut être qu'un imposteur; car en supposant que Dieu existe, il est aussi obscur à ceux qui se disent ses ministres, qu'à ceux qui ont la stupidité de les croire. Quand on fait le sacrifice imbécile de ses facultés morales, on fait celui de sa liberté. Quand on s'agenouille devant un autel ou une pierre, il n'en coûte rien pour se prosterner devant un trône ou un homme. Puisque les religions ne sont que des erreurs morales, et que l'esclavage n'est encore qu'une erreur morale, quelle différence entre une erreur morale et une autre, entre l'esclavage et la religion? Peuples, renversez vos temples, brisez vos idoles, éloignez de vous tous ces prédicateurs du mensonge, qui ne s'arrogent d'empire sur votre faiblesse que pour s'engraisser à vos dépens. Quel fruit avez-vous recueilli de votre crédulité? L'opprobre, la misère et le désespoir. Par-tout les prêtres vous foulent sous leurs pieds; par-tout ils prélèvent des taxes iniques sur votre travail; par-tout ils vous inspirent la terreur au nom d'une se-

conde vie; par-tout ils vous forcent de vous entr'égorger pour la gloire d'une divinité chimérique;
par-tout ils vous trompent, par-tout ils vous dévo-
rent, par-tout ils vous tiennent dans les fers, ils
disposent de votre honneur, de votre bien et de votre
vie. Ils censurent votre innocence, et ne craignent
pas de combattre la vertu, en lui opposant un front
chargé de l'empreinte de tous les vices; ils couvrent
leurs excès du manteau de la divinité : Voilà les
premiers despotes de la terre, souffrirez-vous
qu'ils existent plus long-tems ? Voulez-vous être
complices de l'esclavage du genre humain, en laissant respirer votre air à ces cruels antropophages?
Ils sont acharnés à votre ruine, et attendent en silence le moment de la consommer. Ils se repais-
sent avec délices de l'idée de votre servitude; ils
prédisent dans leurs chants impies l'asservissement
des hommes, et leurs vœux brutaux invoquent la destruction de votre indépendance. Peuple libre ! pré-
viens leurs complots, et ne conserve la mémoire d'un
ministre du ciel, que pour écraser sous tes pieds le
premier imposteur qui oserait en prendre le titre.

X V I.

C'est mourir tous les jours que de vivre dans l'esclavage.

L'esclave se traine pésamment sur la terre. Sa
tête est abattue, son air est morne, son œil est
éteint, son visage est livide et sillonné par la douleur, ses genoux sont calleux; il ne peut aller d'un

lieu à un autre sans être inquiet de sa démarche. Une
feuille agitée par le vent l'intimide, il craint à chaque instant d'être frappé du glaive suspendu sur sa
tête. Veut-il parler, veut-il écrire, veut-il se plaindre, le despotisme est là pour lui fermer la bouche,
lui garotter les mains, et l'accabler du poids de son
malheur. Il cultive la vigne, en pressure le jus, et
s'abreuve de l'eau des marais; il ensemence les
champs, récolte les moissons, et se voit réduit à
la pâture des animaux. Le gibier lui enlève une partie de sa nourriture, il n'a pas le droit de la lui disputer; il tond la laine des brebis, fait croître le lin,
et son corps est exposé à la nudité. Le chien et le
cheval de son maître sont mieux logés, mieux nourris, mieux traités que lui. Il porte envie à leur sort,
à regret d'être homme, et voudrait métamorphoser
son espèce. Vil à ses propres yeux, abruti par son
état, il perd le jugement, la sensibilité; son pays
est une vaste prison par l'ouverture de laquelle il
reçoit quelquefois des mains de l'avarice un aliment
grossier qui retarde pour quelques instans la dissolution de son être. Il n'a pas la force de donner la mort
au tyran qui l'enchaîne ni de se la donner à lui-
même; car il lui faudrait au moins le courage de
l'envisager de sang-froid Lorsque son corps affaissé
s'engourdit par le besoin, son sommeil est troublé
par des songes d'épouvante qui ne tardent pas à le rendre à toutes les horreurs du réveil; la nature est pour
lui sans couleur, sans vie; les plus riches tableaux
lui sont insipides, monotones; les fleurs n'ont aucun parfum, les fruits n'ont aucune saveur, l'année

n'a aucune saison pour lui ; ses jours ne sont qu'une longue chaîne de calamités et de souffrances. Tout lui paraît un deuil universel.

XVII.

C'est vivre éternellement dans ses semblables que de mourir pour la Liberté.

Le premier devoir de l'homme, est de percer le cœur des tyrans et des traîtres ; mais, dans un siècle d'anarchie, les tyrans renaissent de leurs cendres ; et s'ils sont momentannément abattus, ce n'est que pour se relever après avec plus de force et d'audace. Ainsi les révolutions sont souvent arrosées par des torrens de sang qui coulent en pure perte pour la liberté des peuples, parce que les citoyens, au lieu d'arrêter les conspirations dans le principe, leur laissent faire des progrès rapides, et quelquefois y coop'rent eux mêmes, en se laissant entrainer par l'ascendant de leurs dominateurs. Les états ne sont en péril que par l'erreur ou la lâcheté des peuples, et la perfidie de ceux qui les gouvernent. Aussi les hommes braves qui périssent les armes à la main pour conquérir une liberté incertaine, ne meurent souvent que pour la cause d'une tyrannie nouvelle dont ils étaient bien éloignés de prévoir le règne désastreux. Des gens inconnus, obscurs, et perdus dans la foule, recueillent quelquefois les fruits d'une révolution que le génie enfanta, et dont l'issue se décide en faveur du crime ou de l'ignorance. L'art de la conspiration est le même dans les états anar-

chiques que sous le despotisme , et se borne au
balancement des forces. Le parti qui calcule le mieux
les chances et les résultats , en caressant les préjugés populaires , envahit la domination. La prétention
des conspirateurs s'alimente au sein de l'anarchie
et des dissentions civiles : c'est alors que le pouvoir
absolu tombe souvent en partage à un homme nouveau qui , d'abord , laisse les factions s'entredétruire ,
ou profite d'une occasion favorable pour les écraser
en même-tems , et asseoir sa prépondérance sur
leurs débris , en se rendant en apparence le vengeur
des calamités publiques. Ainsi les factions agissent
souvent contr'elles-mêmes et perdent le fruit de
leurs crimes de la même manière que les hommes
libres perdent celui de leurs vertus. L'abrutissement
des peuples est quelquefois si déplorable , que tel
conspirateur qui perd la tête sur l'échaffaud , eût
emporté dans la tombe les larmes et les regrets de
ses propres victimes , si , quelques jours auparavant ,
il eût succombé sous le fer sacré de la liberté. Ainsi
une différence insensible dans l'espace des tems ,
place un homme au temple de l'immortalité , ou le
dévoue à l'exécration des siècles. Quelle est la cause
de cette aliénation, si ce n'est l'anarchie que les co-
pirateurs ont soin d'entretenir , en prolong
mouvement révolutionnaire et en éloignan   ns-
de la loi ? Mais , lors même que la li   ant le
c'e dans un avenir incertain, il est gr   le règne
de se dévouer à la mort pour sauv   erté est pla-
égarés , et retarder l'époque de   nd , il est beau
héroïques des vengeurs de l'   er des concitoyens
                                            eur esclavage. Mânes
                                        umanité , recevez de la

D 4

main du législateur des hommes libres , la couronne
civiq e qui vous est due. Tandis que vos contemporains sont engloutis dans le néant des tombeaux, votre
nom survit à votre perte, et s'élevant au-dessus des
siècles, il devient le symbole des vertus. C'est par
votre mémoire , et sur le piédestal de vos augustes
images, que les hommes libres jureront d'exterminer
les tyrans , en vous prenant pour modèles. Vivez,
vivez pour jamais dans le cœur des citoyens du monde ,
et que par votre exemple ils apprennent à mourir.....
Mais, quand le monstre de l'anarchie est étouffé,
quand le citoyen ne verse plus son sang pour une
liberté future, quand le règne de la loi veille au
bonheur de sa patrie, ce n'est plus que contre des
tyrans extérieurs qu'il trouve l'occasion de déployer
son courage. S'ils s'avançaient à la tête de leurs cohortes pour subjuguer un peuple libre ; si la République était attaquée, jeune enfant de la liberté,
c'est à toi de mourir pour elle. Tu lui dois compte
de ton sang, arme-toi, vole à sa défense ; mais,
avant de franchir le seuil de ta porte, baise les cheveux blancs de ton père , et jure dans ses mains,
de vivre libre ou de mourir. Quand tu seras sur le
champ de bataille , garde-toi d'oublier ton serment,
le sein paternel en fut dépositaire. Pour prix de ton
dévouement, celui qui te donna le jour sera glorieux
de compter tes blessures , et de les panser lui-même.
Mais, si un destin contraire t'enlève à ces jouissances du héros, le coup qui te percera la poitrine ne
te seras point douloureux. Couché sur le champ de
bataille , tu verras sans regret couler un sang dont

tu as fait un généreux sacrifice. Si tu pouvais le faire
remonter vers sa source, tu ne sentirais que le besoin de le répandre encore. Frappé d'un coup mortel, tes forces t'abandonnent...; avant que d'expi-
rer, tourne tes regards sur ta patrie; c'est en lui
donnant ton dernier soupir que tu te sentiras revivre
dans des concitoyens, dont ton courage cimente la
liberté. Envain la mort t'arrache à leur reconnaissance;
non, tu ne périras pas tout entier. Ils élèveront un
trophée à tes mânes, ton nom sera inscrit sur le
marbre, ta famille ira t'y porter le tribut de son
hommage, le philosophe s'y arrêtera par respect pour
ta mémoire, il la transmettra à la postérité, et ton
sort sera envié par tous les citoyens du monde.

RECONNAISSANCE

DES

DROITS DE L'HOMME.

ARTICLE PREMIER.

L'homme naît, vit et meurt libre.

LES droits de l'homme commencent dès l'instant qu'il respire; ses droits résultent de sa faiblesse. A cette époque, on lui doit tout, et il ne doit rien. Son état réclame des secours, et ces secours, loin d'être des bienfaits, sont une dette de la part de ceux qui ont présidé à sa naissance. Il est propriétaire d'un trésor précieux, et qu'aucune puissance n'a droit de lui ravir. Ce trésor est le lait de sa mère. Eprouve-t-il quelque besoin, la nature ordonne à tous les êtres qui ont l'expérience en partage d'y pourvoir et d'y satisfaire. En avançant en âge, l'homme acquiert des forces, ses membres se développent, ses organes lui procurent des sensations, ses yeux fixent des objets, il les compare, et le son de sa voix exprime des pensées. Jusqu'ici, l'homme est un

maître auquel on ne peut refuser d'obéir ; parvenu
à l'âge de la puberté, il éprouve une métamorphose,
ses droits résultent de sa force et de ses besoins, et
ses devoirs résultent des droits de ceux qui l'entourent. Enfant, il n'a aucun devoir à remplir, puisqu'il
ne les connaît pas encore : adolescent, la connaissance de ses droits lui donne celle de ses devoirs.
Ainsi, après avoir été le créancier de ses semblables,
la nature l'oblige au travail, et l'en rend le débiteur.
Il se nourrit des fruits ou qu'il cultive, ou qu'il se
procure par l'échange de son travail ; ainsi, l'homme
multiplié par-tout d'une manière semblable à lui-
même, ne doit trouver dans ses rapports avec l'homme,
que des plaisirs et des jouissances par l'échange des
secours mutuels et respectifs. Insensiblement ses nerfs
se roidissent, le tems amène la saison du repos.
Après avoir été le débiteur de la patrie, il redevient
son créancier dans l'âge de la décadence. Ainsi,
l'homme n'acquiert des forces que pour travailler,
et ne travaille que pour se reposer. Mais, à quelqu'é-
poque de la vie qu'il se trouve, il a des droits es-
sentiels, inhérens à son existence, et qui sont inséparables de sa situation, soit physique, soit morale.
Tels sont les droits que le législateur doit consacrer,
puisque de-là découlent toutes les conséquences qui
composent une législation d'hommes libres. Ainsi,
le règne de la liberté, chez un peuple, dépend immédiatement de la reconnaissance de ces droits et
de leur maintien nécessaire, par l'action du gouvernement.

I I.

Il mérite bien de la Société quand il ôte la vie à celui ou à ceux qui oppriment la Liberté, ou qui conspirent contr'elle.

Le conspirateur tient le poignard levé sur le sein de ses contemporains et de la postérité. Conspirer, c'est vouloir exécuter ou exécuter en effet un plan subversif de l'ordre social et des droits naturels de l'homme par le règne du pouvoir arbitraire. Ainsi, puisque le conspirateur attente à la liberté de ses concitoyens, le droit de le détruire est donc une conséquence de la liberté elle-même ; sa mort, quel que soit le coup qui le frappe, est un grand acte de justice qu'il appartient à tout citoyen d'exercer. Le despotisme est une conspiration permanente ; aussi, l'homme qui arrache la vie aux tyrans, fait usage de son droit légitime en même-tems qu'il remplit un devoir envers sa patrie, en la soulageant du poids énorme dont elle est accablée. Il n'est donc aucun gouvernement dont les agens n'aient mérité la mort, puisqu'il n'en est aucun qui n'ait été despotique. Cependant l'expérience démontre que loin de la recevoir, ils l'ont donnée au contraire à des milliers de victimes humaines qu'ils ont immolées à leur vengeance, et les peuples ont été assez lâches, assez abrutis pour applaudir à ces supplices ou pour s'en rendre les complices par inertie. Les peuples s'imaginent qu'ils seraient beaucoup plus malheureux sans gouvernement, et ce préjugé leur fait regar-

[...] un amas de bourreaux qui [...] c'est la tyrannie elle-même qu'ils pren[...] point de ralliement, et souvent ils préten[...] [...] en s'armant en faveur des brigands [...] nement. Les peuples qui vivent sans gou[...] n'en existent pas moins sous le règne de [...] et à moins qu'il ne parût un législateur qui [...] le contrat social, le premier homme qui [...] proposerait un gouvernement, serait un cons[...] ou il les inonderait de tous les fléaux po[...] dont ils sont à l'abri par l'absence de la ty[...]. Ainsi un peuple qui vit sans gouvernement, présente plutôt une société que celui qui vit sous un gouvernement. L'homme qui ne connaît aucune es- pèce de tyrans, n'a d'autre ennemi que celui qui attenterait à sa vie ou à sa propriété, mais, comme il peut dans tous les tems repousser la violence par la force, il est plus libre que celui qui vit sous un gouvernement qui ne cesse d'attenter à ses droits sous l'apparence de la justice. Dans la première hypothèse, il n'en vit pas moins sous l'empire de la loi, qui lui prescrit de se défendre dès qu'il est attaqué : dans la seconde, la loi est l'instrument de sa propre servi- tude, puisqu'elle est le résultat d'une volonté arbi- traire. Le contrat social existe donc plutôt pour les peuples appelés sauvages, que pour ceux qui se [...] civilisés, puisque le gouvernement a toujours été destructif de la liberté et le principe immédiat de leur infortunes. Les premiers ne connaissent point les révolutions, la guerre civile, les conspirations, les exactions, les fraudes, les tribunaux ni les sup-

d'une conspiration, puisque la force seule décide des
prétentions respectives, et la force n'est-elle pas
l'absence de tous les droits ? La liberté n'est point
une décision du droit par la force, mais elle se
maintient par l'emploi de la force conformément au
droit : or, le gouvernement ne peut se trouver dans
aucune hypothèse que le droit du peuple ne prescrive
de s'insurger contre lui, à moins qu'il ne soit le mode
conservateur du contrat social. Dans les gouvernemens, si mal nommés républicains, les peuples se
divisent en factions à la voix des conspirateurs qui les
gouvernent ; ils se déchirent pour des opinions vagues, et les uns et les autres conspirent contr'eux-
mêmes, puisqu'ils ne sont que les instrumens passifs
de la tyrannie. En quelque lieu que se présente le
conspirateur, soit dans le sein de la société dont
il est membre, soit au sein du gouvernement dont
il fait partie, par-tout il est digne de mort, par-tout le
devoir de l'homme libre est de lui ôter la vie ; et
quand le gouvernement conspire, il est du devoir du
peuple de s'insurger en même-tems contre tous ses
membres, et de n'en épargner aucun.

I I I.

La Liberté est la jouissance des Droits de Citoyen.

Il est peu d'hommes qui connaissent la liberté,
parce qu'il en est peu qui connaissent l'étendue de
leurs droits. Personne ne peut avoir idée de l'heureux
résultat de son règne, puisqu'elle n'a encore existé
dans aucune partie du globe. Son nom auguste et
révéré

révéré, est devenu trop souvent le prétexte du crime
et l'instrument de la tyrannie. Cependant, la liberté
n'est jamais dangereuse, elle est au contraire bienfaisante, humaine et salutaire; mais de même que
les conspirateurs placent le droit dans la force, appellent loi le résultat de leur volonté arbitraire,
qualifient de justice les assassinats qu'ils commettent,
ils ne regardent la liberté que comme un mot favorable à assouvir leurs haines, et propre à affermir
le trône de leur domination; c'est au nom de la liberté qu'ils commettent tous les attentats et allument
le feu des guerres civiles; c'est au nom de la liberté
qu'ils incendient les villes et font périr les peuples par
la famine; enfin, c'est au nom de la liberté qu'ils
donnent des fers à leurs concitoyens. Ils en ont sans
cesse le mot à la bouche, mais jamais ils n'offrent
l'objet en réalité, parce que le mot est le moyen
dont ils se servent pour consommer leurs projets des-
tructeurs chez un peuple abruti par les préjugés de
l'ignorance; quelques peuples ont dit qu'ils étaient
libres, comment auraient-ils pu l'être, lors même
qu'ils ne savaient pas ce qu'est la liberté? Cette ca-
lamité politique est celle de tous les peuples qui se
sont élancés vers une belle chimère, et dont les révolutions n'ont produit que l'anarchie et le despotisme. Il est des peuples qui après plusieurs siècles
d'efforts impuissans pour l'obtenir, se demandent
encore *qu'est-ce que la liberté?* Il en est d'autres qui
ne prononcent son nom qu'avec horreur, parce que
ce nom n'a été que le plus affreux instrument de tous
les fléaux politiques. Les hommes se trompent souvent

E

sur les moyens qu'ils employent pour parvenir au but de leur bonheur, faute de réflexion. L'ignorance et l'erreur qui enchaînent la liberté sont les seules causes de leur égarement et de leurs infortunes. La liberté loin d'être attentatoire à l'état social, en est au contraire la conséquence ; car pour-tout, où l'homme n'est pas libre, il languit dans un état anti-social. L'homme obtient un bien plus grand par la société, que s'il vivait isolé de ses semblables. Et puisque la société a pour but le bonheur de tous les hommes, elle serait en contradiction avec elle-même, si elle portait atteinte à la liberté. Elle se détruirait de sa propre volonté, en conspirant contre ses droits, et cesserait d'être une société, puisque chaque homme ne serait pas libre. Un tel rassemblement ne présenterait qu'un monstre politique, qu'un cahos informe où régnerait un désordre per-pétuel par la lutte qui s'éléverait entre les tyrans et les esclaves, les persécuteurs et les victimes. La jouissance des droits est donc le but de l'état social ; car la liberté de chacun ne peut être que la consé-quence de la liberté de tous. Etre libre, c'est jouir de ses droits par les avantages que la société pro-cure. Ce n'est donc point dans les forêts que nous de-vons aller chercher l'homme libre isolé de ses sem-blables ; c'est dans la société même que nous devons le trouver, puisqu'elle ne peut se dispenser de lui garantir la jouissance de tous ses droits. L'état ima-ginaire ou il a plu à des cervaux déréglés de placer l'homme pour le rendre à la nature et le constituer libre, est un état contre-nature, puisque la propa-

gation de son espèce est un de ses premiers besoins,
et qu'il est lui-même le fruit d'une association
préexistante, sans laqu'elle il n'aurait pu se conserver. L'homme est par-tout en société, par-tout
il doit donc être libre. Il est des peuples qui ont des
gouvernemens, il en est d'autres qui n'en ont point,
mais la société n'en existe pas moins pour ces derniers, avec plus de solidité que pour les autres,
puisque les gouvernemens des peuples qui se disent
civilisés, ont été arbitraires, anarchiques, et n'ont
cessé de provoquer les révolutions; anarchie pour anarchie, celle qui a lieu sans gouvernement est préférable
à celle qui a lieu par le gouvernement. C'est donc
pour veiller à la conservation de sa liberté qu'un
peuple se donne un gouvernement; pourquoi nul
d'entr'eux n'a-t-il pu encore remplir le but de son
institution politique? Les faux philosophes en ne
donnant à l'homme la liberté que hors de l'état social, ont vu la société comme elle était, et non
comme elle doit être; ils ont vu la société où elle
n'est point, pour la méconnaitre là où elle existe
réellement. La société existe donc lorsque conservant à chaque citoyen la jouissance de ses droits,
elle lui donne le bien inestimable de la liberté,
sans laqu'elle il n'est point de félicité sur la terre.

E 2

I V.

*Ses droits sont, le droit Personnel, le droit
Civil, le droit Politique, le droit Social et le
droit Général.*

C'est en reconnaissant les droits de l'homme que
le législateur est l'organe de la justice éternelle, et
devient l'image vivante de la loi. Les droits émanent immédiatement de la nature, et sont inhérens
à l'existence physique et morale de l'homme.
Malgré la différence des dénominations sous lesquelles
les droits se présentent, ils ne reconnoissent qu'un
seul et même principe; leur distinction est conforme
à la raison, afin qu'on puisse les embrasser sous tous
les rapports qu'ils présentent. Sans cette méthode
ils s'offriraient avec confusion, et seraient énoncés
d'une manière si vague, que les passions discor-
dantes, les volontés particulières, les caprices injustes, les intérêts privés troubleraient à chaque
instant la tranquillité publique, en mettant à profit
ou leur obscurité ou leur insuffisance. C'est parce que
les droits n'ont jamais été reconnus dans toute la
latitude qu'ils présentent, que les états sont tombés
en dissolution par l'injustice des prétentions et l'abus
de la force, qui en est une suite nécessaire. La diversité, l'inégalité que la nature a mise entre les
hommes, établit les différences de force corporelle
et de facultés morales; mais cette inégalité tend elle-
même au bonheur et au maintien de la société,
en marquant à chacun l'emploi particulier auquel
la nature le destine. La prééminence de la force ou

des talens n'intervertit en aucune manière l'ordre
des droits ; puisque chaque citoyen a son genre d'utilité individuelle , et que les hommes éprouvent les
mêmes desirs et les mêmes besoins. Cette conformité est le dogme qui leur enseigne ce qu'ils doivent
rechercher ou fuir , et leur donne connaissance des accidens qui facilitent ou entravent le développement
de leurs facultés. Pour reconnaître et déterminer les
droits dans toute leur extension , il faut examiner
l'homme dans tous les rapports de son existence ,
soit envers lui-même , soit envers son concitoyen ,
soit envers le gouvernement , soit envers la société ;
et de cet examen résultera un droit général , considéré par rapport au tout ensemble , lequel sera
la conséquence de la liberté , sous tous les aspects
qu'elle présente. Cette méthode doit fixer invariablement la théorie des droits , et nécessite les lignes de distinction que nous avons tirées , et sans lesquelles ils n'auraient été énoncés qu'avec confusion.

V.

La jouissance de ses droits n'a de bornes que
celles qui assurent à ses Concitoyens la
jouissance des mêmes droits, ainsi il n'est
pas un droit sans un devoir, ni un devoir
sans un droit Corrélatif.

Un homme est indépendant d'un autre homme ,
mais il n'est pas indépendant de ses droits , puisque
la liberté est également répartie à tous les citoyens

E 3

du monde. Les droits de l'un ne sont autres que les
droits de tous, et s'il était possible de supposer une
hiérarchie de droit, ce système serait absurde et
tirannique. Il n'en est aucun qui ne soit conforme
à la justice éternelle, puisque tous découlent de
la nature. La société loin d'envahir à l'homme une
partie de ses droits, les consacre au contraire dans
toute leur plénitude, car la perte des droits serait
celle de la liberté. Par quel étrange aveuglément les
peuples qui croyent vivre en république, ont-ils
toujours peur de perdre leurs droits lors même qu'ils
sont privés de cette jouissance? Peut-on perdre ce
qu'on ne possède pas? En plaçant la liberté dans un
avenir incertain, ils sont dévorés par l'anarchie et
se disent citoyens libres au milieu des dissentions
et des actes arbitraires. La nécessité de réclamer la
liberté et de s'en occuper sans cesse, est la preuve
qu'on est privé des bienfaits qu'elle procure. Le règne
de la justice seule en consacre l'existence et le maintien, et c'est cette justice, considérée sous tous ses
rapports, qui forme le contrat social. L'homme n'a
donc droit à la jouissance de la liberté, qu'autant
que l'exercice en est conforme aux droits de ses semblables. S'il se servait de sa liberté pour nuire à
celle d'autrui, il ferait un abus de sa force loin d'en
faire un usage légitime, mais que la liberté qu'il s'arro-
gerait, serait un attentat à la liberté d'autrui. C'est
en donnant une fausse acception à la liberté même,
qu'elle devient un instrument de fureurs et de dissentions, et qu'on détruit la liberté par la licence qu'on
affecte de la même dénomination. Un attentat à la

liberté est un acte de licence, si cet attentat est
commis par un individu. Il porte le nom de tyrannie s'il est commis par le gouvernement, ainsi la
licence et la tyrannie, portant les mêmes atteintes
à la liberté, sont des attentats qui reconnaissent le
même principe et offrent les mêmes conséquences.
Une action licencieuse ou tyrannique est donc également réprouvée par la justice qui veille à la jouissance des droits de tous. Ainsi tout homme libre doit
se dire à lui-même. Je suis homme et semblable par
ma nature aux autres hommes qui m'entourent; je
suis sensible et raisonnable : susceptible des impressions du plaisir et de la douleur : je cherche l'un
et je crains l'autre : des êtres qui sont conformés
d'une manière semblable à la mienne, éprouvent les
mêmes desirs et les mêmes craintes : j'évite la présence
de ceux qui me feraient du mal ou apporteraient des
obstacles à ma félicité, je dois donc éviter à mon
tour de commettre les actions qui contrarieraient chez
mes concitoyens le but auquel je me propose d'atteindre. Ainsi, c'est en reconnaissant les droits de
l'homme, qu'on détermine en même-tems ses devoirs.
La justice ne pouvant consacrer ni l'aliénation des
droits, ni l'outrage qui y serait porté, il suffit donc
pour donner un gouvernement libre, de reconnaître
les droits et les devoirs, et d'établir le mode de
leur conservation. Cette reconnaissance, offrant tous
les actes par lesquels il est possible d'y porter atteinte, devient le principe de toutes les conséquences
qui fixent le jugement sur la nature ces actions

E 4

humaines, en les renfermant dans un espace que les droits eux-mêmes circonscrivent.

V I.

Le droit Personnel est le libre exercice des facultés de l'esprit et du corps; ainsi chaque Citoyen peut exercer la profession qui lui plaît, voyager, parler, et propager ses pensées, pourvu qu'il n'attente en aucune manière au Contrat-Social.

Ne serait-ce pas porter atteinte à la liberté naturelle que de dire à un homme, tu ne pourras exercer que telle profession, toutes les autres te sont interdites? Le despotisme qui établit des priviléges injurieux, et ne tend qu'à diviser les citoyens par la différence des grades, assujettit au joug de sa volonté le droit le plus précieux que l'homme tienne de la nature. Il le condamne au dégoût, à l'oisiveté, à la misère, et lui enlève les ressources qu'il aurait pu trouver dans un genre de travail pour lequel il avait de l'aptitude, en même-tems qu'il prive la société des avantages qu'elle aurait pu en recueillir. Ainsi il n'est pas étonnant que sous le règne de la tyrannie, nul homme ne soit à sa place. Dans un état libre, au contraire, le génie prend un essor d'autant plus heureux, qu'il n'est comprimé par aucun obstacle. C'est alors que les talens se développent avec rapidité, puisque chaque citoyen suit la pente de ses inclinations. La nature, en nous donnant

des dispositions diverses nous commande de satisfaire à nos penchants, et c'est la liberté qui peut
seule favoriser l'emploi des facultés physiques et
morales qui agissent si puissamment sur la prospérité
des peuples. Il n'est donc rien de plus contraire à
l'ordre social et à l'intérêt public, que ces institutions
privilégières qui étouffent souvent les dispositions les
plus favorables. Que peut-on imaginer de plus absurde et de plus attentatoire aux droits de citoyen,
que ces examens, ces certificats que le despotisme
exige pour l'exercice d'une profession, lorsqu'il
n'appartient qu'à l'expérience de démontrer si l'homme
qui l'exerce est plus ou moins propre à la remplir?
L'ignorance ne prendra jamais la place du mérite,
tant que la liberté les mettra en concurrence ; mais
si l'arbitraire préside à leurs prétentions respectives,
le mérite sera nécessairement immolé à l'ignorance.
Quel homme a droit de juger si un autre est capable de remplir une profession, de l'y admettre ou
de l'en exclure? Cette tyrannie ne peut qu'étouffer
l'émulation, en nuisant également aux progrès des
sciences et des arts. Le talent seul doit déterminer
la préférence, et cette préférence ne peut être que
le résultat de la liberté. Si l'homme ne doit éprouver aucun obstacle dans l'exercice de sa profession,
il a, d'après le même principe, le droit de se transporter d'un lieu à un autre quel que soit le motif de
son déplacement. C'est encore par l'application de
ses facultés qu'il peut exprimer librement sa pensée,
soit de bouche, soit par écrit, et ce droit ne peut
être limité que par la justice. Mais si, sous prétexte

de la liberté d'opinion, il se rendait calomniateur ;
ou s'il propageait des hérésies et des blasphèmes
politiques, il serait d'autant plus criminel qu'il sap-
perait les bases de la liberté elle-même. Si ce qu'il
dit, porte sur un fait répréhensible, c'est à lui de
s'en rendre accusateur ? Si ce ce qu'il dit, a trait
au gouvernement, il doit en démontrer l'évidence
dans l'un ou l'autre cas, l'opinion est inadmissible,
la démonstration seule est respectable.

V I I.

Son droit Civil est l'existence, la sûreté de la vie
et de la propriété Physique et Morale. Ainsi
s'il est dans une indigence involontaire, la
Société lui doit des Secours en raison de ses
Besoins et de ses Services, et le juste châti-
ment de celui qui aurait outragé le Contrat-
Social dans sa personne.

La loi serait violée, si l'indigence involontaire ne
trouvait les secours qu'elle a droit d'attendre d'une
société harmonique. La richesse n'étant que le produit du travail, il s'en suit que la différence des
fortunes ne reconnaît pour principe que l'émulation
et l'activité. Chaque citoyen peut donc également
prétendre aux jouissances que la fortune procure,
lorsque rien ne gêne le développement de ses facultés mais quelque considérable qu'elle puisse être,
elle n'est point à l'abri des subversions, et l'homme

n'est pas tellement identifié avec elle qu'il ne puisse survivre à sa perte. Une propriété quelconque ne représente donc qu'une somme de travaux, et il est juste que l'homme retire des avantages proportionnés aux fatigues et aux peines qu'il s'est données pour acquérir. Mais si la jouissance de la propriété est un droit irrécusable, celui d'avoir part aux bienfaits de la société est aussi éminent. Combien y a t'il d'hommes, qui ne peuvent subvenir à leur besoins, sans qu'on puisse les accuser d'insouciance et de lâcheté! Tel homme n'a pas l'usage des facultés que la nature délègue à tous les êtres de la même espèce, et s'il ne peut subvenir à son nécessaire par la privation des organes, c'est à la société qu'il convient de réparer cette injustice accidentelle, en donnant à l'indigence involontaire les secours dont elle a besoin. L'indigent est le créancier titulaire de la nature et de la patrie, son infortune et sa vertu sont sacrés aux yeux de la société : s'il n'en recevoit pas les soins qui lui sont nécessaires, il serait dégagé de tous les liens par lesquels il lui était attaché. Il aurait droit de prendre sa nourriture et ses besoins par-tout où il pourrait se les procurer, sans qu'on put lui en faire réproche; l'homme ne doit plus exister pour la société, dès que la société n'existe plus pour lui. Mais aussi s'il est capable de travailler, il ne peut exiger que ses concitoyens l'entretiennent dans la paresse, car, alors il attenterait à leurs droits, puisqu'ils ne doivent lui être utiles qu'autant qu'il se servira de ses facultés pour

leur être utile à son tour. Telle est la correspondance entre les besoins réciproques qui entretient
l'émulation des peuples, et devient la source de leur
prospérité. Tous les habitans de la terre ont le même
droit à ses productions, en offrant en échange une
valeur égale à celle qu'ils reçoivent; ainsi, de la
même manière qu'il n'est pas nécessaire d'être cultivateur pour jouir des produits de l'agriculture, il
n'est pas nécessaire de s'adonner aux arts industriels pour jouir des commodités qu'ils procurent;
il suffit d'en présenter le prix, et les hommes ont
un égal intérêt au maintien de ce commerce. L'homme
laborieux est donc assuré de trouver, par l'emploi
de ses facultés, les ressources que l'état social dis-
perse avec profusion, son droit à la bienveillance
publique n'est qu'une conséquence de l'état de misère dans lequel il serait réduit par la privation de
ces mêmes facultés; cet accident ne détruit en aucune
manière, la jouissance des autres droits qu'il tient
de la nature. Vivant sous l'empire de la loi, il a
des devoirs à remplir; il peut donc, en tous tems,
la réclamer contre les transgresseurs qui attenteraient
à sa liberté.

VIII.

Son droit Politique est la concurrence directe
ou indirecte à la reconnaissance et au main-
tien du Contrat-Social; ainsi, il est admis-
sible à toutes les Fonctions, sans autre titre
que la confiance de ses Concitoyens.

Si le gouvernement était confié à une classe d'hommes privilegiés, il cesserait d'être libre, puisqu'il
supposerait des distinctions anti-sociales. De quel
droit un homme prétendrait-il plutôt qu'un autre, à
être le législateur de son pays ou le dépositaire de
la loi? Après une révolution, l'engagement que contracte un fonctionnaire public, est de donner une
constitution libre; mais ce devoir n'est-il pas commun
à tous, et l'élection du peuple peut-elle conférer un
caractère de législateur ou de philosophe, si celui
qu'il élit, n'a aucune des qualités nécessaires à en
remplir les devoirs? Tous les citoyens sont également
législateurs et magistrats, puisqu'ils ont tous le même
intérêt à reconnaître le contrat social et à en réclamer l'exécution. Quel droit un homme aurait-il plus
qu'un autre, de distinguer le juste de l'injuste, et
de tenir les rênes du gouvernement? La politique,
qui n'est que l'application de la morale à un grand
peuple, est une science commune à tous les citoyens:
les tyrans, qui ont toujours eu besoin de tromper les
hommes, en ont fait une science occulte et extraordinaire, et cependant cette science est si claire et si
précise, lorsqu'on la dégage des erreurs qui la font

méconnaître, que le pl s faible esprit devient capable de la saisir. Elle devient aussi exacte que celle des calculs numériques ; mais pour la démontrer dans tous ses rapports, il est nécessaire de la réduire à sa théorie naturelle. Immédiatement après la chûte de la tyrannie, le premier soin du citoyen est de s'attacher à consacrer les droits par la reconnaissance du contrat social. Il suffit, pour obtenir l'empire de la loi, de la dégager de l'enveloppe des préjugés qui la dérobent aux yeux des hommes. Chacun doit donc s'empresser de concourir à l'édifice de la liberté, et de l'affermir sur des bases inébranlables. Quand la constitution est bien conçue, et qu'elle offre d'un côté le contrat social, et de l'autre son mode conservateur, chaque citoyen est également intéressé à soutenir et défendre une république qui, par l'harmonie de ses rapports, devient la sauve garde de tous. Si les citoyens étaient inadmissibles à l'exercice des fonctions de la magistrature par l'usurpation d'un petit nombre, les gouverneurs se croiraient bientôt supérieurs aux gouvernés et ne tarderaient pas à renverser l'ordre social, pour asseoir leur despotisme sur les débris de la chose publique, et deviendraient les maîtres de l'empire. Comme la faculté de le faire obéir au nom de la loi, ne peut être conféré qu'on mérite, quel homme pourrait s'en attribuer exclusivement le privilège ? Chaque citoyen a donc le même droit d'y prétendre, puisqu'il a les mêmes devoirs à remplir.

I X.

Son droit Social est, s'il a bien mérité de la
Patrie, d'en être l'enfant adoptif et le créan-
cier titulaire ; ainsi, s'il s'est dévoué pour
son Salut, elle lui doit des récompenses en
raison de ses Sacrifices.

Si la chose publique est en péril , c'est un devoir ,
sans doute , de s'élancer au milieu des combats ,
d'y braver les dangers et la mort , pour soustraire sa
patrie à l'esclavage. Chaque citoyen doit se disputer
à l'envi, l'honneur d'être rendu sur le champ de
bataille. C'est dans ces circonstances que les hommes
libres , embrâsés de l'amour de la patrie , sont susceptibles d'un enthousiasme si pur , d'une passion si
belle , d'une énergie si véhémente , qu'elle les transporte jusqu'à leur procurer des forces surnaturelles.
Ces dispositions belliqueuses se propagent , par
l'exemple de la vertu, qui , donnant une vibration
continuelle aux imaginations ardentes , imprime une
impétuosité qui enfante des prodiges de valeur.
Les sentimens de la justice et de la liberté sont
communs à tous les héros. La faiblesse et la lâcheté
n'appartiennent qu'à l'esclavage et au crime. Le courage est la vertu des grands cœurs, elle donne à
l'homme cette fermeté héroïque et sensible qui le
rend , tout-à-la-fois, terrible et généreux. Le courage est franc et loyal , parcequ'il se fortifie de la
justice de sa cause , il ne sent le besoin ni de

tromper ni de séduire, il abandonne cet art à la
tyrannie qu'il méprise. Mais, tandis que les soldats
de la liberté comptent les jours par des victoires,
si ceux qui restent dans leurs foyers, prêts à remplacer leurs concitoyens morts les armes à la main,
ont cédé l'honneur de défendre la république, ils
doivent se dédommager de cette privation, en ser-
rant les vainqueurs de retour dans leurs bras frater-
nels, en étanchant le sang qui coule de leurs blessures, et en leur offrant des asyles, où ils puissent
se reposer à l'ombre des lauriers qu'ils ont cueillis.
Combien la patrie ne doit-elle pas à des guerriers qui
ont cimenté de leur sang la liberté publique ? *la liberté !* Ah, puisqu'il n'est point de sacrifices qu'on ne
doive faire pour l'obtenir, il n'est point de récompenses
dignes de ceux qui la conservent. Si une république
était assez ingrate pour méconnaitre les bienfaits de ses
défenseurs, cette époque serait celle de sa décadence
et de sa servitude, ou plutôt elle ne serait plus république. Doit-elle attendre que ses guerriers réclament le payement d'une dette écrite en nobles cica-
trices ? non, elle sait toujours ce qu'elle doit à ses
défenseurs, elle sait ce qu'elle se doit à elle-même ;
aussi sa reconnaissance ne peut avoir de bornes
que celles que savent y mettre ceux qui en sont les
objets. Le citoyen ne connait point de trésor au-
dessus de la liberté, et il ne sait vivre et mourir que
pour elle.

X.

X.

Son droit Général est la résistance à tous
les genres d'oppression ; ainsi , il a le droit
de repousser la force par la force , à moins
que cette force ne soit employée par la
Loi.

De quelque côté que l'oppression se présente, soit de
la part de l'homme, soit de la part du gouvernement,
soit de la part de la société entière , le citoyen a droit
d'y résister, sa liberté lui en prescrit le devoir. Se
soumettre à la tyrannie, c'est s'en rendre complice.
L'esclave lâche et pusillanime conspire contre son
pays, par cela même qu'il obéit au despotisme : ainsi ,
quand un peuple tout entier voudrait se donner
des maitres, cette aliénation de ses droits ne pourrait
engager ceux d'un seul homme libre qui aime mieux
mourir que de survivre à la perte de la liberté. Il
n'est aucun homme qui n'ait le droit de tuer l'usur-
pateur de la souveraineté du peuple ; car le citoyen
ne sait jamais fléchir, même sous l'injustice du plus
grand nombre, et la loi éternelle lui prescrit l'insurrection dans tous les tems, dans tous les lieux. Il
ne sait donc qu'obéir à la loi , et résister à tout ce
qui n'émane point d'elle. Tout ce que la loi permet
est légitime ; tout ce qu'elle défend est criminel. Le
citoyen a donc le droit de s'opposer à tout acte arbitraire qui blesse l'exercice de ses droits , de quelque
part qu'il se sente opprimé. Plonger le poignard dans

F

le sein des tyrans, tel est le premier devoir. Si un peuple permettait l'assassinat ou se courbait devant la tyrannie, cette tolérance ne prouverait rien en faveur de l'un ou l'autre attentat; l'assassinat n'en serait pas moins répréhensible, la tyrannie n'en serait pas moins monstrueuse et attentatoire à la nature qui nous donna la liberté. L'injustice, revêtue d'un assentiment général, conserve toujours le caractère de l'injustice, et une multitude d'hommes qui vivraient sous son joug insupportable, au lieu de former un peuple composé de citoyens, ne présenterait qu'un amas de brigands en guerre ouverte les uns contre les autres. Tel est le spectacle qu'offrent les individus qui sont soumis au despotisme. Une association d'hommes ne peut être regardée comme peuple, que lorsqu'elle vit sous l'empire de la loi. Tel est le bien inestimable que le peuple maintient, et dont il assure la jouissance à chaque membre dont il est composé. L'autorité de la loi n'a pour bases que les avantages qu'elle procure aux citoyens qu'elle gouverne. Elle est essentiellement légitime, puisqu'elle seule est la source de leur commun bonheur. Par la même raison qu'elle exige un respect sans bornes, elle réprouve tout acte tyrannique qui, revêtu du même nom, est un instrument de fureurs et de désastres. Les loix des tyrans ne sont que des attentats à la loi éternelle, et c'est l'amour de celle-ci qui porte les peuples à s'armer contre celles de leurs dominateurs. Le premier devoir étant d'obéir à cette loi immuable, c'est se conformer à ce qu'elle prescrit que de fouler aux pieds toute disposition qui

... on autorité souveraine ; ainsi, c'est se soumettre ... grand ... économie ? de se soumettre aux ... de quelques brigands qui usurpant le titre de législateurs, promulguent, sous le nom de lois, le résultat de leurs volontés arbitraires.

F

RECONNAISSANCE
DE
LA LOI.

ARTICLE PREMIER.

*La Loi est le résultat Moral des Droits et des
Devoirs de l'Homme.*

LA source de toutes les calamités qui ont afligé
les peuples, est la privation de l'empire de la loi.
L'espèce humaine, dépravée et malheureuse, n'a
cessé de gémir sous le despotisme, parce qu'elle
n'a jamais connu le sacré caractère de la justice éternelle. Une fausse idée de la loi, suggérée par la
tyrannie, consacre l'infortune de tous les peuples.
Comment pourraient-ils être libres, lorsque l'expérience leur démontre que jusqu'ici le droit a été
subordonné à la force, et que la loi n'a été que le
résultat de la volonté arbitraire d'un ou plusieurs individus. C'est en vain que les peuples prendront
les armes pour s'insurger contre les tyrans, ils
ne cesseront de remplacer un despotisme par un
autre, tant que leur abrutissement ne leur permettra
pas de saisir la loi sous l'aspect moral qu'elle présente. Il n'y a que les tyrans qui fassent des lois,

les hommes ne peuvent être libres que par la reconnaissance de la loi éternelle ; et si un peuple se
faisait des lois à lui-même , il serait son propre
oppresseur. Si la loi était l'expression de la volonté
générale , elle ne serait que le despotisme de la
majorité ou la raison du plus fort ; et certes ,
depuis le pôle arctique jusqu'au pôle antarctique , il
n'existe chez le genre humain qu'un seul et même
desir pour jouir de ce qui est juste , qu'un seul et
même desir pour rejetter ce qui est injuste. Ainsi la
loi , indépendante de l'arbitraire des hommes , lumineuse comme la vérité , convainct tous les esprits et
tous les cœurs par la force de l'évidence. Si telle est
l'essence de la loi , pourquoi donc transporter le
connu dans l'inconnu , dénaturer la loi en la transformant en un être incertain et subordonné aux caprices d'une imagination vague qui ne ressemble
plus à ce simbole de justice éternelle , auquel tous
les hommes doivent servir de rempart. Si la loi était
l'expression de la volonté générale , elle serait l' fruit
monstrueux du despotisme et de l'anarchie ; car le
despotisme et l'anarchie seraient au comble , là où
un peuple serait délibérant sans cesse sur le mode de
son existence politique. Il n'y aurait pas de moyen
plus propre à ramener la tyrannie d'un seul , que de
fatiguer tout un peuple , en le mettant sans cesse en
discussion avec lui-même. Si la loi était l'expression
de la volonté générale , elle serait une torche de
discorde et le signal de la guerre civile , en ce qu'elle
établirait deux partis toujours opposés l'un à l'autre ,
savoir : celui de la majorité et celui de la minorité.

F 5

Aussi, dans les états anarchiques, les peuples n'examinent point si telle disposition est juste ou injuste, ils l'acceptent ou la désavouent d'après le parti auquel ils se sont attachés. Bien loin que la loi soit l'expression de la volonté générale, elle est au contraire reconnue par la raison, de quelque part que la raison se présente. Ce n'est pas la majorité qui fait la raison, mais c'est la raison qui détermine non-seulement la majorité, mais encore un assentiment invincible entre tous les citoyens du monde. Ainsi, telle disposition n'est pas juste, parce que les hommes en sont convenus; mais elle est juste, parce que nul homme ne peut en disconvenir. Les tyrans de la terre n'ont-ils pas la majorité, puisque la majorité du genre humain est livrée à leur despotisme? Mais ils sont loin d'avoir la raison, puisque leur puissance repose sur l'injustice. Enfin, puisque la majorité peut vouloir physiquement ce qui est injuste, quoique moralement elle ne puisse vouloir ce qui lui est nuisible, comment concilier l'injustice qu'elle consacre en physique et qu'elle réprouve en morale, c'est-à-dire l'obéissance à une loi qui serait injuste et la résistance à l'oppression? Un peuple qui se déchirerait lui-même par l'apparence de l'exercice de ses droits, ne justifierait-il pas l'oppression d'un seul, puisqu'à défaut d'un seul, il consentirait à s'opprimer lui-même? Si la loi était l'expression de la volonté générale, elle serait arbitraire et tyrannique. La volonté est le désir, que désire le genre humain, si ce n'est le bonheur? Comment peut-il l'obtenir, si ce n'est par le règne de la justice? Nous trouvons donc le vrai caractère de la loi dans le résultat moral des droits et des devoirs de l'homme, lesquels consacrent tous les rapports de justice éternelle qui existent entre les hommes.

I I.

La Loi, pour n'être pas écrite, n'en est pas moins essentiellement préexistante au crime.

La loi ne peut appartenir à la convention des hommes, et elle est par son essence, antérieure à toute association politique, puisqu'elle a l'attribut de l'éternité. Cette existence est indépendante du despotisme et de l'anarchie. Tel est l'empire qu'elle exerce, lors même qu'elle est méconnue; c'est de soutenir les peuples contre une législation barbare, et de leur faire éprouver, par un sentiment naturel de justice, le besoin de se rendre des secours mutuels et réciproques. Ainsi, la morale seule des peuples fut de tout tems le contre poids de la tyrannie des gouvernemens, et cette morale n'eut jamais d'inventeur. Les hommes ne peuvent ni la faire, ni la détruire; ils ne peuvent que la consacrer ou la méconnaître dans leurs actions, comme dans leurs discours; car il n'est aucune pensée, aucune action qui n'y soit attentatoire ou conforme. Ainsi, ce n'est pas parce que les hommes ont reconnu que tel acte est criminel, qu'il l'est en effet, mais parce que cet acte répugne à la justice, et est attentatoire aux droits de l'homme. Ainsi, ce qui est juste aujourd'hui, l'a été avant nous et ne cessera de l'être éternellement.

F 4

Par quelle étrange aveuglement, les hommes qui
se disent législateurs, ont-ils pu avancer que telle
action n'est criminelle, que lorsque la convention
des hommes la réprouve, et que la loi ne peut avoir
d'effet rétroactif ? Qu'entendent-ils par ce langage,
sinon que la naissance de la loi n'a lieu que par la
convention elle-même ? D'après cette absurdité, une
action n'aurait aucun caractère de morale ; elle
serait vertueuse ou criminelle, non pas parce qu'elle
honore ou dégrade l'espèce humaine, mais parce
qu'un certain nombre d'individus sont convenus qu'elle
était louable ou digne de blâme. C'est en dénaturant
la morale éternelle, en l'abandonnant à l'arbitraire,
que les peuples travaillent à leur infortune, et que le
crime se perpétue sur la surface de la terre. Si les
hommes ne savaient ni lire, ni écrire ; s'il n'existait
entr'eux aucune convention sociale ; s'ils n'avaient aucun gouvernement, ils n'en auraient pas moins des
droits à défendre et des devoirs à remplir, et leurs
actions seraient nécessairement attentatoires ou conformes à la loi ; et quoique les principes de morale
ne fussent pas ostensibles par les signes représentatifs
de la pensée, ils n'en seraient pas moins gravés dans
tous les cœurs par la main de la nature. La science
de la morale est commune à tous les hommes, parce
qu'ils en portent le principe au-dedans d'eux-mêmes ;
mais les peuples qui la pratiquent le plus, sont ceux
qui en parlent le moins.

Tout citoyen est inviolable par la Loi, dans les injustices qu'il éprouve.

L'inviolabilité, dans le sens de la tyrannie, n'est que le privilège de commettre le crime; mais les hommes, qui sont tous également libres; les hommes, qui ont les mêmes droits à conserver, les mêmes devoirs à remplir, sont revêtus d'une inviolabilité de la même nature: si un individu pouvait se faire un titre d'impunité, à la faveur d'un mot qui lui déléguerait une usurpation désastreuse, cet individu serait le tyran le plus exécrable, et il n'est aucun citoyen qui n'eût droit de lui donner la mort, puisque personne ne pourrait invoquer la loi contre ses outrages. La loi ne confère l'inviolabilité à l'homme par rapport à l'injustice, qu'en le rendant responsable, en cas qu'il devienne injuste lui-même. L'homme est inviolable tant qu'il fait un légitime usage de ses droits, et sa responsabilité commence au moment où il attente aux droits de son semblable. Une inviolabilité d'une espèce différente serait la subversion de la justice, et la loi qui la consacrerait serait le plus grand attentat. Mais ceux qui méditent l'asservissement des peuples, commencent par mettre leur responsabilité politique à l'abri de la vindicte nationale, à la faveur de l'inviolabilité qu'ils s'attribuent, ou de la liberté des opinions qu'ils réclament. Les peuples sont quelquefois dupes de ces supercheries politiques, par l'habitude qu'ils contractent de

se laisser gouverner par les termes , et l'abus qu'en
font les dominateurs et traîtres devient le moyen de
légaliser la tyrannie. Ainsi, l'inviolabilité est toujours
le partage de la puissance qui a soin de se la déléguer
à elle-même , et de la faire appuyer par la force.
Ainsi, quel que soit le despotisme sous lequel un
peuple gémisse, on ne voit que les mêmes résultats ,
la responsabilité de l'innocence et l'impunité du
crime ; mais quand le règne de la loi a remplacé
celui de la fraude et de l'imposture, la justice atteint
le criminel , quelle que place qu'il occupe , et les
droits du citoyen ne peuvent éprouver d'outrages sans
que les violateurs ne reçoivent la peine due à leurs
forfaits. Alors l'inviolabilité de l'homme est authentique par le châtiment de celui qui l'outrage , et le
glaive de la loi, qui se promène horizontalement sur
toutes les têtes , ne frappe que celui qui a trans-
gressé l'ordre immuable de la justice.

I V.

*Tout Citoyen est responsable envers la Loi
des injustices qu'il commet.*

Les tyrans qui usurpent la souveraineté du peuple
et proclament leurs volontés arbitraires , sous le titre
de lois , sont responsables à la loi même , des excès
auxquels ils se livrent ; les agens de l'exécution sont
encore responsables , puisqu'ils se rendent les complices de la tyrannie. Ainsi, quand des représentans ,
au lieu de remplir le mandat qui leur est confié,
violent leur ministère pour opprimer les peuples

vec un pouvoir d'autant plus despotique, qu'il est
vêtu, en apparence, d'un assentiment général,
s hommes libres doivent s'insurger, et contre ceux
ui commandent le crime, et contre ceux qui l'exé-
utent. Il n'est rien de plus déplorable que de voir
n amas d'assassins, qui se faisant appeler légis-
teurs, se mettent au-dessus de la loi, en se dé-
arant inviolables, et dont les actes sont autant de
rds empoisonnés qu'ils lancent contre le sein de leurs
mmettans. Peuples infortunés ! comment voulez-
us être libres, quand vous ne savez pas être justes ?
ous outragez la loi éternelle de la nature, en res-
ctant la loi sacrilège. Votre stupidité vous entraîne
obéir aveuglément aux ordres des antropo-
ages qui s'abreuvent de votre sang et de vos larmes,
vous voulez être libres ! La première vertu des
oyens est d'enfoncer le glaive vengeur de la souverai-
é du peuple outragée, dans le sein des conspirateurs
des traitres, et loin de suivre cette impulsion salu-
re, vous souffrez que les traitres et les conspirateurs
s commandent ! Ainsi donc le crime est inviolable
la loi qui le protège, tandis que la vertu est im-
lée par la loi qui la proscrit. *Et vous voulez être
res !* Comment les scélérats seraient-ils respon-
les, quand le législateur justifie leurs attentats ?
mment l'innocence pourrait-elle jouir de la paix
lu bonheur, quand la tyrannie l'expose à tous les
rages ? C'est ainsi que l'abrutissement des peuples
ve le trône du despotisme sur les débris d'une
rté chimérique, dont le nom ne fut dans la
ch' de ses interprètes que le signal des dissentions

et des fureurs. Dès que le législateur offre une autre
loi que celle de la nature , il usurpe la souveraineté
nationale ; dès-lors il est digne de mort. Tout autre
acte que le contrat social ne peut être que tyrannique
attentatoire aux droits des peuples ; et tel est celui
qu'ils doivent fouler aux pieds , en dévouant à la mort
les bourreaux qui les déchirent. La loi est indigne
d'en porter le titre ; elle devient la source et le prétexte
de tous les forfaits , quand elle est le fruit de la volonté
de quelques dominateurs : dès-lors la responsabilité
du crime devient imaginaire ; mais par la reconnoissance du contrat social , la loi de la nature est celle dont
chaque citoyen doit faire l'objet de son culte et de son
amour : gravée dans les cœurs de tous les hommes, elle
les porte à leurs devoirs par ses commandemens , et
les détourne du crime par ses défenses. Il n'est pas de
la puissance humaine de l'étendre ni de la res-
treindre ; elle s'explique d'elle-même et n'a pas besoin d'interprète. Elle est toujours la même en tous
les tems , en tous les lieux, et planant au-dessus
des hommes, elle ne cesse de veiller à leur liberté.
Quiconque outrage cette loi renonce à l'existence
en se dépouillant des attributs moraux de l'humanité
elle offre à celui qui l'observe une félicité parfaite
par le calme de la conscience. Tel est l'essence de
ce souverain du monde , que nul être n'a le droit
d'outrager impunément, et qui est la seule divinité
des hommes libres.

V.

La Loi punit le crime.

C'est en outrageant le droit de son semblable que le criminel prononce son jugement. il renonce à la liberté, en portant atteinte à la liberté d'autrui. Par-tout où le crime se présente, par-tout la loi doit être là pour le punir. S'il y avait mille crimes, il y aurait mille lois, puisque le crime n'est qu'un outrage aux droits de l'homme ; mais comme il n'est qu'un seul crime, il n'est qu'une seule loi qui le réprouve. Sous le despotisme, le crime est souvent un titre de gloire, comment pourroit-il être puni ; puisque le gouvernement le commet ou le fait commettre ? Les lois ne sont que des assassinats politiques de la part des tyrans qui les proclament. Comment pourraient-elles être invoquées contre le crime, lorsqu'elles mêmes ne sont que des crimes horribles, puisqu'elles sont attentatoires à la liberté, et subversives de la prospérité des empires ? C'est encore au nom des lois que des législateurs sacrilèges plongent le poignard dant le sein de leurs commettans. C'est encore au nom des lois que les conspirateurs usurpent la puissance souveraine, et exercent le pouvoir absolu. C'est encore au nom des lois qu'ils torturent une société immense, et lui mettent souvent les armes à la main contre elle-même ; c'est encore au nom des lois qu'ils changent la vertu en crime, le crime en vertu, la réclamation des droits en acte de révolte, et le règne de la liberté en tyrannie intolérable. Dès que les hommes font des lois , ils sont des tyrans , puisqu'ils substituent leur volonté arbitraire à la place de la loi éternelle ; c'est ainsi que les tyrans décident arbitrairement de la vie des hommes , en intitulant loi , l'expression de leur volonté , et que cette loi innocente le crime comme elle condamne la vertu. Il suffit de dire *faisons des lois* pour régner par le despotisme le plus cruel. Le législateur digne d'en porter le titre ne peut faire aucune loi ; ainsi , quand la peine capitale est appliquée à un crime , ce n'est point le législateur , c'est la loi qui le commande. Le tyran , au contraire , ordonne arbitrairement , intitulant loi l'expression de sa volonté ; et quand un homme subit la mort , ce n'est point par la loi , c'est par un ordre despotique revêtu du même nom. Ainsi c'est sous le despotisme que le crime et l'innocence dépendent de l'arbitraire. Mais si le législateur consacre le règne de la justice par la reconnaissance du contrat social , il n'y aura rien d'arbitraire dans la législation , puisqu'il dira : *je n'ai rien fait*, parce que je n'en avais pas le droit ; *mais j'ai tout reconnu*, parce que tel était mon devoir. Alors la loi ne peut être le prétexte des forfaits , et n'étant que le résultat moral des droits et des devoirs de l'homme , elle frappe immédiatement le crime , de quelque part qu'il se présente.

V I.

La Loi protège l'innocence.

C'est en réprimant celui qui attente aux droits de l'homme , que la loi protège le citoyen qui les observe. Tout homme qui a été outragé peut dans tous les tems se faire rendre justice , et si le gouvernement ne le couvrait de son égide , le gouvernement serait complice du crime. La volonté de l'homme est d'être libre et heureux ; la volonté du peuple est la même, et cette volonté , dont le gouvernement est dépositaire, lui prescrit de veiller au maintien de la loi , qui peut seule affermir la jouissance des droits par le règne de la justice. S'il en était autrement, comme le peuple a confié le dépôt de la loi aux fonctionnaires publics ; c'est contre les prévaricateurs qu'il doit s'insurger , et les punir de leurs attentats. Hé quoi! les dépositaires du contrat social n'ont-ils pas contracté l'engagement de se soumettre à la loi ? Ils agissent donc évidemment contre les droits du peuple , quand le ministère qui leur est confié devient le moyen de commettre le crime. Ils voudraient s'y livrer sans réserve , se mettre au-dessus de la loi même, et tyranniser le souverain! Ah ! dès que le peuple s'apperçoit qu'il est trahi ; dès qu'il voit que le sang de l'innocence a coulé sous le couteau de ses infâmes ministres , le peuple devient criminel , et se déshonore à jamais s'il n'efface , par l'effusion du sang des prévaricateurs , celui qu'ils ont répandu. Si l'innocence n'est pas protégée par

le gouvernement , il devient nécessairement le pro-
tecteur du crime , et est en conspiration ouverte
contre le souverain. C'est alors que le peuple doit
reprendre la jouissance de ses droits inaliénables , et
lancer la foudre sur la tête des sacrilèges. Il n'est
pas un citoyen qui ne doive concourir avec empressement à ce grand acte de justice ; car dès que les
droits de l'un sont outragés , les droits de tous le
sont en même-tems ; et sur quelque point du territoire que la tyrannie se présente , l'insurrection est
toujours légitime , quel que soit le nombre des citoyens généreux qui y participent. La foudre de l'insurrection doit donc toujours gronder sur la tête du
gouvernement. Si la prévarication n'en déterminait la
chûte , la justice et la liberté ne seraient que de
vains fantômes , et la loi outragée ne serait plus pro-
tectrice de l'innocence entre les mains de magistrats
infidèles.

V I I.

La Loi n'ordonne l'arrestation d'un Citoyen
que dans le cas où il est accusé d'avoir
attenté aux droits de l'Homme.

De quel droit un fonctionnaire public ferait-il arrêter un citoyen? Si sur un ordre émané de sa bouche
ou tracé de sa main , il pouvait enlever la liberté
à un membre de la société , n'aurait-il pas tous les
moyens d'assouvir sa vengeance , ses haines personnelles? et régnant par la terreur , ne pourrait-

... le magistrat, peut abuser ... emprisonner un seul homme, ... pourra arrêter mille citoyens, ... le crime le plus odieux, sous l'appa... l'ordre public. L'homme ne peut être privé ... liberté que celui qui a mérité de la perdre ; et pour mériter de la perdre, il faut avoir commis un crime. Mais vu l'incertitude du magistrat, la loi lui fait qu'en suspendre l'exercice dans la personne de l'accusé. Comment le fonctionnaire pourrait-il savoir si cet homme qu'il a fait arrêter est innocent ou coupable, lorsqu'il n'existe aucune espèce d'accusation ? Ce n'est point sur des soupçons injurieux ni sur les ordres d'un ou plusieurs hommes en place qu'un citoyen peut être mis en état d'arrestation, mais seulement d'après une accusation formelle. Alors le fonctionnaire public est déchargé de toute espèce de responsabilité dès que l'accusation est intentée ; il deviendrait criminel s'il préjugeait que l'accusé est innocent, comme il le serait encore s'il préjugeait qu'un homme a commis un crime, quand personne ne l'accuse. Ainsi la responsabilité porte toute en... sur l'accusateur, et le fonctionnaire public ne ... anticiper en aucune manière sur le jugement ... frapper soit l'accusé, soit l'accusateur ; car ... dans les cas l'un des deux est criminel. En exécution de la loi, le fonctionnaire ne peut se dis... de communiquer à l'accusé l'acte en vertu duquel il est mis en état d'arrestation, afin de re-

G

tiver sa démarche. Sans cette disposition, le citoyen
contre lequel le mandat d'arrestation est lancé aurait droit de repousser la violence par la force,
et d'ôter la vie à celui qui se rendrait le ministre
d'un acte arbitraire : mais quand on expose à l'accusé
le motif du mandat par la communication de l'accusation portée contre lui, alors il n'a aucune résistance à opposer à la mesure du magistrat, puisque
l'accusateur en demeure responsable.

V I I I.

Tout homme arrêté par la Loi doit obéir à
l'instant, il se rend criminel par la résistance.

Lorsqu'un homme est accusé, et qu'en vertu de
l'accusation portée contre lui, le fonctionnaire public se dispose à le faire mettre en état d'arrestion,
la loi reçoit son accomplissement. Celui qui refuserait
d'obéir deviendrait criminel, soit que la désobéis-
sance vint de la part de celui qui doit être privé de
la liberté, soit qu'elle vint de la volonté de ceux qui
sont chargés de l'exécution. Ainsi un homme n'a pas
droit de refuser main-forte à l'arrestation de celui
qui est accusé, comme il n'a pas le droit de prêter
main-forte à l'arrestation de celui qui ne l'est pas.
S'il obéissait au fonctionnaire public qui lui ordonne
d'arrêter un citoyen contre lequel il n'y a aucune espèce d'accusation, il se rendrait complice de la tyrannie. S'il se refusait à prêter son assistance à
l'arrestation d'un accusé, il se rendrait prévaricateur

et complice du crime. Or, dès qu'un homme est
accusé, il est évident qu'un crime a été commis;
l'accusateur commet celui de la calomnie, ou l'accusé a commis celui que l'accusateur lui impute.
Mais quoique l'accusateur soit responsable, il ne peut
être mis en état d'arrestation; car par le fait il contracte l'engagement de prouver ce qu'il avance. Il ne
pourrait être privé de la liberté qu'autant qu'il aurait commis un crime, et certes c'est s'acquitter de
son devoir que de donner connaissance du crime
dont on a été témoin. L'accusateur et l'accusé ne
peuvent donc être rangés sur la même ligne. Mais
aussi si l'accusateur commettait une calomnie, comme
l'instruction de la procédure doit en donner la
preuve, puisqu'il est impossible à un homme de prouver
ce qui n'est pas, l'accusé deviendrait accusateur lui-
même, et celui qui l'aurait inculpé calomnieusement
prendrait sa place, pour être condamné par la loi,
puisqu'il l'aurait outragé de la manière la plus atroce.
Un accusé qui l'est par le fait de la malveillance,
est toujours à portée de prouver qu'il est innocent;
ainsi, il ne doit dans aucun cas se refuser à son arrestation. S'il opposait résistance à l'exécution de la
loi, il outragerait la loi elle-même, qui veut que
l'accusé soit puni s'il est criminel, ou que l'accusateur reçoive le même châtiment s'il a commis une
imposture. Quand un accusé peut légitimement se
soustraire à son arrestation, c'est une preuve de la
présence de la tyrannie.

G 2

I X.

*La Loi est égale pour tous, soit qu'elle protège,
soit qu'elle punisse.*

Les hommes conformés d'une manière semblable,
ne peuvent être considérés par la loi que comme
un corps composé d'élémens homogènes. Quelque
soit la différence que l'on remarque entre les
hommes, elle est l'ouvrage de la nature, qui
voulant qu'ils se rendissent des secours mutuels,
a varié leurs goûts et leurs inclinations, pour
leur faire adopter des genres de travaux divers.
Pourquoi faut-il que la tyrannie, en infectant son
cœur de tous les vices, présente à l'homme l'image
de son bonheur dans l'infortune de son semblable?
La loi éternelle, au contraire, ne rend les hommes
heureux que de la félicité commune. Telle est la
loi qui peut seule présider à l'affermissement des
républiques, et dont les peuples républicains n'ont
encore pu jouir, puisqu'aucun peuple n'a encore obtenu le contrat social. Aussi ces sortes de gouvernemens éprouvent des subversions d'autant plus rapides
que les peuples étaient plus pressés de renverser des
monstruosités anarchiques. Il n'est aucun genre de
despotisme qui n'ait tiré des lignes de démarcation
entre des frères, et c'est par cette division que les
hommes n'ont cessé de se traiter en ennemis, et de se
déchirer de leurs propres mains. Lorsqu'on en considère la déplorable et funeste conséquence, il semble
que la plus vile portion de la société ait dit à la

plus utile, et à la plus nombreuse : je suis d'une
qualité supérieure à la tienne, j'ai acquis en nais-
sant le droit de te fouler aux pieds et de te torturer
à ma guise. Je te condamne aux travaux les plus
pénibles ; ton devoir est de m'obéir et d'arroser de
tes sueurs les fruits que je me réserve le droit de
dévorer dans la paresse. Si tu élèves le plus léger
murmure, l'autorité est là pour te punir de ton audace. Tel est le sens des codes qui gouvernent les
peuples éperdus sur la surface de la terre ; mais cette
politique exécrable s'écroule à l'aspect de la loi. Sous
les auspices sacrés de cette fille de la nature, aucun
homme n'a droit de commander à un autre, et de
l'assujettir au joug de sa volonté. Périsse le monstre
sacrilège qui, dépositaire de la loi, en ferait l'instrument de sa tyrannie. Eh ! quelle source de calamités lamentables pour les peuples, lorsque la loi
commande le crime et le fait triompher sur la vertu !
Mais cette loi ne peut être qu'un outrage à la loi
immuable dont elle usurpe le titre. La loi n'est pas
respectable, parce qu'elle en porte le nom ; elle n'est
obligatoire que lorsqu'elle en a le sacré caractère ; et
ce caractère est prescrit par les droits et les devoirs
de l'homme. C'est alors qu'elle cesse d'être le prétexte des crimes, et que loin d'être la cause immédiate de la subversion des empires, elle veille au
contraire à leur splendeur et à leur prospérité. Comme
la justice est le ministre de ses décrets éternels, les
titres invoqués par la fraude et l'imposture, s'évanouissent devant elle, et la balance du bien et du mal,
tenue d'une main invariable, ne peut plus vaciller

G 3

dans celle de l'arbitraire et pencher en faveur du crime et de la puissance.

X.

La Loi ne peut être injuste; si la volonté du Gouvernement était injuste, elle n'aurait qu'un caractère de tyrannie et d'oppression, et la résistance à cette volonté serait le premier des Devoirs.

Obéissez aux lois: tel est le langage des tyrans, parce que les lois, qu'ils ont toujours soin de mal définir, ne sont que leurs volontés arbitraires. C'est alors que le nom de loi est prostitué, et devient le prétexte des attentats les plus horribles. Les peuples sont écrasés de leur multiplicité, et pour peu qu'ils réclament la jouissance de leurs droits, ils sont traités comme des rebelles. Ainsi, jouir de ses droits, en repoussant la violence par la force, ce sera s'insurger contre la souveraineté nationale, parce que cette souveraineté aura été usurpée par un amas de conspirateurs! Ne pas réclamer ses droits outragés, c'est encore conspirer contre soi-même et contre le peuple, puisque c'est se rendre complice de la tyrannie; ainsi, quand les chefs substituent leur volonté arbitraire à la place de la loi, que le peuple réclame ou qu'il garde le silence, il est censé criminel. S'il réclame, il est criminel par rapport aux chefs et à leurs partisans; s'il se tait, il est criminel par rapport à lui-même; car un tyran et un esclave sont également dignes de mort, puisque l'un n'est que le complice de l'autre. Aussi, dans les gouvernemens anarchiques, il n'est aucun homme dont la vie ne soit en danger, parce que quelqu'action indifférente qu'il commette, on peut la lui imputer comme attentatoire aux lois. Mais, pour le plus souvent, c'est au nom de la loi que les peuples se déchirent par la guerre civile, en se divisant en deux partis, dont l'un place la liberté dans l'obéissance à la loi, et l'autre dans l'insurrection contre la loi; et de la manière que le gouvernement change la vertu en crime et le crime en vertu, il métamorphose également la liberté en révolte et la tyrannie en liberté. Quelle est la cause de cette aliénation, si ce n'est le vice d'une définition? Si par la loi on entend la volonté de ceux qui gouvernent, et que cette volonté commande l'obéissance, c'est le despotisme le plus cruel; mais si par la loi on entend le résultat des droits et des devoirs de l'homme, qui commande au gouvernement, alors le peuple est libre, puisque le gouvernement, loin de commander aux citoyens, obéit au contraire à la souveraineté du peuple. Les esclaves qui vivent dans l'anarchie contractent une défiance mutuelle les uns des autres, et laquelle leur est suggérée par les tyrans qui les dominent; et les peuples se croiraient perdus, s'ils étaient privés de la présence d'un gouvernement qui les perd. Ceux qui croyent vivre en république, gémissent sous le despotisme des lois de prétendus législateurs, qui ne cessent de les accabler du poids de leurs volontés arbitraires; et comme les lois sont autant d'attentats aux droits de l'homme,

G 4

plus ils en sont surchargés , plus le besoin de la loi
éternelle devient urgent et nécessaire. Comment les
gouvernans s'empressent-ils de remédier au mal ? En
l'aggravant encore par de nouveaux actes liberticides. Ainsi le peuple ne cesse d'être divisé par l'anarchie , qui se couvre du masque de législateur. Le
corps politique entre en dissolution , puisque le remède n'est qu'un mal nouveau , ajouté aux calamités
que les lois antérieures enfantent. Le premier devoir
d'un citoyen est de résister à la tyrannie , sous quelque forme qu'elle se présente ; et si le législateur
abuse du titre dont il est revêtu , pour asservir les
peuples , ce n'est plus qu'un tyran exécrable , digne
du dernier supplice. Quand un peuple est privé du
contrat social , comment parviendrait-il à déraciner
la tyrannie , si ce n'est par l'insurrection ? Mais si ,
après ce mouvement salutaire , les gouvernans successifs s'abandonnent aux mêmes erreurs que ceux
qui les ont précédés , il faudra une insurrection nouvelle , et le peuple ne cessera d'avoir les armes à la
main contre ses mandataires , jusqu'à ce qu'il jouisse
d'une constitution libre. Mais comment pourra-t-il l'obtenir , quand l'ignorance et la perfidie se réunissent
pour le tromper et pour se tromper elles-mêmes ?

DE LA RECONNAISSANCE

DE

LA LOI.

ARTICLE PREMIER.

La Loi est reconnue par l'expression de la volonté du Peuple.

II.

Cette expression est directe ou présumée.

III.

La volonté directe est infaillible.

IV.

La volonté présumée est faillible.

LA volonté n'étant autre chose que le desir, il s'ensuit que le peuple a deux volontés, l'une directe, l'autre présumée; la volonté à accomplir, et la volonté accomplie. La première est le mandat, la seconde est son accomplissement ou la constitu-

tion. Ces deux volontés sont conformes , quand le législateur a rempli ses devoirs. Elles sont contradictoires ; quand le législateur se soustrait à l'engagement politique qu'il a contracté envers ses commettans. La volonté directe et présumée n'ont cessé d'être
en opposition , parce que les interprètes de la volonté du peuple ont toujours substitué celle qui
leur était propre , à celle-là qu'ils avaient à énoncer.
En supposant que le peuple ne pouvait vouloir autre
chose que ce que voulaient les mandataires , ces mandataires sont devenus le peuple même , et le souverain n'a eu de volonté que celle du gouvernement :
Que veut le peuple ? la liberté. Pourquoi la veut-
il ? parce qu'il ne peut être heureux sans elle ; la
consécration de cette volonté , par la reconnaissance
du contrat social , est donc essentielle à son bonheur. Qu'on me présente le modèle d'un gouvernement libre qui ait été mis à exécution sur quelque
point du globe , et je dirai : la volonté du peuple a
été accomplie ; mais si aucun peuple n'a joui de ce
bienfait inestimable , si le despotisme n'a cessé de
régner d'un pôle à l'autre , si les révolutions n'ont
produit qu'un changement de tyrannie , je dirai :
la volonté du peuple n'a jamais été accomplie , et
tous les législateurs qui ont présidé aux destinées des
empires , n'ont été jusqu'ici que des tyrans et des
traîtres. Si le législateur ne connaît point la volonté
du peuple , il en émettra nécessairement une autre ;
et s'il en émet une autre , il conspire contre sa patrie. Il n'est pas difficile de savoir ce que veut le souverain , et de déterminer la nature du mandat qu'il

devient la volonté directe , et comme elle n'est
que l'expression de la volonté du souverain, elle porte
alors le caractère de l'infaillibilité , la souveraineté
existe dans toute sa plénitude ; car ce n'est plus le
peuple qui obéit à la volonté du gouvernement,
mais le gouvernement qui obéit à la volonté du peuple. Mais si la volonté n'est que présumée , abstraction faite du contrat social , alors elle n'est plus
que la volonté du gouvernement , et le peuple est
dans l'esclavage. Cette volonté est essentiellement
faillible , puisqu'elle porte le sceau de l'arbitraire.
C'est alors que le peuple doit dire à ses mandataires : *je vous ai chargé de reconnaître ma volonté , et vous lui substituez une volonté étrangère;
vous avez contracté l'engagement de reconnaître la
mienne , et je ne vois dans tous vos actes que l'expression de la vôtre. Si vous ne connaissez pas ma
volonté , pourquoi avez-vous contracté l'engagement de la consacrer ? si vous la connaissez, pourquoi en consacrez-vous une autre ? l'insurrection
contre votre tyrannie, n'est-elle pas le premier devoir ?*

DU MANDAT.

ARTICLE PREMIER.

Le Mandat du Peuple est tacite et impératif.

II.

Il commande Souverainement la reconnaissance du Contrat Social.

III.

Si les Mandataires reconnaissent le Contrat Social, ils sont les bienfaiteurs de l'humanité.

IV.

S'ils ne le reconnaissent pas, ils en sont les oppresseurs.

LE souverain ne peut communiquer l'expression de sa volonté à ses mandataires, puisque le constitué contracte l'engagement de la reconnaître. Si le

peuple pouvait procéder directement à la reconnaisance du contrat social, il deviendrait son propre légis-lateur, et serait par le fait dispensé de confier la fonction législative à des créatures, puisqu'il l'exer-cerait lui-même. C'est par l'impossibilité physi-que où se trouve un grand peuple de se rassembler dans une même enceinte, qu'il élit des fonction-naires qu'il charge de reconnaître et de consacrer la souveraineté nationale; mais de ce que le peuple ne puisse procéder par lui-même à la reconnaissance du contrat social, le mandataire n'en est pas moins criminel quand il se soustrait à ce devoir impérieux, puisqu'il substitue au règne de la loi celui de la ty-rannie la plus intolérable. En effet, quel terrible et monstrueux pouvoir que celui d'assassiner, au nom de la loi, des milliers de victimes, de réduire les peuples à la famine, de les forcer à prendre les ar-mes, au nom d'une liberté chimérique, et de ré-pandre des torrens de sang humain! Quel est l'ob-jet des délibérations de ces corps législatifs en proie aux factions les plus déplorables? le brigandage et l'assassinat. Quelle est donc la garantie sociale, lorsqu'une action est innocente aujourd'hui par la loi qui la protège, et devient criminelle le lende-main par la loi qui la proscrit? Qu'est-ce qu'une lé-gislation dont toutes les dispositions ne forment qu'un ensemble monstrueux de schismes et de dissentions? Chaque loi est un piège tendu à la probité. Le ci-toyen est criminel quand il invoque la justice, par cela même qu'une autre loi consacre la persécution

éprouve. Où est le gouvernement, quand
l'honneur, la propriété et la vie sont exposés à des
outrages, sanctionnés par les représentans du peuple?
Est-ce donc pour lui déclarer la guerre que le peuple
a établi un gouvernement? Comment le citoyen
pourrait-il résister à l'oppression, quand cette oppression est dans la loi même à laquelle il est tenu d'o-
béir? Il sera donc criminel, parce qu'il a les sentimens d'un homme libre qui réclame la jouissance
de ses droits. Son refus de tendre les mains aux fers
que les tyrans lui présentent, sera traité comme un
acte de révolte et de sédition. Enfin, il n'aura pas
d'autre alternative que l'esclavage ou le supplice.
Que dis-je? il serait trop heureux de borner la sphère
de ses idées aux soins de son domestique. S'il s'i-
sole de la chose publique, qui a disparu pour faire
place à la barbarie, on lui fera un crime de son silence; et s'il parle, le discours le plus innocent est
l'arrêt de sa mort. Il arrive enfin un moment terrible et salutaire, et ce moment est celui de la chûte
d'un gouvernement sacrilège. Mais si les assassins
du peuple sont abbattus, quel sera son point de ralliement? Est-ce la constitution? elle est elle-même
le principe de tous les désastres. S'attachera-t-il aux
individus? quelle espérance pourrait-il concevoir,
quand les accusateurs, les accusés et les juges sont
également criminels? Il y aura donc toujours dans un
État un ferment de dissolution inévitable, tant que,
par l'absence du contrat social, les mandataires du
peuple auront la faculté d'éterniser leur tyrannie.

Un corps législatif devient, par sa permanence, un volcan dont les éruptions désolent les contrées qui l'avoisinent; c'est un foyer d'anarchie et de discorde, et le principe immédiat de tous les fléaux politiques.

DE

DE LA SANCTION

DU

CONTRAT SOCIAL.

*La Sanction du Contrat Social est son
évidence.*

LA plus dangereuse de toutes les hérésies politiques
est celle qui assujettit un grand peuple à sanctionner l'ouvrage de ses mandataires. Où le législateur
a reconnu le contrat social, où il ne l'a pas reconnu ;
Si le législateur a rempli ses devoirs , comme la
volonté présumée est la même que la volonté directe ,
la sanction physique du souverain ne peut revêtir
d'un sceau constitutionnel ce qui porte en soi le caractère de l'infaillibilité. Or , le contrat social porte
en soi ce caractère , puisque toute vérité morale et
politique se démontre irrécusablement. Il serait donc
absurde de demander au peuple si le contrat social est
l'expression de sa volonté , puisqu'il ne peut dési-
rer autre chose ; mais les conspirateurs , qui n'ont
d'autre but que de bouleverser les empires , d'entre-

H

tenir les peuples dans l'anarchie et les dissentions,
ne négligent aucun moyen pour préparer et asseoir
le trône de leur despotisme. S'ils peuvent parvenir
au point de rendre le peuple complice de leurs attentats, en le faisant coopérer à sa propre servitude,
ils s'empresseront de prétexter la nécessité d'une sanction, afin que le souverain se précipite de lui-même
dans le piège qu'ils lui ont tendu. C'est sous prétexte de rendre hommage à sa souveraineté, qu'ils
lui porteront un coup mortel. En supposant qu'une
loi est obligatoire, lorsque la majorité du peuple l'a
sanctionnée, ils sauvent en apparence leur responsabilité politique, en se référant au tribunal du souverain, et trouvent par-là le moyen d'asservir le peuple
par le peuple; sous le titre de constitution, ils
présentent un amas informe de réglemens conventionnels qui supposent toujours des lois à faire, et
le peuple, ébloui par le mot *constitution*, accepte
quelquefois ce monstrueux ouvrage par l'espoir de
voir les factions s'anéantir; mais tandis qu'on ne
lui donne que le mot, les conspirateurs lui enlè-
vent la *chose*, ou par le vice fondamental de l'ouvrage, ou par l'institution d'un corps législatif en
permanence, qui peut en tout tems renverser les articles constitutionnels par l'exécution des lois ulté-
rieures qu'il promulgue. Ainsi, dans cette hypothèse,
une constitution ne serait autre chose qu'une grande
chaîne forgée par le législateur, et dont le peuple
se serait enlacé. La sanction du peuple est absurde,
liberticide, anti-sociale et inconstitutionelle, tant
en morale qu'en politique; en morale, parce que le

... peuple ... que ... une loi, il se-
... de la soumission est
... est juste ... c'est
... ne peut
... à obéir
... serait ...
... et sa volonté mo-
... ce serait ...
... que la volonté accomplie serait
... parce ... d'un
... opposée à la volonté qui était à ac-
... et tel est l'excès d'infortune dans lequel les
... sont plongés, quand ils cèdent à l'impulsion
... perfides dominateurs. La sanction est ab-
... car elle suppose une délibération
... commune ... mais comme les commet-
... se réunir dans une même enceinte,
... lors de la présentation de l'acte cons-
... cet acte sera accepté par telle par-
... et rejetté par telle autre partie. Si
... domine dans une assemblée, les principes
... une autre; et ce qui donne la majorité
... par les solutions de continuité entre les
... formerait eun résultat contradictoire,
... elles étaient réunies. Une délibération
... missible qu'autant que toutes les par-
... sont réunies dans une même en-
... n'est de constitutionnel que ce qui est
... principes éternels de la justice et de

la raison, parce que ce qui est juste, est essentiellement conforme à la volonté à accomplir. Ainsi si le législateur cherche la loi dans l'expression de sa volonté générale, il conspire contre sa patrie, en prenant l'inverse de ses fonctions, car il doit au contraire fixer la volonté universelle par la reconnaissance de la loi. En vain prétendent les sophistes, que ce qui est juste par rapport à l'un, n'est pas juste par rapport à l'autre; ce qui est juste en soi, est juste pour toute l'espèce humaine. Ainsi le contrat social ne porte pas le caractère de la justice éternelle, parce que les hommes en sont convenus, mais bien parce que personne ne peut en disposer.

DE LA JUSTICE.

ARTICLE PREMIER.

La Justice est l'application de la Loi.

QUELS QUE grands que soient les hommes, quels que redoutables que soient les gouvernemens, quels que puissants que saient les peuples, la justice est encore au dessus de toutes les associations humaines. Les générations passent comme l'ombre, mais la justice ne passe pas comme elles, et son règne est de tous les tems. Dieu même, s'il existait, ne pourrait enfreindre ses décrets éternels. Peuples, prosternez-vous au nom de la justice, elle est la seule divinité dont vous deviez encenser les autels. La liberté lui confie le soin de son empire, ne lui refusez pas votre hommage; foulez aux pieds tout autre culte, il est attentatoire à votre dignité. Le fanatisme sollicite le crime, en donnant à ses sectateurs l'espoir du pardon par la sincérité du repentir; mais que les prédicateurs du schisme apprennent qu'aucune

H 3

puissance n'a droit de laver d'un forfait celui qui s'en est rendu criminel. Peuples, c'est par un système contraire et réprouvé par la justice, que l'autel et le trône se prêtent de tout tems un appui mutuel. Dieu ne s'arma d'un front sévère que pour punir les fautes du genre humain, et ne cessa de sourire aux crimes des potentats : mais quoi! un dieu injuste ne serait-il pas le tyran le plus cruel? Comment croire à son existence, quand il protège la tyrannie? lorsqu'il voit couler le sang de l'innocence, pourquoi n'en arrête-t-il pas l'effusion? n'est-il donc revêtu de toute puissance, que pour se rendre complice de tous les forfaits?.. Hommes sensibles, dont la religion n'a pu corrompre les mœurs, quand vos yeux sont frappés du triomphe du parjure et du supplice de l'innocence, votre vertu vous porte à imaginer une justice que vous supposez être dans un autre monde que celui que vous habitez; cette espérance vous console de la douleur que vous fait ressentir l'outrage fait à la nature. C'est ainsi que l'homme conserve sa pureté au milieu des prestiges du fanatisme, et concilie la morale avec l'idée d'un Dieu qu'il confond avec la justice éternelle. Cependant, un peuple qui se prosterne devant son simulacre, fléchit encore le genou à la vue du tyran qui l'opprime, et qui partage l'encens décerné à un phantôme, dont le nom sacré favorise l'affermissement de sa puissance. Ceux qui ont fondé des religions, ont paru tour-à-tour sur la surface de la terre dans des siècles de corruption et de barbarie. Leurs mensonges, revêtus du symbole de la justice, ont été accueillis avec

[...] représentent la vérité [...] [...] [...] [...] [...] témoignage et des [...] [...] trop légèrement sur [...] [...] po[...] que l'autre leur [...] [...] Eh bien, puisque [...] qui [...] disciples des sensa[...], n'ont passé à la postérité que parce qu'ils ont [...] les préceptes de la justice, pourquoi n'ou[...] [...] pas les [...] parmi lesquels plu[...] le surnom de divins, pour n'adorer que la justice elle même, puisque c'est par elle [...] [...] [...] et célèbres ? [...] l'homme soit juste, il sera égal à ce qu'il y a de plus grand sur la terre. O peuples ! considerez [...] prophetes, philosophes et législateurs de [...] temps et de tous les lieux, ils ont régné [...] par la même doctrine, et leurs succes[...] la terre par l'abus qu'ils en [...] les peuples ont changé de cultes, de sys[...] de gouvernemens, et les peuples n'ont fait [...] d'idolatrie, d'erreurs et de despotisme : [...] suprême, ô toi qui devais présider aux des[...] du monde, toi qui commanderais même aux [...] s'ils jouissaient de l'existence, hâte-toi de [...] séjour parmi les hommes, qui t'ont profané [...] Puisse-tu faire reconnaitre ton souve[...] hommes éperdus qui gémissent sur [...] ce globe éternel ! C'est par ton organe [...] de loi se fait entendre ; c'est toi qui diriges [...] sur la tête de celui qui outrage le droit de son

H 4

semblable. O toi, qui es appelée à répandre tes bienfaits sur les générations successives ; toi qui animes le cœur de l'homme et le soutiens calme et serein dans la carrière de la vie, puisses-tu ne briller aux yeux de l'espèce humaine, que pour essuyer ses larmes, et puisse-t-elle, rendue à sa première dignité, jouir, sous tes auspices, d'une liberté inaltérable.

I I.

Il n'est qu'un seul crime, c'est l'assassinat.

Quel que mode que l'homme employe pour outrager son concitoyen, il est impossible que cet outrage ne soit attentatoire à son existence. On ne peut outrager l'homme, que ce ne seit au moral ou au physique, c'est-à-dire, en portant atteinte à sa réputation ou à sa vie. Dans le premier cas, comme l'homme ne peut jouir des chatmes de l'existence sans l'estime de ses concitoyens, attenter à la réputation de l'homme, c'est nuire à son existence en formant une accusation contre laquelle la justice ne peut se dispenser d'informer. De deux choses l'une, un homme qui ternit la réputation de son concitoyen par le reproche public d'une action infâme, dit la vérité eu commet une calomnie ; s'il dit la vérité, la justice doit informer contre l'accusé ; si c'est un mensonge, la justice doit informer contre l'accusateur, l'un des deux est criminel : pour y parvenir, elle ne peut se dispenser de s'assurer de celui qu'on accuse, sauf à l'accusateur à fournir la preuve de ce qu'il a avancé ;

et dans ce cas, l'accusateur doit s'adresser lui-même
à la justice ; car sans cette démarche il se rendrait complice du crime. La justice, dans ce cas,
doit s'assurer de l'accusateur, parce qu'il ne s'est pas
adressé à son tribunal, et en même tems de l'accusé,
pour répondre à l'accusation dont il est l'objet. Si
l'accusateur en impose, niera-t-on qu'il ne soit un
assassin, puisqu'il met, avec connaissance de cause,
la vie d'un honnête homme en danger ? S'il cherche
à lui ôter la vie, par l'emploi d'une arme homicide, c'est encore un assassinat ; et s'il lui enlève
ce qu'il a acquis par le travail, l'attentat n'est-il
pas le même, puisque la vie de l'homme est dépendante des choses nécessaires à son existence ? Si la
moitié de la société volait l'autre, l'une des deux
serait, par le fait, exposée à périr de faim ; mais,
m'objectera-t-on, un homme qui dérobe un épi de
bled n'est pas aussi criminel que celui qui vole une
gerbe ; et celui qui vole une gerbe, n'est pas aussi
criminel que celui qui vole une récolte entière. Je
réponds : si vous déterminez que la peine de mort
ne sera applicable qu'à un vol qui s'élèvera à mille
gerbes de bled, il faudra prononcer la grâce de celui
qui volera mille gerbes, moins un épi ; et si un épi
de plus fait pencher la balance de la justice pour la
mort du criminel, ce ne sera plus pour mille gerbes, mais bien pour un épi qu'il aura été condamné, puisque sans lui, il aurait obtenu sa
grâce.

I I I.

Il n'est qu'un seul châtiment, c'est la peine de mort.

Lorsqu'un homme s'est mis hors la société par le fait de sa volonté, il doit cesser d'exister pour elle, au physique, puisqu'il a cessé d'exister pour elle au moral. La société ne peut vouloir conserver un être criminel dans son sein, car elle ne peut vouloir conserver ce qui lui est nuisible, puisque le bonheur est l'objet de ses désirs, et qu'elle ne peut l'obtenir que par le règne de la loi. Elle ne peut donc pas laisser jouir des droits de l'homme celui qui y a porté atteinte ; mais quoique la société doive punir le criminel, elle ne peut lui infliger un châtiment différent de celui que ses droits lui prescrivent. Si elle condamnait le criminel à l'esclavage, elle commettrait un acte de tyrannie, puisque la liberté est un droit inaliénable. La vie n'est rien sans la liberté ; c'est donc la vie seule du criminel que la société peut atteindre. Ne serait-il pas injuste de vouloir qu'un homme eût une existence différente de celle qu'il tient de la nature ? ne serait-il pas injuste de le condamner à une mort morale, plus cruelle que la perte de la vie, puisque la vie n'est rien sans les charmes qui l'accompagnent ? Les faux philosophes, qui ne sont pas moins dangereux que les tyrans, puisqu'ils conspirent avec eux pour tromper le genre humain, ont prétendu que la société ne pouvait pas ôter à l'homme ce qu'elle ne lui avait

pas donné. Ce paradoxe présente une double erreur ; il s'en suivrait premièrement, que la société
n'a pas plus droit d'attenter à la liberté d'un homme,
qu'à sa vie ; car la liberté n'est pas plus un don de
la société, que la vie elle même, et sous ce point
de vue, la justice n'aurait pas plus droit de faire
arrêter un criminel, que de le condamner ; il s'en
suivrait secondement qu'un père seul aurait le droit
d'ôter la vie à son enfant. Quel système absurde que
celui par lequel on prétend que l'homme a plus de
pouvoir que la loi à laquelle tous les hommes sont
soumis ! Quelle subversion dans l'ordre moral, que
de prétendre que la société n'a pas droit d'ôter la vie
à un homme, lorsque cette vie lui est nuisible !
Système qui entraînerait la dissolution de la société
par l'anéantissement de la justice, en consacrant
qu'un criminel ne doit pas être plutôt privé de la liberté que de la vie. Quoique la société n'ait pas
donné la vie à l'homme, n'est-ce pas elle qui la conserve par le règne de la loi ? Hé, comment cette
même liberté peut-elle la conserver, si ce n'est
en privant de la vie celui qui veut en priver son
semblable ? Puisque les mêmes droits sont communs à tous, le criminel perd ses droits, en portant atteinte à ceux de son concitoyen : il se tue, en
l'assassinant. Ainsi, en ôtant l'existence au criminel, la loi ne le prive que de ce dont il s'est privé
lui-même par le seul fait de son crime ; car la société ne veut que le criminel périsse, qu'après que
le criminel a voulu que la société le fît périr : en
conséquence, l'homme ne pouvant avoir l'existence

sans la liberté , lorsque le criminel porte atteinte à
la liberté d'autrui , il renonce lui-même à l'existence. L'homme innocent est libre , parce qu'il vit
et mérite de vivre. Le criminel doit mourir au
physique , parce qu'il est mort au moral , et qu'il
s'est rendu indigne de l'existence , en se rendant
indigne de la liberté. Puisque le crime n'est que
dans l'intention , c'est donc l'intention seule que la
justice sait atteindre : Comment y parviendra-t-elle,
si ce n'est par la mort du criminel ? S'il en était
autrement , celui qui a attenté à la loi , pourrait
dire : ce n'est pas moi qui ai commis un crime , c'est
ma main , je vous la livre , détachez-la de ma personne , puisqu'elle est nuisible à la société ; mais
cette même main a été dirigée par une volonté , et
comme cette volonté pourrait se manifester encore
d'une manière attentatoire à la loi , peut-on s'assurer que cette volonté ne sera plus criminelle , autrement qu'en privant de la vie celui dont elle dirigea
l'action ? mais la justice concilie ce qu'elle doit à
l'humanité en même tems qu'à l'obéissance à la loi ,
et cette conciliation est ce qu'elle se doit à elle-même.
La mort n'est point un mal , c'est une privation
insensible de la liberté , et vivre dans l'opprobre et
dans les souffrances , est le plus cruel des supplices. Cependant , comme si la nature se plaisait dans
les oppositions , l'expérience nous prouve que les
esclaves sont plus attachés à la vie que les hommes
libres , de la même manière que les vieillards , pour
lesquels ce sentier n'est qu'un chemin d'épines , craignent plus le terme de l'existence que le jeune homme,

pour lequel la vie n'est qu'un cercle de plaisirs. Nous en
trouvons la cause dans la faiblesse morale, qui est une
conséquence de la tyrannie et des erreurs qu'elle consacre. Qui peut empêcher l'esclave d'être libre, si
ce n'est la crainte de mourir dans la conquête de la
liberté ? mais tel est son préjugé, qu'il vaut mieux
vivre dans l'opprobre, que de faire un généreux sacrifice de ses jours. L'homme libre a un principe
opposé qu'il puise dans la nature : il n'attache aucun prix à la vie, si elle n'est parée de l'ornement
qui peut seul en faire les délices ; il a une humanité vraie, tandis que l'esclave n'a qu'une humanité
fausse, aussi factice que son existence. L'esclave qui
attache un grand prix à la vie, lors même qu'il ne
sait ce que c'est que de vivre, ne condamnera point
le criminel à une mort qui ne peut être qu'un bienfait pour lui ; il prolongera son supplice, en le faisant périr à toutes les minutes ; il croira faire un acte
d'humanité, tandis qu'il n'exécutera qu'un acte de
barbarie. L'homme libre, au contraire, ne connait pas
de châtiment plus doux que celui de la mort, et il
cherchera, dans sa rapidité, à en dérober les souffrances. La peine de l'esclavage serait un acte de
vengeance ; et celle de la mort, est un acte de justice. Puisque les hommes libres préfèrent la mort à
l'esclavage, par quelle contradiction inconcevable, des
peuples qui se sont dit libres, prétendaient-ils exercer
un acte d'humanité, en substituant à la peine de mort
celle de la captivité ? Quelle inconséquence !... Il me
semble entendre l'une de ces victimes dire au législateur
qui la condamne à l'esclavage : « je n'ai commis qu'un

crime, et tu me fais souffrir mille morts? tu vois les
chaines qui ceignent mon corps et accablent mes membres: je respire le même air, je consomme les mêmes
alimens, je jouis de la même lumière que les hommes
libres, et cependant je suis indigne de partager tant
de bienfaits! par quelle tyrannie affreuse me défends
tu de vivre en m'empêchant de mourir? J'ai violé le
contrat social, je le sais; les preuves de mon crime
sont évidentes, je les ai confirmées par mon aveu;
as-tu le droit de me condamner à une vie différente
de celle que je tiens de la nature? la nature veut
que j'existe en homme libre; mais par l'outrage que
je lui ai fait, la loi me défend d'exister; j'obéis à
sa voix auguste, en me dévouant à la mort, que mon
sang lave, s'il est possible, la tache que j'ai impri-
mée à ma vie. Elle est flétrie, tu n'as pas le pouvoir de m'abreuver de ses amertumes; je ne réclame
que la justice, et tu n'as pas le droit de me la
refuser.

DE L'ASSASSINAT.

LE crime reconnaît mille causes qui l'enfantent et le reproduisent sous mille formes diverses. Il puise communément sa source, soit dans le vice et l'ignorance du gouvernement, soit dans l'absurdité de la législation, soit dans des erreurs religieuses dont on berce les peuples en les embrâsant des feux du fanatisme, soit enfin dans les dispositions malheureuses de celui qui s'y abandonne. Puisque tel a été le sort du genre humain, d'être voué à toutes les calamités morales et politiques, est-il étonnant que la terre n'ait été jusqu'ici qu'un théâtre sanglant de brigandage et de dissolution ? La liberté ne peut que contribuer au bonheur des hommes, puisque sous son règne non-seulement la loi est toujours présente pour punir le crime, mais encore puisqu'elle l'exprévent par la destruction des abus qui en sont des sources immédiates. Si le fanatisme donne une pente irrésistible vers le crime par l'insouciance de sa doctrine, de quelle multitude de forfaits une société n'est-elle pas accablée, quand elle réunit à ce fléau celui de l'ignorance et de la tyrannie ? Le mal est tout-à-la-fois, et dans le culte et dans la législation. Ici, c'est un sacrilège qui punit l'...

croit gagner le ciel, en obéissant à la voix d'un
Dieu qui lui commande le crime par l'organe de son
ministre ; là, c'est un satellite du trône, qui ne connait de justice et de droit que la volonté de son
maître, et qui trempe ses mains dans le sang de
l'innocence, d'après la loi à laquelle il se fait un
devoir d'obéir. La législation n'est qu'une torche de
discorde, à la lueur de laquelle les citoyens, ne
cessant de se livrer une guerre intestine, se laissent
emporter par l'ascendant des forfaits qu'elle conseille.
D'un côté, c'est un héritier collatéral qui avance le
terme des jours de celui dont il convoite la succession, parce qu'une loi lui en assure la propriété éven-
tuelle ; de l'autre, c'est un bienfaiteur posthume qui
appelle la main de la cupidité à lui arracher la vie.
Ailleurs, ce sont deux êtres que les sentimens du
cœur devraient unir par le nœud le plus doux de
la nature, et qui cimentent leur malheur, en
s'intéressant à leur perte réciproque. Des conventions
qui n'ont pour base qu'une confiance bénévole,
deviennent des sujets de contestations juridiques,
prévenues souvent par le crime. Par-tout l'homme
conspire contre son semblable, parce que par-tout le
despotisme lui suggère cet intérêt affreux. Législa-
lations barbares, vous punissez d'un côté le crime que
vous sollicitez d'un autre ! Les moralistes et les philosophes se récrieront en vain contre la perversité de
leur siècle ; tant que cette perversité sera la conséquence d'un gouvernement anti-social. Par quelle
étrange fatalité des conventions désastreuses, révê-
tues du titre de lois, n'ont-elles pas cessé d'intéresser

l'homme

l'homme à la perte de l'homme. Peut-on revêtir du titre de législation, une multitude de réglemens qui n'est propre qu'à servir la cupidité des arbitres, et à suggérer l'intention du crime à des hommes qu'elle arme de ses poignards ?

ARTICLE PREMIER.

L'action par laquelle on attente à la vie ou à la propriété d'un ou plusieurs Citoyens, est un assassinat.

Si l'homme était bien convaincu de cette vérité, qu'il ne peut être heureux que par le bonheur de ses semblables, l'idée du crime lui serait étrangère ; mais comment pourrait-il être accessible à la raison, quand tout concourt à la lui faire méconnaître ? Les gouvernemens n'ont fait qu'abrutir l'espèce humaine, au lieu de la perfectionner. Il n'est aucun d'eux, quelle qu'ait été sa forme, qui n'ait conspiré contre la félicité sociale. Est-il étonnant, d'après cela, que les peuples ayent été déchirés par le crime, puisque chaque espèce de despotisme l'encourageait par ses lois et par ses exemples ? C'est ainsi que le crime n'a cessé de tirer son origine du gouvernement même qui aurait dû le prévenir. Nous reconnaissons que l'existence de l'homme se confond avec les fruits de son travail, et de ce principe découlent toutes les conséquences qui composent le contrat social. C'est commettre un blasphême, que de prétendre que la loi ne peut tout prévoir. La loi *prévoit tout,*

I

mais elle ne *préjuge rien*, c'est-à-dire, elle consacre tout ce qui *doit être*, mais elle garde le silence
sur tout ce qui *peut être*. Telle est la différence
entre la fonction du législateur, et celle du juge;
le premier reconnait ce qui est *de droit*, le second
reconnait ce qui est *de fait*. Mais, par un inconcevable abus des termes, les hommes ont toujours eu
de la loi l'idée la plus monstrueuse. Comme aucun
homme n'en avait encore donné une définition juste,
les peuples n'ont cessé de tourner autour de l'objet sans
pouvoir l'atteindre. Par une suite de la même erreur,
ils ont distingué les lois, en lois civiles, lois de
police, lois financières, lois organiques, lois cons-
titutionnelles, lois de circonstances et lois militaires;
et c'est en consacrant des dispositions arbitraires, sous
le titre révéré de lois, qu'ils n'ont cessé de vivre sous
le despotisme, et que la loi, qui aurait dû être la
sauve-garde de leur liberté, n'a été que l'instrument
de leur malheur et de leur servitude. C'est en confondant le réglement avec la loi et en attribuant à
celui-ci le caractère qui n'appartient qu'à celle-là,
que les républiques n'ont offert que des actes d'injustice et de tyrannie, dont les lois étaient le principe. Il y a une si grande différence entre la loi et
le réglement, que l'une est éternelle comme la
nature, et l'autre arbitraire comme le caprice. La
loi est immuable, mais le réglement est essentiellement versatile et susceptible de mille exceptions,
sur-tout quand il n'est que temporaire. Ainsi, il est
possible d'observer la loi sans satisfaire au réglement,
comme il est possible d'observer le réglement en
outrageant la loi. Je suppose que, dans un Etat où

les mères commettent fréquemment le crime de refuser le lait à leur progéniture ; un corps législatif,
que sa permanence a rendu tyrannique, proclame,
sous le nom de loi, un réglement par lequel chaque
mère sera tenue de faire visiter son sein, lors de
la naissance de son petit ; que peut-il résulter de
cette disposition ? Telle mère, sans avoir égard au
réglement, satisfera à la loi éternelle en alaitant le
fruit de ses amours ; telle autre satisfera au réglement, en faisant rebrousser dans son sang le dépôt
précieux que la nature a placé dans ses mamelles,
et provoquera la preuve de son impuissance, en
trompant l'œil de la justice. La première obéit à la
loi sans satisfaire au réglement ; la seconde obéit au
réglement sans satisfaire à la loi ; et si, par un accident imprévu, celle qui alaitait son enfant se voit
dans l'impossibilité de continuer ce devoir maternel,
on lui fera un crime de n'avoir pas satisfait à la loi.
Confondez la loi avec le réglement, en attribuant
à l'un ce qui n'appartient qu'à l'autre, vous absol-
verez le crime et vous immolerez l'innocence. L'histoire des peuples ne présente que des exemples de
cette barbarie, et les républiques , où le mot LOI
a plus de force que dans les autres Etats , ont gémi
sous une tyrannie d'autant plus intollérable , que
personne ne pouvait en adoucir la rigueur. Quel peut
être l'effet d'une législation monstrueuse qui n'est
composée que de réglemens arbitraires , revêtus du
titre de lois ? Il résultera de cette contexture impie
un despotisme tel, qu'il sera impossible de compter
un citoyen qui ne soit pas criminel , et qu'un hon-

I 2

nête hommé ne pourra faire un pas qu'il n'ait la
hache des bourreaux suspendue sur sa tête. La loi
est une émanation des droits et des devoirs de
l'homme, lesquels sont éternels comme l'espèce humaine. Le droit est prescrit par la nature et commun
à tous les hommes. La seule différence qu'il y ait à
remarquer entre l'homme sauvage et l'homme civilisé,
c'est que les fruits de la terre sont par rapport au
premier des dons spontanés de son climat, tandis
que par rapport au second ils représentent le travail.
Le sauvage en est propriétaire, dès qu'il les cueille :
l'homme civilisé, dès qu'il les cultive. Ainsi, sous
quelque rapport que se présente le droit, on ne
voit jamais que les hommes et les choses. Puisque
dans l'état social, il n'y a que des propriétaires et
des propriétés, quelqu'action que commette un citoyen, cette action est conforme ou attentatoire aux
droits de l'homme, conséquemment permise ou réprouvée par la loi. Tous les rapports sociaux se
réunissent donc à un principe unique et fondamental,
que le législateur ne peut outrepasser sans établir
la tyrannie, et, quels que multipliés que soient les
modes d'exécuter une action criminelle, il est contre
l'essence de la loi d'en faire l'énumération, car le
droit n'a rien de commun avec les accidens. Quelles
que soient les circonstances, c'est au juge et non au
législateur qu'il appartient de les reconnaître. Quand
le législateur a rempli ses fonctions, quel que soit
le moyen par lequel un homme attente aux droits
de son semblable, les diversités de fait ne changent
rien à l'acte moral ou à l'intention qui constitue le

crime, et comme il n'en est qu'un seul, il n'est qu'une seule loi qui le réprouve, qu'une justice qui le frappe.

I I.

Le viol est un assassinat physique

Le viol est un outrage à la nature, commis par concupiscence. Les passions commandent si impérieusement à l'homme, que la réflexion n'est pas toujours assez puissante pour en arrêter l'impétuosité. L'amour est pour le sage une source de voluptés ; mais cette passion, que la nature imprime à tout être sensible, cesse d'être légitime, dès l'instant qu'elle la réprouve. Le viol peut se commettre de différentes manières, soit par la force, soit par la séduction. La première suppose que l'emportement se rapporte à une personne qui, étant en âge de se défendre, résisterait au sacrifice que le criminel exige de sa pudeur ; et comme il prévoit les obstacles, il cherche à les surmonter par un acte que la justice et la nature proscrivent d'un commun accord, puisque la volupté ne peut être légitime que lorsqu'elle est le résultat d'un sentiment réciproque qui porte deux êtres de sexe différent à s'abandonner à ses charmes. Celui qui obtiendrait par la rigueur l'assouvissement d'une passion brutale, attenterait aux droits et à la liberté de la victime de sa fureur. Est-il un droit plus sacré et plus respectable, que celui de disposer de son cœur et de réserver la possession de ses charmes à l'objet que l'on croit digne de sa tendresse ? Le viol

I 3

est donc l'outrage le plus honteux et le plus barbare qu'il soit possible de faire à l'humanité. S'il est commis par voie de séduction, alors il ne peut se reporter que sur une personne qui n'a pas encore atteint l'âge de puberté, et c'est encore outrager la nature, en voulant associer à des desirs amoureux un objet auquel sa faiblesse ne permet pas de les partager. Dans l'un et l'autre cas ce crime est digne de mort : dans le premier, parce que c'est attenter à la liberté en même-tems qu'à la pudeur, que tout être moral estime encore plus que la vie ; dans le second, parce qu'il n'y a aucun consentement de la part de l'objet d'une passion illicite, et que le criminel peut mettre son existence en péril, en portant une atteinte mortelle à la délicatesse de ses organes.

I I I.

La Calomnie est un assassinat Moral.

La calomnie est l'action criminelle par laquelle on accuse l'innocence. L'individu qui attente à la réputation de son concitoyen, est le plus vil des scélérats. La misère égare la morale de l'homme, elle l'entraîne souvent dans des actions basses, suggérées par le despotisme qui le réduit à l'indigence, ou allume en lui la soif ardente des richesses. L'opulence éloigne l'homme de ses devoirs, lorsqu'elle devient un titre de considération publique ; mais un calomniateur qui se ment à lui-même, est un conspirateur atroce. Un tel individu vendra sa conscience au premier assassin qui voudra payer ses services, il se présentera sans pâlir devant la loi, et cherchera à égarer le jugement des hommes sur l'application qu'ils doivent en faire. Aussi l'habitude du mensonge conduit-elle à des forfaits qu'il était difficile de prévoir, lorsque ce vice commençait à peine à paraître. Après en avoir imposé à son esprit, l'homme finit par en imposer à son cœur. Lorsqu'il aura trompé avec succès dans des choses indifférentes, il croira être aussi heureux dans des affaires plus graves. Le voile mystérieux dont il se flattera d'envelopper son crime, le lui fera commettre avec d'autant moins de scrupule, qu'il croira avoir pris les précautions nécessaires pour s'assurer de l'impunité. Un calomniateur est capable de tous les crimes; il fera monter sur l'échafaud l'innocence et la vertu; il s'applaudira en secret de l'art avec lequel il en impose, et s'en fera à lui-même un titre de mérite et de gloire; il brisera les liens les plus intimes, et provoquera par sa langue les désordres les plus effroyables; il arrachera au magistrat respectable la confiance de ses concitoyens, pour le faire remplacer par un brigand dont il sert l'ambition et la cupidité; il envenimera du poison qu'il distille, les actions les plus honnêtes. Dans l'impuissance où il sera de produire la preuve de ce qu'il avance, il se servira d'un texte banal, attribuant à un bruit populaire ce qui n'est que l'effet de son imagination. Il trouvera parmi les gens faibles, des échos disposés à répéter ses clameurs, et il fera autant de complices qu'il aura trouvé d'auditeurs complaisans ou crédules. Si la calomnie porte sur une action criminelle, comme elle met en

I 4

danger la vie de celui qui en est l'objet, ce n'est que par la mort que le calomniateur peut expier son crime.

I V.

Le Blasphême est un assassinat Politique.

Le blasphême est l'action criminelle par laquelle on énonce des hérésies politiques. La liberté de penser et d'écrire est limitée par la justice, un orateur n'a pas le droit d'attenter à la liberté elle-même, et d'outrager les droits de ses concitoyens. Un peuple qui n'a point de gouvernement, lorsqu'il croit en avoir un, est balloté par les opinions des hommes de parti. Ces écrivains adoptent des systèmes incohérens, également subversifs de la liberté. Celui-ci la présente sous les traits du brigandage et de la dissolution, celui-là couvre de fleurs les chaines de l'esclavage. Tous concourrent au même but par des routes opposées, et ce but est la tyrannie. Chaque lecteur s'adapte les idées qui se rapprochent le plus de ses habitudes ou de ses préjugés, et se rend personnelles les erreurs que le crime consacre sous les masque du patriotisme. Les factions sont les enfans monstrueux des luttes que suscite la diversité des sectes, parce que l'esprit de parti est le seul aliment de ces ouvrages éphémères qui sont rarement dictés par la sagesse et la raison. En effet, comme toutes les vérités morales ont un cercle de circonscription, les feuilles périodiques n'auraient pas d'assez grandes ressources pour intéresser, si elles n'embrassaient que

le parti de la justice. C'est en déviant de cette carrière, qu'elles attisent le feu de la discorde et des
dissentions intestines. Aussi leur lecture n'est que
l'aliment de têtes mal saines qui, n'ayant pas de point
d'appui sur lequel elles puissent se reposer, cherchent
avec empressement de quoi satisfaire au besoin jour-
nalier qu'elles éprouvent. Ceux qui se bercent de ces
chimères, n'ajoutent pas un atôme à leurs connaissances, et comme ils n'approfondissent jamais les
hérésies dont ces écrits pullulent, le jugement
finit par devenir de jour en jour plus vague et plus
incertain, la liberté s'enfuit aux clameurs de ceux qui
l'outragent, tout en croyant professer son culte,
l'esprit public s'abâtardit, se dénature, et cette
époque est celle de la décadence d'un peuple qui
retourne à la barbarie. Quelle idée un peuple aliéné
pourrait-il avoir de la morale, quand il conspire
contre lui-même? Lorsque cet avenglement lui est
suggéré par des chefs qui applaudissent à son délire
et dirigent ses fureurs, le crime devient un titre
de considération; plus une action est atroce, plus
elle reçoit d'éloges, puisque les mandataires du
peuple ont eu l'art exécrable de changer la vertu en
crime et le crime en vertu. C'est par le règne de
l'opinion que les conspirateurs parviennent à ce but,
et en matière de législation, l'opinion est elle-même
le plus grand attentat. Comme la ligne de démarcation qui sépare le juste de l'injuste, ne peut
jamais être méconnue, il s'en suit que tout homme
est dans les principes ou contre les principes. S'il
est dans les principes, il n'a plus d'opinion, car

un principe porte avec lui le caractère de l'évidence ;
s'il est contre les principes, il est en conspiration
ouverte, et cet attentat porte avec lui un caractère
irrécusable. Mais les conspirateurs réclament sans
cesse la liberté des opinions ; c'est-à-dire la liberté de
conspirer impunément, et c'est avec l'arme homicide de l'opinion qu'ils assassinent la liberté publique.
L'opinion est une conjecture, et elle ne peut s'entendre que pour les choses à venir ; mais en matière
de gouvernement, comme il n'est pas de terme
moyen entre la liberté et la tyrannie, toute propo-
sition est conforme à la liberté ou lui est attentatoire. Ainsi, c'est conspirer contre le peuple que de
définir la loi l'expression de la volonté générale ; c'est
conspirer contre le peuple que d'usurper la souveraineté ; c'est conspirer contre le peuple que de le
plonger dans l'anarchie, en lui ravissant les bienfaits d'un gouvernement libre ; c'est conspirer contre le
peuple que d'avoir des opinions et de les substituer aux
principes. Mais quand le contrat social préside aux
destinées d'un peuple libre et fortuné ; quand le gouvernement, rendu à sa véritable institution, ne règne
que par la loi dont il est dépositaire responsable,
un individu qui ferait usage de ses talens, pour
séduire et entraîner ses concitoyens dans une démarche qui tendrait à leur faire renverser l'édifice
de leur prospérité, conspirerait contre la société entière, et malgré l'impuissance de ses efforts, il serait
aussi criminel que s'il avait réussi dans son entreprise, puisque l'intention aurait été attentatoire au
bonheur de la patrie.

V.

La Prévarication est un assassinat Physique et Moral.

La prévarication est l'action criminelle par laquelle un fonctionnaire public porte atteinte à la loi. C'est après la conspiration, le plus grand attentat que l'homme puisse commettre. Quoique le prévaricateur conspire contre la société, en renversant l'ordre moral sur lequel elle est établie, son crime n'est pas subversif de la liberté politique, puisqu'il n'est dirigé que contre un seul objet. Mais si les ministres de la loi prévariquaient tous ensemble, alors le gouvernement serait en révolte contre la société, et attirerait sur sa tête la foudre de l'insurrection ; alors le peuple renverserait l'injustice qui l'accable, pour reprendre l'exercice de ses droits outragés. Aussi l'arme favorite des tyrans est-elle l'instrument de leur perte. Le prévaricateur est un despote d'autant plus dangereux qu'il cache son poignard sous le voile de la loi. Comme il ne peut exister d'autre châtiment que celui de la peine de mort, il s'en suit que le juge qui la prononce contre un innocent, commet un assassinat physique, puisqu'il ôte la vie à celui qui n'a pas mérité de la perdre. Il commet un assassinat moral en outrageant la mémoire de celui qui doit jouir de la considération attachée à ses mœurs, et en devenant le complice de ses accusateurs calomnieux. Si la prévarication a lieu par le supplice de l'innocence, elle se commet encore par l'absolution du crime. Un juge qui absolverait un criminel, deviendrait son complice et l'encouragerait par sa prévarication à se livrer encore aux mêmes attentats. L'homme n'a pas le droit de se mettre au-dessus de la loi ; le juge en est le dépositaire responsable, il ne peut donc la méconnaitre en faveur du criminel. La justice n'existerait plus sur la terre, la liberté serait illusoire et chimérique, si le crime pouvait s'y commettre impunément. Ainsi, lorsqu'un juge condamne l'innocence au supplice, ou lorsqu'il innocente le crime, dans l'un et l'autre cas il est prévaricateur, rebelle à la loi et digne de mort.

V I.

La Conspiration est un assassinat Physique, Moral et Politique.

La conspiration est l'action criminelle par laquelle on attente à la souveraineté du peuple. Il n'est pas un criminel qui ne soit un conspirateur en morale, puisqu'il agit contre la liberté que consacre la souveraineté du peuple. Sous le règne de la tyrannie, il y a autant de conspirateurs que de fonctionnaires publics et d'individus ; mais ce genre de conspiration semble légitime à un peuple qui veut être esclave par le fait de son consentement tacite, quoique par le droit il ne puisse vouloir ce qui est nuisible. Alors le gouvernement et le peuple conspirent d'un commun accord ; mais le peuple n'est qu'un conspirateur passif, en ce qu'il n'a qu'une part d'inertie au despotisme qui l'accable. Si la raison universelle parvient à se

faire entendre, et que le peuple, brisant ses fers,
écrase sous le poids de sa colère les auteurs de son
infortune, aussitôt de nouveux conspirateurs succèdent
aux premiers ; mais dans l'impuissance où ils se
trouvent d'attaquer la liberté à force ouverte, lorsqu'elle a pris un généreux essor, ils se servent du
peuple pour enchaîner le peuple, et, à la faveur
d'un masque de vertu, ils détruisent la liberté par la
licence. Alors une partie de la société conspire contre
elle-même, sans s'en appercevoir. Le grand art des
conspirateurs est de conduire les peuples dans le
précipice, de manière à ce qu'ils ne s'apperçoivent
de la chûte que lorsque le mal est sans remède. Aussi
dans toutes les révolutions, les peuples n'ont fait
que changer de despotisme et d'anarchie. Les conspirateurs s'enhardissent les uns par les autres, en
espérant échapper à la loi par la multiplicité des
complices. Les grands discours qui procurent des
réputations subreptices, décernées par une multitude
ignorante et crédule, sont les moyens dont ils se servent
pour diriger les mouvemens populaires, en liant
les démarches de leurs partisans au salut de la patrie.
L'anarchie est l'élément des conspirateurs, soit que
cette anarchie vienne du vice ou de l'absence du
gouvernement. Alors les conspirateurs se grouppent
et se factionnent ; ils prêchent la liberté, de manière à diviser les citoyens en les exaspérant les uns
contre les autres, et c'est en arborant l'étendart du
patriotisme qu'ils lancent les proscriptions, et brisent
les liens sociaux dont la chaîne est indissoluble ; ils
rendent le citoyen suspect au citoyen, et les hommes

ineptes deviennent bientôt des tyrans par la crainte qu'ils ont de ne pas être libres. Dès que les conspirateurs ont pu conduire le peuple à cet excès d'aveuglement, ils lui font exercer sa fureur contre les plus ardens défenseurs de ses droits. Afin de couvrir leurs assassinats de l'apparence de la justice, ils ont soin de calomnier d'avance tous ceux qui s'opposent à l'illégitimité de leurs entreprises, et dont ils redoutent les lumières et l'énergie. Ils excitent la guerre civile, et après s'être baignés dans des flots de sang, ils gouvernent les peuples éperdus à l'aide des brigands qu'ils excitent au carnage et bâtissent le trône de leur domination despotique sur les cadavres qu'ils ont immolés à leur audace sacrilège. Une constitution anarchique, et qui n'est elle-même qu'une vaste conspiration, conduit à tous ces fléaux déplorables.

V I I.

L'inertie d'un Fonctionnaire de la République, est un assassinat passif.

Le fonctionnaire contracte un engagement sacré envers la patrie, quand il accepte la place à laquelle il a été porté par le choix de ses concitoyens. Dèslors, il ne s'appartient plus et se doit tout entier aux devoirs qu'il a promis de remplir par le fait de son acceptation. Chacun de ses momens est une propriété publique, c'est à lui à les employer de manière à atteindre le but qui lui est prescrit. S'il trahissait la confiance de ses commettans en se refusant aux devoirs de sa place, après l'avoir

acceptée, il serait d'autant plus criminel qu'il déroberait à ses concitoyens les soins dont un autre
s'acquitterait avec succès. S'il se livrait à un sommeil
volontaire, tandis que, sentinelle infatigable, ses
yeux doivent se promener sans cesse sur l'étendue
qui est commise à sa garde et à sa vigilance; s'il était
sourd aux plaintes et aux réclamations qu'on lui
adresse, s'il se refusait à recevoir une accusation
formelle, à mettre l'accusé en état d'arrestation et
à provoquer l'instruction juridique, ou si, après avoir
pris cette mesure, il laissait l'accusé gémir dans la
captivité sans procéder à faire constater son crime
ou son innocence; si, délégué pour appliquer la
loi, cette puissance se trouvait nulle par le silence
auquel il la condamnerait; s'il refusait son ministère
à l'expression de ce souverain du monde, ne serait-il
pas rebelle à la loi elle-même et traître à la patrie,
qui lui en a confié l'exécution? L'inertie est une
prévarication manifeste, puisque par le refus que le
fonctionnaire public ferait de remplir ses devoirs, il
rendrait la liberté illusoire par l'absence de la justice; et, si toutes les parties du gouvernement se
paralysaient spontanément, un peuple ne serait-il
pas dans une anarchie complète, puisque chaque
citoyen serait exposé aux outrages du plus fort? Cette
anarchie serait d'autant plus cruelle que le citoyen
probe se reposerait sur la sauve-garde de la loi; le
fonctionnaire public en est une image vivante. Hé
qu'importe qu'il ne se souillât pas du crime! S'il le
laissait commettre impunément, s'il le sollicitait par

son inertie, le résultat ne serait-il pas le même pour
la société, que s'il le commettait lui-même?

VIII.

La complicité ou le silence sur un crime, est un assassinat passif.

Prêter son assistance à un criminel, se taire sur
son intention lorsqu'on en a connaissance, ou se
refuser à l'accuser après que l'attentat a été exécuté,
c'est commettre un crime aussi grand que le crime
lui-même. Les gens qui s'attendrissent sur le sort
des scélérats, ont une humanité barbare, puisqu'ils
mettent dans la même balance une vie que la loi
protège, et une vie que la loi réprouve. La pitié,
ce sentiment qui agit si puissamment sur un cœur
sensible, doit s'étouffer toute entière, lorsqu'il s'agit
de révéler un forfait qu'il est important de connaitre.
C'est plonger le poignard dans le sein de ses semblables, que de leur cacher l'assassin dont ils doivent
se garantir. Hé, que deviendrait la société, si ceux
qui l'infectent de leurs forfaits, étaient sûrs de trouver
un abri contre le glaive qui doit les frapper. Enhardis
par un premier succès, que leur en coûterait-il pour se
livrer encore au crime avec d'autant plus d'audace
qu'une première impunité aurait nourri chez eux l'espoir d'échapper sans cesse à l'œil de la justice? Hé,
qu'on ne se le dissimule pas, un criminel est incorri-
gible. Une fois que l'homme s'est avili, il éprouve le
besoin de s'avilir encore, et marchera, tête levée, dans

la

la carrière du crime. Par un silence barbare, on laisse le soupçon peser sur la tête de l'innocence , et trop souvent on met sa vie en danger, quand des indices fallacieuses donnent une apparence de réalité qui semble déposer contre elle. Enfin , pour s'attendrir sur le sort d'un scélérat , il faut l'être soi-même et celui qui se tait sur le forfait qui est à sa connaissance , est évidemment complice du scélérat qui l'a commis et de tous ceux qu'il commettrait encore.

I X.

L'assistance à un duel , est un assassinat passif.

C'est être digne de mort, que de se rendre spectateur immobile de deux hommes qui s'entretuent. Ceux qui assistent comme témoins à ces scènes de sang et d'opprobre , sont souvent les instigateurs d'un ressentiment mutuel. Ils mettent les armes à la main de ceux qu'ils appèlent leurs amis , et ne frémissent pas du péril dans lequel ce zèle officieux les engage. Où donc est la morale , si ceux qui n'ont reçu aucune insulte, se mêlent des querelles de deux citoyens pour leur ouvrir le chemin de l'infamie ? Ah ! sans doute , ceux qui jouent leur vie dans les combats singuliers , ont une apparence de motif qui les gouverne. L'homme ne se mettrait pas en devoir d'attaquer et de se défendre , si sa démarche ne reconnaissait pas une impulsion quelconque. Elle est absurde, sans doute, car l'homme brave ne desira jamais la mort de son semblable , et si jamais sa main frappait

K

un coup mortel, elle céderait à l'impulsion de la
loi, qui lui prescrit de se défendre contre celui
qui l'assassine. Mais le citoyen qui sent le prix
de l'existence par les services qu'il rend à sa patrie,
et qui est attaché à sa famille par les liens les plus
doux de la nature, ne peut oublier qu'il est sur le
point de la plonger dans sa douleur, que lorsqu'une
idée transcendante maîtrise ses facultés et l'empêche
de se reconnaître. Le délire des sens est excusable
de la part de l'homme, lorsque sa dignité lui paraît
flétrie; mais des gens qui jouissent de toute la maturité de la réflexion, des gens étrangers à une affaire
malheureuse, qui s'immiscent dans une querelle,
non pour l'appaiser, en rappelant des esprits échauffés
au calme du raisonnement, mais pour souffler le feu
de la discorde et fermer la voie à toute reconciliation;
endurcissent au nom de l'honneur deux cœurs qui
doivent avoir une tendance à abjurer leur haine, et
à se rapprocher par la perspective des remords qui
suivent immédiatement la victoire des individus qui
s'établissent arbitres entre la vie et la mort de deux citoyens qu'un moment de faiblesse égare, qui applaudissent à la chûte de l'un des deux, et se réjouissent
de lui voir mordre la poussière d'après le parti
qu'ils embrassent : de tels gens sont des assassins;
ils pouvaient empêcher une action déplorable, ils la
provoquent loin de s'y opposer, eux seuls ont
dirigé les coups.

X.

Le refus volontaire de la mère d'alaiter sa progéniture, est un assassinat passif.

Les orgânes du nouveau né sont d'une délicatesse extrême; il a besoin d'un aliment qui s'identifie avec sa faiblesse. Le lait de sa mère acquiert de la consistance et de l'épaisissement, à mesure que son corps se développe. Si celle qui lui a donné le jour le livre à une étrangère, il ne suce que du poison dans la source de vie qu'on lui présente. Hé ! comment le petit malheureux pourrait-il se soutenir, lorsqu'il dispute à un concurrent plus âgé que lui, la nourriture qui lui est propre ? La nature, qui veille également sur les jours de ce couple infortuné, ne peut renverser la loi qu'elle s'est prescrite à elle-même; elle ne peut donner l'existence au plus fort qu'en la dérobant au plus faible, et si elle la donne à celui-ci, il faut qu'elle en prive son devancier, puisque le même aliment ne peut leur convenir. Elle opère un prodige en faveur de l'un et de l'autre, et par l'équilibre qu'elle cherche à établir, elle décompose la substance laiteuse, pour l'accomoder au tempérament de tous les deux. L'envie qu'elle a de conserver ces deux innocentes créatures, dissimule le péril en le leur faisant partager. Cependant, quel que soit le soin qu'elle prenne de leur existence, elle n'est pas toujours aussi heureuse qu'elle se montre tendre et compatissante. Comme elle ne peut donner en moins au nouveau né qu'en faisant perdre au premier une partie de sa nourriture , pour en réchapper un seul , souvent elle les immole l'un par l'autre ; mais parviendrait-elle à les sauver , l'outrage qu'ils reçoivent influe sur leur tempérament , de manière à y laisser des traces que le tombeau seul a le pouvoir d'effacer. Tel est l'effet de la tyrannie , elle divise d'intérêt deux êtres innocents , avant même qu'ils puissent se connaître. O femme ! qui repousses de ton sein le faible enfant qui s'en approche , c'est toi qui le condamne à la mort. Le lait de tes mamelles t'appartient-il ? As-tu reçu le droit d'en détourner le cours , et de comprimer dans sa source l'existence de ta progéniture ? Si elle en avait la force , elle s'écrirait : « O ma mère , tu m'as donné le jour , est-ce pour me le rendre odieux ? Que t'ai-je fait , pour m'envoyer au supplice ? Avant que de prononcer l'arrêt , souffres que ma tête se repose contre ton sein ; permets à mes lèvres de sucer un aliment qui m'appartient , et qu'aucune puissance humaine n'a droit de me ravir ; mais tu abuses de ma faiblesse pour me rejetter loin de toi , comme un monstre indigne de lumière. Tremble , cruelle , l'innocent est vengé.... » En effet une fièvre brûlante circule déjà dans les veines de cette femme impie , et y répand les symptômes de la mort. La voilà , cette malheureuse , étendue sur le lit où elle vient de commettre son crime , la voilà exposée aux horreurs du châtiment que la nature lui inflige. En vain elle étend ses bras vers cet enfant qui , seul , pouvait soulager sa douleur. O femme ! Tu as fermé l'oreille aux premières plaintes , tes entrailles n'ont

pas été émues par les vagissemens de cet être infortuné , tu l'as proscrit toi-même , et viens de le
condamner à l'exil. Il n'est plus tems.... tu as lutté
contre les devoirs de la maternité , hé bien , lutte
à présent contre la mort ; ah ! invoque-la plutôt et
tremble de revoir le jour que tu souillerais par ton
existence. Si des secours perfides parviennent à te
réchapper du péril dans lequel t'a précépité ton crime.
Si tu survis à l'outrage que tu as fait à la nature ,
si tu la trompes dans ses intentions , en gravissant
sur le sommet de la tombe dans laquelle elle t'avait
plongée. La loi qui veille sur la destinée de l'espèce
humaine, te demandera compte de l'emploi que tu
as fait de la nourriture de ton enfant , et après avoir
bravé le supplice de la nature , il faut t'attendre
encore à braver celui de la justice.

X I.

Le refus du père ou de la mère de donner à
l'enfant les soins que sa faiblesse réclame de
la nature, est un assassinat passif.

En ouvrant les yeux à la lumière , l'homme vit
sous l'empire de la loi. Jusqu'à ce qu'il ait la
la force de subvenir à ses besoins , il est le créancier
du travail de ceux qui lui ont communiqué l'existence.
Le père et la mère doivent être attachés à leur petit ,
par le même lien de tendresse qui présida à leur
union. L'homme se reporte avec plaisir dans un autre
lui-même ; à ces tems fortunés où le cœur est plus

sensible en raison de son inexpérience ; il se plait
à développer l'intelligence de son enfant ; les caresses
naïves et toutes les démonstrations de reconnaissance
qu'il peut recevoir de sa part, deviennent la récom-
pense la plus douce de ses soins. La loi, d'accord
avec la nature, confie un nouveau citoyen à la piété
de ceux qui semblent les plus intéressés à sa conservation ; mais il est des êtres étrangers aux sentimens
de la nature. L'immoralité dont ils font profession,
les rendent peu propres à remplir les devoirs de
père de famille. S'ils ont le malheur de l'être, quel
intérêt peuvent-ils prendre à écarter de leurs enfans
les périls qui accompagnent l'aurore de l'humanité ?
Loin de trouver des charmes dans les devoirs paternels, ils n'y verront qu'un embarras qu'ils se reprocheront de s'être donnés à eux-mêmes. Leurs enfans
deviendront victimes des procédés les plus révoltans,
et supporteront la mauvaise humeur que leur présence suggère aux tristes auteurs de leurs jours. Pères
cruels ! quelle est votre frénésie ? Pourquoi voulez-
vous faire haïr l'existence à ceux qui ne vous l'ont
pas demandée ? Devez-vous, parce qu'ils sont faibles,
abuser de votre force, et les traiter en esclaves ?
En vain vous chercherez à vous repaître du spectacle de leur douleur ; c'est dans les ombres du mys-
tère qu'ils laisseront couler leurs larmes, pour vous
envier le plaisir d'en être les témoins. Mais, quel
droit vous arrogez-vous ? Celui dont vous êtes revêtus,
est-il le despotisme paternel ? Apprenez que l'autorité n'est légitime qu'autant qu'elle s'exerce pour le
bonheur de celui qui est soumis. Ah ! si la nature

commit une méprise en vous laissant lui dérober un titre dont vous êtes indignes, l'œil de la justice vous suivra jusques dans l'intérieur de vos foyers ; elle viendra vous arracher le martyr de votre fureur, et si, dans cet âge où la faiblesse est telle qu'elle ne peut faire entendre que des cris impuissans, un enfant périssait par la privation des secours ou des attentions qui lui sont nécessaires, vous seriez responsables à la loi de l'abus que vous auriez fait de sa confiance, et la patrie ne pourrait plus compter au nombre de ses membres l'individu dont la main aurait creusé le tombeau de sa progéniture.

DE LA PREUVE JURIDIQUE.

ARTICLE PREMIER.

La Preuve est le résultat du témoignage des hommes et des choses qui, en éclairant la conscience, y portent la conviction.

QUEL que soit le nombre des hommes qui attestent un fait, il faut que leur témoignage soit réuni à celui des choses pour constituer la preuve. Il en est de même du témoignage des choses par rapport à celui des hommes. Ainsi, les témoins tacites sont nuls, sans le concours des témoins verbaux, comme les témoins verbaux sont nuls, sans le concours des témoins tacites. Les témoins verbaux n'offrent que des dires, les témoins tacites, des présomptions; et la preuve ressort de l'harmonie parfaite entre les dires et les circonstances qui ont précédé et accompagné l'action. Le témoin verbal accuse, le témoin tacite dépose; mais un homme n'est condamnable ni sur l'accusation, ni sur la déposition ; il ne le devient que par la preuve qu'on acquiert par l'analogie comparée de l'une et de l'autre. Pour juger avec impartialité, il suffit de porter le flambeau de la raison naturelle au milieu des ténèbres dont les parties intéressées cherchent à voiler un fait. Pour obtenir un motif de conclusion, on procède à l'examen des accusateurs : leurs dires sont-ils contradictoires ou confirmatifs ? Les dépositions des choses sont-elles infirmatives ou confirmatives des déclarations préliminaires ? en mettant le témoignage des hommes en parallelle avec celui des choses, on procède, par ce rapprochement, à un jugement raisonné. Des loix prétendues, et qui ne sont que des conventions barbares, ont fixé au nombre de deux accusateurs, la preuve juridique. Ce concours, aux yeux de la saine raison, n'a pas un plus grand poids que le témoignage d'un seul ; car qui peut empêcher deux complices de se liguer ensemble contre un ennemi commun qu'ils veulent assassiner par le poignard de la tyrannie ? Si le témoignage d'un seul accusateur est nul, celui d'un autre de même espèce doit l'être également, puisqu'ils seraient récusables tous deux, pris par une abstraction respective. Ne serait-ce pas le comble de l'absurdité de le faire valoir et ne pas valoir tout-à-la-fois ? L'accusation est donc nulle sans la déposition.

I I.

La Preuve résulte de ces Recherches :

Quelle est cette personne ?

La première attention qu'un juge doit apporter dans l'examen d'une accusation , se rapporte immédiatement à la personne qui en est l'objet. Quel genre d'éducation a-t-elle reçu ? Quelles inclinations a-t-elle manifestées dans son enfance ? L'accusé était-il vindicatif, haineux ; son cœur paraissait-il insensible aux impressions de la nature ? Aimait-il tendrement les auteurs de son existence , ou ceux qui prenaient soin de sa faiblesse ? Ecoutait-il avec respect les conseils de la vieillesse ? L'ingratitude , l'orgueil et la paresse étaient-ils ses vices dominans ? Son tempérament était-il irascible et bilieux ? Trouvait-il du plaisir à faire le mal , ou se réjouissait-il de celui qui arrivait à autrui ? Quoique ces détails n'ayent aucun trait direct au fait dont il s'agit , il n'en est pas moins vrai que , quand l'homme annonce de la dépravation dans l'âge de la candeur et de l'innocence , il est rare qu'il n'éprouve dans le cours de sa vie le besoin de satisfaire la violence d'un mauvais naturel. Les grands criminels montrent de bonne-heure des germes de perversité. Les conspirateurs et les tyrans offrent des marques prématurées de mélancolie , de défiance , de haine , d'hypocrisie et d'ingratitude : et tel monstre , en périssant sur l'échafaud , n'a fait que vérifier la prédiction qui lui fut faite dès l'aurore de son enfance.

Après avoir porté le flambeau de l'examen dans les inclinations premières, le juge s'instruit de la conduite et des mœurs de l'accusé, à des époques moins reculées. Comme le crime a ses gradations, le magistrat consulte des habitudes plus rapprochées. Quelles étaient les occupations journalières de l'accusé? A quel genre de travail était-il adonné? Avait-il de l'émulation ou de l'insouciance? Ses dépenses étaient-elles conformes à son état? Portait-il envie à la prospérité de ses rivaux et de ses concurrens? Son caractère était-il simple, humain et débonnaire? Son commerce était-il agréable et facile? Était-il délicat dans ses procédés, modéré dans ses desirs et dans ses goûts? Son ambition était-elle mesurée, son amitié sûre, sa parole inviolable, ses sentimens sincères? S'est-il trouvé dans des circonstances où sa probité ait été mise à l'épreuve; comment s'est-il comporté?.... Des témoignages antérieurs au fait dont il est question, élèvent, pour ou contre l'accusé, une voix auguste et respectable. Le magistrat ne peut se dispenser de consulter ces premiers renseignemens. Comment croire qu'un homme, qui n'a cessé de remplir ses devoirs en marchant constamment dans le sentier de la morale, ait pu se résoudre à commettre un attentat, en renonçant à cette tranquillité de conscience, ce sentiment d'un cœur pur et innocent, qui seul peut faire le charme de l'existence?

I I I.

Qu'a-t-elle fait?

Après avoir considéré l'accusé sous les rapports de
la morale, le magistrat s'instruit de la question de
fait. Quand il s'agit d'effusion de sang humain ou
d'attentat à la propriété, il importe d'examiner si
l'accusé a commis l'action avec connaissance ou dessein
de nuire. Pouvait-il en avoir la force et la volonté ?
Le crime a-t-il laissé des traces, l'accusé en est-il
souillé ; ces traces se rapportent-elles immédiatement
au fait ; la correspondance et l'analogie sont-elles
précises, ou les traces appartiennent-elles à des circonstances étrangères à l'accusation ? Peut-être que
des incidens particuliers établissent des présomptions
injurieuses. L'accusé se trouvait peut-être par hasard
et sans intention criminelle dans le lieu où l'attentat
a été commis. Ses affaires personnelles dirigeaient
peut être ses pas de ce côté. Quoique le fait n'ait
n'ait pu se consommer sans un certain éclat, paraît-
il qu'il lui appartienne directement ou par complicité ?
Si l'accusé s'est trouvé sur les lieux, la preuve du
délit était-elle assez ostensible pour qu'il ne pût s'en
apercevoir ? Peut-il ne pas en avoir ignoré l'existence, d'après la distance qui le séparait du lieu ?
L'a-t-il dénoncé à la justice, d'après la connaissance
acquise, ou a-t-il gardé un silence criminel ? S'il
ne l'a pas fait, est-ce par ignorance ou faute du
tems nécessaire ? D'où venait-il ? Où allait-il ? Quel
motif le conduisait en ce lieu ? Avait-il de l'habitude

... libelle contre
... trompe-t-il
... le malheur
... en sa
... de laquelle
... la résidence ? Qu'a-
... Quelles étaient ses dispositions ?
... inquiet, son ... annonçait-il
... agitation extraordinaire ? L'ordre de ses
... a-t-il été interverti ? Quelque menace,
... de violence, quelqu'agitation remar-
... quelque démarche n'a-t-elle précédé ou suivi
... imputé ? Paraît-il qu'elle lui appar-
... son étranger ? Si elle lui
... l'annonce est-elle légitime ? ne l'est-elle
... a-t-il employé qu'une juste défense
... qui mettait sa vie ou celle de son
... l'a-t-il commise de dessein pré-
... par un mouvement involontaire, ou par un
... ... prescrit par la nécessité ? Enfin,
... elle innocente, est-elle criminelle ?

IV

En quel lieu

La question du lieu doit jetter la lumière la plus
éclatante dans l'instruction d'une procédure. Le

crime a-t-il été commis, dans l'intérieur d'une habitation ou à l'extérieur ? Dans le cas où le délit ait eu lieu dans l'intérieur, suppose-t-il une connaissance des localités et de la distribution ? Cette connaissance appartient-elle à l'accusé ? Ne la partage-t-il pas avec d'autres personnes qui ont fait ou qui font encore leur séjour dans le même lieu, et que les soupçons n'atteignent pas ? Pourquoi l'accusé aurait-il à cet égard une préférence injuste ? Quels motifs peuvent la déterminer ? Est-ce au milieu d'une place publique, dans un chemin écarté et désert ? Comment l'accusé pouvait-il savoir que sa victime devait y passer ? Quels renseignemens a-t-il été à portée de recueillir à cet égard ? L'a-t-on vu prendre cette route, se cacher en embuscade et y attendre tranquillement l'objet de sa fureur ? Ce même chemin est-il parsemé, çà et là, de vestiges et d'empreintes qui témoignent que l'accusé y ait porté ses pas ? Ces vestiges et empreintes sont-ils étrangers à l'accusé, ou montrent-ils, par la dissimilitude, qu'ils appartiennent à un ou plusieurs autres ? Quelle en est la direction ? Si c'est au milieu d'une place publique, ne serait-ce pas l'effet d'une provocation qui aurait eu lieu au moment même, ou, laquelle serait d'une date antérieure ? S'il y a eu rixe ou combat singulier, celui qui a succombé était-il aggresseur, en état d'attaque, ou aggressé, en état de défense ? A-t-il péri les armes à la main ? Est-ce un duel, un assassinat, un meurtre, ou un suicide ? Quelles conjectures le lieu peut-il donner à cet égard ? Si c'est un vol commis dans l'intérieur

d'une habitation, le lieu était-il tellement inaccessible que, pour y parvenir, il ait fallu escalader des
ouvrages d'architecture d'une manière périlleuse ; laquelle entreprise serait au-dessus des forces physiques
et de l'adresse connue de l'accusé ? Y a-t-il des déran-
gemens qui ne peuvent appartenir qu'à une combinaison réfléchie et à la réunion concertée de plusieurs
individus ? Le lieu était-il habité, ne l'était-il pas ?
Comment l'accusé aurait-il pu connaître l'une ou
l'autre circonstance ? Sa demeure est-elle dans le
voisinage ? Avait-il habitude de se transporter dans
le lieu ? Lui appartient-il en propriété, en est-il
locataire ? Y a-t-il fait une plus ou moins longue
résidence ? A quel titre l'a-t-il fréquenté ou habité ?
S'il a commis un crime sur une personne, l'a-t-il sol-
licitée de se rendre en ce lieu, ou savait-il qu'elle y
ferait sa résidence ? Ce même lieu était-il favorable
à ses desseins ? A-t-il été disposé de manière à en
rendre l'exécution plus facile ? Y a-t-il fait quelques
préparatifs suspects ? A-t-il éloigné de ce domicile
ceux qui auraient pu l'incommoder, ou a-t-il profité
de leur absence ? Quels sont les motifs de cet éloignement ? Sont-ils fondés ; ne le sont-ils pas ? Si le
crime a été commis pendant la nuit, le lieu a-t-il été
éclairé, contre l'usage habituel ? Pourquoi l'a-t-il été ?
Les ouvertures en ont-elles été fermées avec une
précaution remarquable ? Cette clôture s'est-elle faite
à contre-tems et contre l'ordre naturel des choses ?
Y a-t-on entendu un bruit, et observé un mouvement extraordinaire ?

V.

Par quels moyens ?

Ce que la nature a destiné à l'utilité commune sert souvent les projets du malfaiteur, et devient entre ses mains un instrument de vengeance et de férocité. Quand le délit est constaté et qu'il présente divers caractères, il importe de les rapprocher de l'accusé, pour connaître s'ils lui sont personnels. Comment s'est-il procuré l'instrument qui a servi à l'exécution de son dessein funeste ? Avait-il coutume d'en être armé, en le portant sur lui, par un usage habituel ? Est-ce une arme ostensible ou secrette ? En était-il possesseur depuis long-tems ? En a-t-il fait l'acquisition depuis peu de tems, sous prétexte d'un autre emploi ? L'a-t-il fabriqué lui-même, ou l'aurait-il fait fabriquer par un ouvrier, que ce genre de travail concerne ? L'aurait-il acheté lui-même ou fait acheter par un autre, afin d'écarter les soupçons ? Quelle est la distance qui se trouve entre le marchand ou le fabricateur et l'accusé ? Se connaissent-ils ? Ne se connaissent-ils point ? L'accusé avait-il coutume de se servir de cette arme pour les choses auxquelles elle est communément appliquée ? Si elle ne lui appartient pas, comment a-t-il fait pour se la procurer ? L'aurait-il empruntée, en simulant un besoin innocent de s'en servir ? L'aurait-il dérobée peu de tems avant de consommer son crime, et l'aurait-il laissée sur les lieux, afin de diriger les soupçons contre le propriétaire ? Aurait-il imaginé quelque stratagème

stratagême criminel pour corroborer les conjectures
qu'il tentait de suggérer? l'arme est-elle bruyante
ou silencieuse? Quels coups en sont résultés? Ces
coups appartiennent-ils immédiatement à cette
arme? L'accusé l'avait-il à la main, ou en était-il
secrettement muni avant et après l'exécution du
crime? Quelle distance y a-t-il entre ces deux intervalles? L'accusé avait-il la force ou l'adresse
d'en faire l'usage qui lui est imputé? Si le moyen
suppose une supériorité physique de la part de
l'accusé, et que cette supériorité physique appartienne à l'aggressé, comment l'accusé n'a-t-il pas
éprouvé de résistance dans l'exécution de l'attentat, et comment n'a-t-il pas succombé lui-
même? L'accusé est-il couvert de quelques marques
qui annoncent une lutte et des efforts multipliés?
Ces marques en sont-elles des conséquences, ou
appartiennent-elles à une autre cause? L'attentat
annonce-t-il la complicité de plusieurs personnes,
ou n'est-il que le fait d'une seule? Quelles conjectures les moyens peuvent-ils établir à cet égard? Y
a-t-il eu surprise ou combinaison qui supposent un
calcul compliqué? Comment celui, contre lequel
l'attentat a été dirigé, n'a-t-il pu l'en appercevoir?
Quels moyens a-t-on employé pour prévenir sa méfiance? Aurait-on profité de son absence ou de son
sommeil pour exécuter le crime? Lui aurait-
tendu quelque piège abominable? Quels renseignemens les circonstances produisent-elles à ce
point? S'est-on servi contre lui de moyens ténébreux
qui lui auraient donné la mort dans la préparation

des alimens ? Se serait-on servi de ses propres armes, afin de faire conjecturer que l'action est un suicide ? Comment a-t-on pu réussir à les lui enlever ? Est-ce par force ou par stratagême ? Quelles facilités a-t-il offert à la perversité, pour donner lieu à l'attentat qui a été exercé contre lui.

V I.

Par quel motif?

Est-ce une impulsion cupide qui a porté l'accusé à s'emparer de la propriété d'autrui ? Est-ce par un sentiment de haine et de vengeance atroce ? Avait-il donné, antérieurement au fait, des marques de fureur et d'emportement ? S'est-il exhalé en menaces ? Ses discours ont-ils laissé entrevoir le tourment d'un cœur agité ? Est-ce un mouvement subit d'indignation excitée par une action infâme qu'il ait voulu faire expier à son auteur ? Est-ce la conséquence d'une antipathie extrême et si fortement prononcée qu'aucune considération ne pouvait en tempérer la violence ? Dissimulait-il son dessein avec un art tel qu'il paraissait impénétrable, ou affectait-il des sentimens forcés pour en imposer avec plus de succès ? Par quels rapports, par quels incidens l'accusé et la victime se trouvaient-ils rapprochés l'un de l'autre ? Avaient-ils contracté s engagemens réciproques, ou étaient-ils sur le t de les rendre authentiques ? Etaient-ils en liai. s d'affaires commerciales ? Se touchaient-ils par les lie. du sang et l'espoir d'envahir une fortune plus

... déterminé com ...

... à cette ten... pour prendre au bonheur ... en courant, une ... si frappante, ... n'y pouvait étendre ... occasion de rompre ce ... été rompu, la récon... qu'apparente. L'épouse fai... honteux de sa pudeur aux plaisirs ... de la débauche? Avait-elle quelqu'amant qui ... la préférence secrette de ses faveurs? Ce com... merce était-il connu, et des troubles domestiques en étaient-ils les conséquences? L'espoir de passer en d'autres bras, et de satisfaire en pleine licence à des désirs immodérés, l'aurait-il entraînée dans des ... criminels? Si l'épouse aimait un infidèle avec une passion ... est-ce une rivale qui ... été l'objet de sa jalousie frénétique? Est-ce ... amant rebuté qu'elle aurait immolé à un autre, ... se débarasser d'un témoin importun? Est-ce ... qui, détrompé soudain d'une illusion qui ... chère, aurait immolé les auteurs de sa ... à son ressentiment barbare? Est-ce un ... qui, craignant la concurrence d'un rival, ... aurait prévenu la victoire par un attentat ... Est-ce une mère vertueuse et sensible, ... à la raison un époux dissolu

L 2

aurait succombé victime de la franchise conjugale
et de l'amour maternel ? Est-ce un fils souillé
de tous les vices qui, calculant les jours d'un
vieillard respectable, en aurait précipité le terme,
pour assouvir ses déportemens ? Est-ce un dissi-
pateur, qui, ruiné par des excès de dissolution,
n'aurait pas eu d'autre ressource pour alimenter
sa débauche, que celle que lui aurait conseillé
la rage et le désespoir ? Est-ce un père, qui,
gourmandant un fils indocile, aurait éprouvé de
sa part un outrage qui l'aurait porté à un acte de
vivacité dont il déplore la conséquence ? Le motif
est-il le résultat de la réflexion et du calcul, ou
l'effet d'un mouvement subit et impétueux ? L'accusé
avait-il ou n'avait-il pas intérêt à commettre le crime
qu'on lui impute ?

V I I.

Avec qui, et à l'instigation de qui?

Le bourrellement de la conscience s'imprime sur
les traits de la physionomie; aussi les scélérats
s'entrereconnaissent au premier coup-d'œil. Il existe
entre les individus de cette espèce une analogie
simpathique, une conformité secrète qui les portent
à se rapprocher les uns des autres. L'unique conso-
lation du crime est de trouver sa ressemblance : les
unions intimes qui sont produites chez le commun
des hommes, par les affections les plus douces, se
cimentent chez les scélérats, par la similitude des
dispositions désordonnées, et le besoin de la souillure.

... manifeste un dessein horrible, il trou-
... complices, non-seulement pour l'enhardir
... conseils, mais encore pour lui applanir ...
... du crime, par l'offre de leurs secours et de
... prévoyance. C'est pourquoi, sous le règne de la
... les plus grands criminels obtiennent des
sentimens de commisération d'autant plus multipliés,
qu'il y a d'individus qui leur ressemblent. C'est
pourquoi, dans les révolutions, les conspirateurs se
... avec tant de facilité, tant de promptitude,
... précipitent la ruine des états avec une fureur dont
aucun autre tems ne peut fournir d'exemple. Le
courage du crime est d'imposer silence à ses remords,
braver le supplice, voilà le titre de gloire qui l'en-
flamme; l'impunité, voilà le fruit qu'il se promet
de recueillir; mais les scélérats aiment moins la
domination que le chemin du crime qui peut les y
conduire, et si le pouvoir absolu était le prix de la
vertu, ils cesseraient tout-à-coup d'y prétendre. Ce
qui se manifeste dans les révolutions, se fait remarquer également dans des tems calmes et pacifiques.
La fortune n'irrite l'ambition des cœurs pervers,
qu'autant que le moyen est illégitime. Plus l'action
est atroce, et plus grande est la stimulation qu'ils
éprouvent de la commettre; si le moyen était honnête, ils dédaigneraient de s'en servir : le prix du
... est le spectacle du malheur qu'ils savourent,
et l'idée qu'ils s'en forment est déjà une jouissance
... En quelque tems que les scélérats se
... ils demeurent fidèlement unis tant que
le besoin commun cimente leur union; ils éprouvent

L 3

les épanchemens mutuels, mais leur commerce et leurentretien ne leur paraissent agréable qu'autant que le malheur d'autrui peut en être l'aliment. Ils pleurent, quand les autres se réjouissent, et ne recouvrent la gaieté, que quand les autres ont les plus violens sujets de tristesse. Ils ont tous l'esprit faux, le jugement vicieux; mais la froideur de leurs sens leur tient lieu de prudence et de sagacité. Ils n'ont d'autre enthousiasme que celui de la haine ou de la vengeance, et l'ascendant de ces passions déplorables leur donne momentanément des accès d'éloquence que la nature ne leur accorde qu'aux dépens du repos de leurs jours. Défians, par l'habitude de juger les autres par eux-mêmes; lâches par principes, cruels, par caractère, leur bravoure est la férocité qui les anime, la force fait leur audace, l'amour du crime leur véhémence : unis, pour tremper leurs mains dans le sang de l'innocence, ou commettre des spoliations révoltantes, dès que le sentiment qui les domine est assouvi, ils s'inspirent une terreur mutuelle, et conspirent réciproquement contr'eux-mêmes. Lorsque le magistrat est convaincu que plusieurs criminels ont participé à un forfait, et que la connaissance acquise ne présente qu'un seul accusé, il doit s'informer de ses liaisons intimes. Les aurait-il cultivées depuis quelques jours avec plus de soin et d'empressement? Les conférences auraient-elles été plus multipliées, les visites plus fréquentes, l'intimité plus étroite? Les noms des prévenus de complicité se reportaient-ils plus souvent sur ses lèvres, leur éloge échappait-il involontai-

... fabri...
... pour ...
... le triomphe ... ... ne ...
... ... d'un ... qu'... quel-
... nombre ... communiqués ...
... sous toutes ... d'ensemble de
... Voyaient le plus d'abondant
... j'ai recueilli peu des marques de pré-
dilection ... ... particulières ? Quelle en a
... ... la forme et le goûter ?

... ... — VIII ...

... ...
... *Quel jour, et à quelle heure ?*

Le crime est éveillé tandis que la vertu sommeille,
les méchants recherchent les ténèbres, et c'est presque toujours dans le silence de la nuit qu'ils tra-
ment et exécutent leurs complots. Ils observent l'ordre
... ... épient les circonstances, mesurent les
... ... comptent les probabilités. C'est pour
... l'entourage des hommes et des choses que
... décompose ses formes extérieures en même
... il le pare quelquefois d'un masque de morale
... écarter les soupçons. Les machinations les
... ... échappent rarement à sa pré-
... ... s'il est vrai que l'homme méchant est
... ... pour nuire que l'homme probe ne l'est
... ... des actes de bienfaisance. Ainsi toutes
... circonstances qui embrassent un fait doivent se
... ... tiennent au jour et à l'heure, cette
... ... d'autant plus importante que l'action

L 4

serait sur le point d'être convaincu si , accablé par
le témoignage des hommes et des choses , il ne
pouvait prouver son absence du lieu , souillé par
un attentat , à l'heure même où il a été commis.
Comme il est impossible qu'un homme soit dans
deux endroits différens , à la même heure , si le
moment du crime est constaté , rien de plus facile que
de connaître , par les témoignages , si le fait appartient ou n'appartient pas à l'accusé; s'il était ailleurs
dans le même moment , qu'il le prouve. S'il ne peut
le prouver , quels sont les obstacles qui s'y opposent?
Sont-ils valides , ne le sont-ils pas? Cependant c'est
moins à l'accusé à prouver son absence qu'aux accusateurs à prouver qu'il est l'auteur du crime ; car il
serait possible qu'un innocent , en état d'accusation ,
ne pût prouver son *alibi*. Le magistrat doit donc
s'informer de toutes les circonstances du jour et de
l'heure. Le tems était-il clair ou nébuleux , disposé
à la pluie , à la grêle ou au vent? Quelle était la
température de l'atmosphère? Était - ce en plein
midi , à la lueur du soleil , ou au milieu des ténèbres
de la nuit? La lune était - elle levée sur l'horison,
ou quelqu'autre lumière aurait - elle prêté sa lueur
à l'exécution de l'attentat? Il suffit à un malfaiteur
d'être persuadé qu' aucun témoin ne l'observe pour qu'il
se détermine à effectuer son dessein. La tension de
ses idées ne lui permet pas toujours de procéder avec
discernement au choix de l'heure favorable ; mais
lorsqu'il croit pouvoir agir impunément, la main suit
avec impétuosité le mouvement que l'ardeur du
crime lui communique. Ces êtres , que la nature a

marqué du sceau de sa réprobation , s'efforcent de
prévenir les soupçons et d'égarer le bras de la justice avant de se livrer à leur fureur. Le crime une fois
commis , ils cherchent à en effacer les traces ou à
en rendre le caractère incertain ; mais ils se décèlent
presque toujours par les précautions mêmes qu'ils
prennent pour échapper au supplice.

DU MEURTRE.

*Le Meurtre est l'action involontaire ou légi-
time, par laquelle on ôte la vie à un homme.*

POUR avoir droit de donner la mort à un individu, il faut que cet individu ait commis un crime ou
soit sur le point de le commettre : ainsi, quand un
meurtrier tue celui qui attente à son existence,
ou à celle d'autrui, il ne fait qu'exécuter la loi qui
lui permet de repousser la violence par la force :
dans ce cas l'homme supplée par son bras à l'absence de la justice, ou plutôt il en est lui-même
l'agent immédiat en frappant les coups qu'elle frap-
perait elle-même : quand la justice condamne à
mort l'individu qui a outragé le contrat social elle
exécute un meurtre, en privant de la vie celui qui
s'en est rendu indigne ; dans ce cas l'assassinat est
le crime, le meurtre en est le châtiment. Il se
distingue en deux espèces ; savoir, le meurtre raisonné et le meurtre irréfléchi. Les tribunaux ne
commettent que des meurtres raisonnés ; les citoyens
peuvent en commettre des deux espèces. Le meurtre

raisonné a lieu par l'application de la loi, et le
meurtre irréfléchi par un accident. Les soldats des
tyrans sont des assassins, les soldats des hommes
libres sont des meurtriers ; les uns outragent les
droits de la nature et de l'humanité, les autres en
sont les défenseurs ; les premiers sont en révolte,
les seconds sont en insurrection : c'est commettre un
meurtre et non un assassinat, que d'ôter la vie à
celui ou à ceux qui oppriment la liberté publique ;
ainsi il est impossible d'assassiner les tyrans et les
conspirateurs. Deux tyrans qui se déclarent la guerre
ensanglantent la terre par des assassinats nombreux.
Lorsqu'un homme commet le meurtre irréfléchi, son
action n'est ni criminelle ni digne d'éloges, puisque
l'intention n'y a aucune part ; mais le meurtre raisonné, de la part des citoyens, tient à un mouvement
naturel ou magnanime : dans le premier cas, c'est un
homme attaqué par un assassin, et qui, pressé par
le péril, ne voit de salut que dans la mort de celui
qui attente à son existence ; ne pouvant conserver
sa vie qu'aux dépens de celle de l'assassin, il prévient le jugement des tribunaux, et dévoue à la
mort celui que la loi y dévouerait elle-même ; et
comme il vaut mieux que la société ait un citoyen
de plus et un assassin de moins, que d'avoir un
assassin à punir et un citoyen à regretter, il s'ensuit
que le meurtre, qui tient à un mouvement naturel,
supplée à l'absence du gouvernement, et est conforme
au maintien de l'ordre social. Le meurtre qui tient
à un mouvement magnanime est celui qui s'exécute
au péril de la vie et au mépris de l'aliénation do-

minante; ainsi c'est un acte d'héroïsme que de
plonger le poignard dans le sein des conspirateurs
et des traîtres. Les vengeurs de l'humanité reçoivent
la couronne civique des mains de la philosophie;
ils passent glorieusement à la postérité; et si leurs
contemporains les condamnent à l'échafaud, les
générations futures rendent justice à leur mémoire
en les présentant comme des modèles de vertu.
C'est le plus grand acte qu'il soit possible de commettre, que de se dévouer à une mort certaine pour
sauver la liberté publique; mais les héros qui ont
su dédaigner la vie au point d'en faire un si beau
sacrifice en faisant tout pour des contemporains in-
grats, ont peu fait pour une postérité reconnaissante,
puisqu'en détruisant les tyrans ils n'ont pu détruire
la tyrannie. Les révolutions présentent un grand
nombre de meurtres et d'assassinats. Les patriotes
sont des meurtriers; les partisans de la tyrannie sont
des assassins. Mais si la révolution se termine par
la guerre civile, vû l'absence du règne de la loi,
l'État n'offre plus qu'une multitude d'assassins; quand
la morale est étouffée par l'esprit de parti et que la
justice a perdu son empire, la liberté réprouve également tous les actes des peuples sacrilèges qui ne
se déchirent que pour le choix des tyrans?

DE L'IPSHÉROICIDE.

L'Ipshéroïcide est l'action légitime par laquelle un Citoyen cherche en vain à mourir tout entier.

C'est un défenseur de la patrie qui se dévoue à la mort pour le salut de la liberté publique. Son ardeur lui fait passer les limites de la prudence, ses forces trompent son courage : circonvenu par une horde sacrilège, il se croirait souillé, s'il tombait vif entre les mains d'un tyran. Trop faible pour délivrer ses concitoyens du monstre qui les désole, trop grand pour se ployer au joug d'un vainqueur féroce, que lui importe de conserver des jours dont il ne peut plus faire un généreux sacrifice ! il aime mieux mourir libre que de vivre en esclave ; à la face de ses assassins il se déchire les entrailles, et meurt en succombant sous le poids de sa vertu. En morale, il revit dans ses semblables, et son nom et sa gloire passent ensemble à la postérité.

DU SUICIDE

ET

DU DUEL.

ARTICLE PREMIER.

Le Suicide est l'action par laquelle un homme s'ôte la vie à lui-même.

LE suicide est irréfléchi ou raisonné. Le premier reconnaît pour principe le désespoir, le second est une conséquence de la dépravation. Le suicide du désespoir est une suite de la faiblesse des organes ; car il faut être déraisonnable pour s'affliger des effets nécessaires de la nature, au point de se détruire par violence. Quelle que forte que soit la commotion qu'éprouve un cœur sensible à la perte d'un objet qui lui a été cher, la douleur ne doit jamais être effrénée, si on aime une personne pour elle-même et non pour soi. Si l'homme aime une compagne pour elle-même, ce n'est point par des plaintes indiscrètes qu'il ferait éclater à son décès qu'il prouvera sa tendresse, mais par les soins qu'il lui aura prodigué lorsqu'elle pouvait les recevoir. S'il ne l'aime que pour lui, alors, dépourvu d'un bien qu'il rapportait à son intérêt personnel, il ne sera point étonnant qu'il fasse des extravagances, et même qu'il commette le suicide. Aussi ceux qui pleurent le plus la perte d'un objet qu'ils disent leur avoir été cher, ne sont pas toujours ceux qui se sont le plus appliqués à s'en conserver la possession. L'assassin peut pleurer la mort de sa victime, il semble que la nature, qui ne perd jamais ses droits, se venge par la douleur de celui qui survit, des souffrances qu'il a fait éprouver à celui ou à celle qui n'est plus, comme pour faire restituer à ses mânes un hommage qu'il refusait à son existence. L'amour-propre dirige le plus souvent la main du suicide ; car tel aimerait mieux mourir que d'être témoin du bonheur de son amante dans les bras d'un rival auquel elle le sacrifie, et la perte des honneurs frivoles ou d'une fortune mensongère a conduit plus d'hommes dans la tombe que la perte d'un ami qui cependant est un bien préférable. Le suicide du vice est l'action basse par laquelle un homme, indigne de l'être, se rend une justice tardive. La vie lui est à charge parce qu'il ne sait pas en jouir ; incapable de vertu, il ne peut que se précipiter dans la dissolution. Après avoir cherché le bonheur dans l'assouvissement des passions honteuses, il n'y trouve que l'ennui par la dégradation de son être, parce que ce qu'il croyait

la source de ses délices ne tarde pas à devenir celle
de ses amertumes ; il est dans le chemin du crime ;
mais si la morale le retient envers les autres, c'est
sur lui-même qu'il retournera ses dispositions des-
tructives, et par l'opinion qu'il s'est faite qu'il n'est
point de vrai bien sur la terre, il la délivre du fardeau de son existence.

I I.

Le Duel est l'action réciproque par laquelle deux hommes cherchent à s'ôter la vie.

L'aigreur du caractère est l'effet de l'orgueil et de
la jalousie que suggère le despotisme. L'insolence et
l'emportement, tous les vices bas qui ravalent la dignité
de l'homme, tirent leur origine de la même source.
Celui qui croit que le rang personnel, qui résulte
de la hiérarchie des pouvoirs, est un titre essentiel,
ne se fera pas scrupule d'outrager son semblable,
qu'il regarde comme destiné par la nature à ramper
sous le joug de ses caprices ; il se livrera avec
complaisance à des actions injustes qui lui paraissent
légitimes par la supériorité de son rang ; il croit s'y
maintenir, en faisant des insultes continuelles à ses
concitoyens, et en regardant comme une insulte de
leur part un mouvement naturel que son orgueil
réprouve. Dans cet état anti-social, les hommes ne
peuvent être que très-irascibles, et au moindre mot
ils porteront la main sur une arme quelconque pour
repousser l'injure qui semble les flétrir. Les invec-
tives ne coûtent rien à celui qui s'est donné le droit

de

de les lancer impunément, et comme la raison est
muette entre des hommes qui ne se gouvernent que
par les préjugés, la force devient alors le seul ar-
bitre qu'ils consultent. Il s'en suit un duel, parce
que chacun trouve un ennemi implacable dans celui
de son amour-propre. Les duellistes s'immolent quelquefois l'un par l'autre. Comme la victoire dépend
du sort des armes, il est possible que celui qui
a droit, reçoive un second outrage de la part du
provocateur, mais peu lui importe de perdre une
vie qui aurait été ignominieuse dans l'esprit de ses
concitoyens, s'il n'avait pas demandé raison de l'insulte
dont il a été l'objet. Alors, il cherche dans son bras
un simulacre de justice. C'est en bravant un péril
volontaire qu'il croit conserver son honneur : mais,
est-ce bien l'honneur que le duelliste va chercher,
lorsqu'il éprouve le besoin de se cacher pour en faire
la conquête ?

III.

Le Suicide et le Duel sont légitimes sous le
règne du despotisme; ils sont des actes de
Démence sous le règne de la Liberté.

La liberté appartient à l'homme, mais sa vie appartient à la société. Il a reçu des secours dans sa faiblesse, il est juste qu'il lui rende des services dans
l'âge de la virilité; il n'a donc pas le droit de
disposer des jours dont il est comptable envers
la patrie. Ces principes sont méconnus sous le despotisme; aussi lorsque la société est nulle, un homme

a toujours droit de se détruire. Le suicide est légitime pour un homme qui sent le prix de la liberté
et se voit mourir dans l'esclavage. Qui peut lui contester le droit de sortir de ce long supplice par le
seul moyen qui lui reste ? Qui peut lui contester le
droit de se battre en duel pour chercher une justice
muette, et que le despotisme a condamnée au silence.
Mais tel est l'ascendant de la morale, elle domine
le cœur de l'homme malgré la tyrannie qui tend
à en comprimer l'action. Comme le motif du duel
tire sa source de l'absence de la loi, après le
combat le vainqueur déplore le sort de sa victime
et arrose ses blessures des larmes du repentir. Il n'est
pas un brave homme qui ne se soit reproché le reste
de ses jours, l'instant fatal où il plongea son fer
homicide dans le sein de son semblable. Chaque fois
que sa victoire revient assiéger sa pensée, il cherche
à s'en imposer à lui-même, en se reportant sur
d'autres objets, comme pour les prier de le distraire.
Sous le règne de la liberté, il n'est qu'un homme
en démence qui pourrait outrager la sagesse, pour
en punir le sage, quand l'homme outrage, non pas
parce qu'il offense l'homme au provocateur, mais
parce qu'il expose sa vie contre celle d'un spadassin ;
le provocateur la transgresse, non pas parce qu'il
donne à l'offensé le genre de satisfaction qu'il exige,
mais par le refus de lui faire ses excuses, puisque
s'il avait été l'objet d'une insulte, il trouverait très-
juste qu'on lui en fît une réparation authentique. Il
doit donc se faire un mérite de tenir à l'égard de
son concitoyen la conduite qu'il aurait droit d'en

attendre. Les assassins sont lâches et ne frappent qu'en se dérobant au péril, tandis que celui qui s'expose à mourir de la main d'un adversaire, n'ôte la vie qu'en exposant la sienne. Mais, quand les préjugés de la naissance et des grades sont éteints, et qu'un faux amour-propre ne domine plus le cœur de l'homme ; quand la loi se fait entendre, et que la philosophie préside aux destinées d'un peuple, le suicide et le duel disparaissent. Alors, de telles actions ne pourraient être exécutées que par des hommes en démence, puisqu'ils n'auraient aucune apparence de motif qui pût les déterminer.

DE LA DÉMENCE.

ARTICLE PREMIER.

La Démence est l'absence de la raison.

Tous les hommes se prétendent doués de la raison, et il n'en est qu'un très-petit nombre à l'abri de la démence. Il n'est aucun fou qui ne se dise issu du sang des rois, ou qui n'ait quelque commerce avec les dieux; ainsi l'expérience nous met à lieu de prononcer que le délire causé par la désorganisation [...] a pour principe la ty- [...] est produite par [...] plus [...] habitude [...] de la raison. Il n'y a [...] ; le mauvais [...] de la [...] et qui cultivent [...] la bonne [...] le peu de à expli- [...] des propositions [...] déplorable par la [...] L'esclave et le [...] le plus ou moins

sensible; ils sont tout-à-la-fois les plus bas et les plus
orgueilleux, les plus lâches et les plus cruels des
hommes. La majeure partie du genre humain est
dans un état de démence, puisqu'il n'est aucun peuple
qui n'ait ses dieux et ses rois. Les peuples ridiculisent
leurs cultes et leurs gouvernemens respectifs, et tous
sont esclaves et fanatiques. Chacun a raison de
vouloir que son voisin n'ait pas la religion qu'il pro-
fesse, et chacun a tort d'avoir celle dont il est sec-
tateur. Il en est des préjugés des peuples, comme
des vices, par rapport aux individus, ils nous
choquent dans la personne d'autrui, ils nous paraissent
légitimes par rapport à nous-mêmes. Le prêtre
s'écrie : *qu'ils sont fous, ceux-là qui se prosternent
devant des idoles !* et dans le même moment, c'est
devant une idole qu'il oblige ses concitoyens à se
prosterner ; que ne leur dit-il : *que vous êtes fous à
votre tour !* Ce malheureux ne s'apperçoit pas qu'il
combat un autre culte avec les mêmes armes que la
raison emploie contre le sien. L'homme ne voit que
parce qu'il a des yeux, il n'entend que parce qu'il
a des oreilles ; il a donc l'idée des couleurs et des
sons. Mais par quel sens aurait-il l'idée d'un dieu ?
C'est un fantôme qu'il se crée, soit pour l'adorer,
soit pour le combattre, et s'il fait un faisceau de
toutes ses facultés pour les reporter vers un être idéal,
il finira par perdre l'usage de la raison, parce que
son intelligence ne reposera que sur la chimère Une
erreur admise devient la source de toutes les autres,
et le comble de l'aliénation serait une conséquence
nécessaire du fanatisme, si la nature, plus impérieuse

que la fiction, ne rétablissait l'équilibre dans les sens. Demandez à un de ces hommes qui s'imagine croire en dieu, comment il en peut avoir l'idée? Il vous montrera la matière éternelle, et deviendra athée, par le fait de sa démonstration. Il faut bien qu'il y ait quelque chose *là haut*, ajoutera-t-il, et cependant il ne veut pas que dieu soit quelque chose. Il ne peut avoir l'idée du néant, et cependant il veut que le néant ait précédé la construction de l'univers, dont le dieu lui-même serait un néant de la même nature. S'il était aux antipodes, il placerait son dieu *ici comme là haut*, c'est-à-dire à un point diamétralement opposé à celui où il le suppose. Si on le poursuit jusques dans ses retranchemens, il dira que dieu est partout, et deviendra athée une seconde fois, en le confondant avec la matière impénétrable. Il regarde comme le plus grand des criminels celui qui ne croit pas qu'il existe un dieu, tandis que l'expérience [illegible] [illegible] pour [illegible] des tyrans. [illegible] non moins [illegible] à des [illegible] de cette [illegible]

sensualité dans le sang de ses concitoyens, pour
soutenir l'usurpation d'un scélérat illustre qui ne lui
sait aucun gré de sa fureur. Le crime est la vertu de
l'autel et du trône, et de tout tems, le trône et
l'autel ont eu leurs adorateurs. Un peuple qui se croit
libre, et qui de jour en jour est miné par l'anarchie,
est tourmenté du fanatisme des démagogues; ils
divaguent dans des tribunes, et le peuple applaudit
en partageant leur délire. Les nations portent à
l'excès le fanatisme des grands hommes; mais qu'est-
ce qu'un grand homme ? Telle génération lui élève
une statue, et telle autre la foule sous ses pieds. Un
homme a la réputation de sage, et il est dans un
état de démence; mais lorsque sa folie se fond
dans le moule commun de celle de ses concitoyens,
malheur à celui qui ne se fait pas un titre de gloire
de déraisonner avec un fou revêtu du titre de philosophe. Une assemblée de législateurs qui donne
une constitution anarchique à un peuple qui lui
demande la liberté, est composée, sinon des plus fous
au moins des plus criminels d'entre les hommes, et le
peuple qui se croit libre sous le règne de cette
tyrannie monstrueuse, n'est-il pas aussi lui dans le
même état de démence ? Si vous lui ôtez le
bandeau de ses préjugés, il vous traitera en ennemi
de la liberté, lors même que vous serez le défenseur de cette liberté qu'il outrage, tout en croyant
l'adorer. Démontrez-lui qu'il a deux volontés, l'une
morale, qui tend à l'accomplissement de son bonheur, l'autre physique, par laquelle on lui a fait
vouloir contradictoirement à son intérêt, s'il

M

préfère les décombres de l'anarchie au temple de
la liberté, sa folie est incurable. Enfin, que l'on
considère les hommes, soit en grandes, soit en
petites masses; que l'on épuise tous les livres qui
ont été composés jusqu'à ce jour; que l'on interroge
les gens qui passent pour être doués des plus rares
talens et des sciences les plus profondes, il faudra
toujours diviser les hommes en deux classes, savoir:
les sages et les fous; car la raison ne saurait le
combattre elle-même.

I. I.

La Justice ne punit pas la Démence, elle en
prévient les actes dangereux à la Société.

Comme le crime n'est que dans l'intention, si
l'homme nuisait à son semblable, sans en avoir la
volonté, il ne serait pas criminel; la justice aurait
à détruire le genre humain, si la démence était un
crime. Les législateurs qui ont paru jusqu'ici sur la
surface de la terre, et qui ont cru qu'ils pouvaient
faire des lois; ces esprits tumultueux qui n'ayant
jamais pu définir la loi, ont régné par l'arbitraire, et
qui ont fait gronder les orages de l'anarchie sur les
peuples, au lieu de les vivifier par le soleil de la
liberté; ces juges qui se croient revêtus d'un pouvoir
qui n'appartient qu'à la loi, et qui n'ont que des
devoirs à remplir; tant de prétendus publicistes et
tous ces orateurs absurdes qui ont ensanglanté la
terre en arborant l'étendard du schisme et de l'hérésie
politique, ainsi que tous ces moralistes qui n'ont

offert que des ouvrages imparfaits, et semblent n'avoir
découvert les plaies profondes de l'espèce humaine
que pour lui dérober le secours des remèdes; tant
de novateurs insensés, qui n'ont mûri les révolutions que pour précipiter dans un autre esclavage les
peuples qui s'élançaient vers la liberté, sont autant
d'individus dont les actes de démence ont été des
fléaux pour l'espèce humaine, et dont la justice n'a
jamais pu la garantir..... Puisse la raison universelle
étendre son souverain empire sur tous les peuples
du monde, et faire régner la justice à la place de la
tyrannie!.... quand le sage promène ses regards sur
les siècles, il est convaincu que les fous les plus dangereux, loin d'être exilés de la société, y ont souvent tenu le premier rang; car la puissance et l'ambition troublent le cerveau et provoquent le délire.
Un tyran qui, dans ses accès de fureur, fait poi-
gnarder, par la guerre, des milliers d'hommes, est
plus dangereux que les fous condamnés à la réclusion;
mais sous son règne, le crime et la folie peuvent
tout entreprendre, car la privation de la liberté est
plutôt le privilège de la vertu et de la raison. Les
rois ont souvent recours à des fous pour chasser
l'ennui qui les dévore, parce que l'homme de raisonnable n'est susceptible de les intéresser, par la
distance que le trône a mis entre eux et la nature.
La loi ne punit point l'homme en lui ôtant en lui
ôtant la liberté, puisqu'il a perdu cette faculté
morale qui peut seule en faire goûter les charmes.
il n'y a pas de privation pour celui qui n'éprouve
pas de besoin; mais quant à la tendresse et la

tyrannie ne comprimaient plus l'essor des facultés
physiques et morales de l'espèce humaine, et que la
liberté, rappelant l'homme à sa dignité, fortifie
la raison et développe son génie; son bon-sens est
inaltérable, et alors la démence ne pourrait reconnaître pour cause qu'un accident, tel que la chûte de
la tête contre un coup qui en dérangerait la structure,
ou une maladie extraordinaire. Quoi qu'il en soit,
la postérité, n'ayant plus à punir que le crime, ne peut
ôter la vie à celui qui n'a rien fait pour la perdre;
mais en même tems elle ne peut souffrir que la
sûreté des autres soit exposée aux outrages qu'elle
pourrait éprouver de la part d'un homme qui serait privé
de la jouissance de leur raison et méconnoîtrait des
xxxx.

I I I.

L'homme est toujours en retard à la Liberté
... ... Accordance Morale
... ...

Qu'il est ... ...
... ... qu'une quelle ... ... avec
... ... et en même tems ... se ... ... aux
... de l'homme, ... de ... privé de ... puissance
... ... et qui ne l'a
p... ... qu'une ... ... conséquence de ses
... ... à ... ... une ... ... et une
mal... ... ... qui ne laisse
... ... d'... la raison ramène
... ... de ... xxxa les.

La justice ne peut plus retenir en captivité celui qui, par ses facultés, est devenu susceptible des mêmes fonctions que ses concitoyens libres; sans cela, la patrie serait privée d'un membre utile, et celui qui serait l'objet de cet acte arbitraire, éprouverait dans sa personne un outrage dont les auteurs seraient responsables. La perte de l'existence morale a nécessité la perte de la liberté physique. La métamorphose morale nécessite à son tour un changement dans la manière d'exister; et comme l'homme qui recouvre sa raison n'existe plus au merci d'une façon différente de l'homme libre, il ne doit pas exister d'une manière différente aussi longtemps. Ceux que la faiblesse organique condamne à la réclusion, ont des intermittences de raison, et pour le bonheur, pour ranimer l'imagination malade, en leur présentant des objets ... ... la faculté intellectuelle acquerrait de la ... dans leur esprit, ce serait un moyen de procurer le repos, en donnant du ressort aux nerfs ... dans ces momens, la nature morale cherche à se reconnaître; l'humanité nous prescrit de les secourir, de leur rendre à l'existence celui qui en est privé, et de lui faire goûter les bienfaits dont il ... la faculté de jouir sous le ...

APPLICATION

DU

CONTRAT SOCIAL.

ARTICLE PREMIER.

Le Contrat Social, par son Application, établit le Peuple en République.

Puisque le [...illegible...]

peuples qui ont cru être libres, l'étaient d'autant
moins qu'ils en portaient le titre, puisqu'ils avaient
une plus grande multitude de tyrans que les peuples
soumis au despotisme d'un seul, et que jamais le
contrat social ne présida à leurs destinées. En l'absence
du contrat social, la constitution ne supposait - elle
pas toujours des *lois à faire*, et quelles pouvaient
être ces lois, sinon des ordres de la part de ceux
qui tenaient les rênes du gouvernement ? L'État était
donc voué à l'arbitraire et à l'anarchie. *A l'arbitraire*,
puisque la loi, au lieu d'être le résultat des droits
et des devoirs de l'homme, n'était que la volonté
des chefs; *à l'anarchie*, puisque ces lois étaient aussi
versatiles que le caprice et l'intérêt de ceux qui les
feraient mettre en vigueur. Leur multiplicité, leur
incohérence, leur interprétabilité ne les rendaient-
elles pas abusive, absurdes et tyranniques ? La permanence d'un corps législatif suppose des *lois à faire*,
car si le peuple avait la somme de celles qui lui
sont nécessaires, il ne s'agirait plus que d'en régler
l'exécution. La permanence législative prouve donc
la nullité de la législation, et la nullité de la législation n'est-elle pas l'anarchie ? . . . Est-ce un système de cette espèce que chaque citoyen a intérêt
de maintenir ? Non, sans doute, puisqu'il est subversif de la liberté; et si, comme on en convient tous,
un tel gouvernement est appelé république, il n'en
a donc point le caractère, puisque chacun a son intérêt à en accélérer la chute. La république
n'est point un mot frivole, elle est la conséquence
des principes et de la bonne loi de gouvernement. Comment

un peuple, peut-il être assuré qu'il jouit de la république, quand il est privé des élémens qui en constituent l'essence ? Que m'importe le nombre des tyrans, si je vis sous la tyrannie ? La liberté est-elle un changement dans les dénominations, ou l'anéantissement du pouvoir arbitraire ? Législateurs de tous les tems, c'est vous dont j'évoque les mânes ! Répondez-moi. Qu'avez-vous fait pour le bonheur de l'espèce humaine ? Où est le modèle d'une république sous laquelle l'homme jouisse de la paix et du bonheur ? C'est en vain que j'interroge les vivans et les morts, les morts qui nous ont transmis leurs ouvrages par les signes représentatifs de la pensée, les vivans dont la voix se fait entendre à mes côtés. Je vois les uns dans la nuit des siècles, les autres sur la surface de la terre baisser un front humilié à l'aspect du contrat social, qui les accuse au tribunal des peuples. Les malheureux ! ils ont trahi leurs contemporains et la postérité, et semblent n'avoir présidé aux destinées des hommes que pour leur faire un aveu d'ignorance et de fragilité. La république est le seul gouvernement libre, je la demande d'un pôle à l'autre, et pas un législateur ne se présente pour me l'offrir ! ... O combien cette réflexion doit abaisser l'orgueil de l'homme, et qu'il doit se sentir humilié, lorsqu'il voit qu'en changeant de gouvernement, il n'a fait que changer de tyrannie ! Cependant un peuple esclave, avec connaissance de cause, est bien moins malheureux que celui qui se croit libre, sans l'être. L'un peut, de tems en tems, se dégager de ses fers, l'autre s'y attache par fanatisme. Que la

condition humaine est à plaindre, et combien le philosophe doit répandre de larmes, lorsqu'il voit que
la liberté n'a brillé sur la terre que pour s'enfouir dans
les ténèbres, en condam nant les peuples à l'opprobre
et au désespoir ! Si je fixe mes regards sur ces gouvernemens in___, et si improprement ___ ___
libres, je ne vois que des cahos politiques, où l'intrigue, la jalousie, la soif ardente du pouvoir,
déchaînées comme les vents sur la surface des mers,
ont excité les tempêtes et ébranlé les empires jusques
dans leurs fondemens. Il n'est pas une république dont
le principe et la fin n'ayant été déplorables, parce
qu'elles ont toujours été bâties sur la chimère, et que
l'amour de la liberté ne s'y maintenait qu'à l'aide de
la crédulité politique. Si la haine de la servitude est
un sentiment na___ tel à l'homme, celui de la domination ___ lui est pas étranger. Il répugne d'avoir
des ___ ; mais ___ consent à avoir des esclaves.
C___ ___ ___ n'enchaîne ___ pas
la ___ politique, qu'il ___ ___ des peuples
leur ___ l'iniquité de leurs attentats ? La phi lo-
sophie prépare les révolutions, le génie les di___
et les passions les renversent. Avant qu'un peuple
ne fasse explosion pour la conquête de ses droits,
il est déjà im___ quelques principes de ___
tion. Le ___ imprime la ___ durable qui
renverse la tyrannie. Mais dès que le monde est
abattu, pourquoi la philosophie ne présente-t-elle
pas le règne du contrat social ? Pourquoi la chûte
du despotisme n'est-elle jamais que la conséquence
de quelques idées éparses, et non celle de la pre-

sentation d'une constitution parfaite dont l'application
bienfaisante serait le but et le terme d'une grande
révolution. Il faut en accuser la faiblesse humaine,
qui a été jusqu'ici plus empressée d'abattre que d'édifier. Comme il est plus facile de dénoncer les abus
que de les prévenir, chacun s'insurge pour la réforme,
mais personne ne s'occupe ensuite du nouvel ordre
qu'il convient d'établir. Ainsi le génie, cet enfant indocile de l'enthousiasme et de la véhémence, incapable de se replier sur lui-même, ennemi de cette
combinaison harmonique qui devrait présider à l'élévation du temple de la liberté, le génie détruit son
propre ouvrage en ouvrant la carrière au tumulte
des passions. Un peuple, ivre de sa conquête,
confie à une représentation nationale ses destinées les plus chères, et se repose sur elle du soin
de mettre le sceau à son bonheur ; mais qu'est-ce
qu'une représentation où les passions président ?
C'est un foyer brûlant d'où s'élancent des laves sul-
phureuses qui embrâsent et consument le sol qu'elles
recouvrent. Oui, c'est par la multiplicité des lois
arbitraires dont les peuples sont inondés, que la
liberté disparaît sans retour, pour faire place à l'anarchie qui s'élève sur cet amas d'incohérences et de
dispositions contraires. C'est en substituant à la loi
éternelle de la nature l'expression de sa volonté tyrannique, c'est en voulant créer ce que l'homme ne peut
que reconnaître ; c'est en confondant la justice éternelle avec des réglemens de convention ; c'est en
morcellant la morale en autant de fractions que son
imagination vagabonde lui suggère de caprices, qu'un
dictateur

dictateur a huit cents têtes, entassant les lois les unes sur les autres, détruisant celles qu'il a promulguées pour en créer de nouvelles, écrase les peuples du poids de sa domination intolérable. Est-il un gouvernement plus bizarre et plus monstrueux que le despotisme de cette hydre dévorante, ou plutôt n'est-ce pas l'abstraction de tout gouvernement? Ce simulacre de représentation nationale, inhabile à remplir l'objet de sa mission, et qui, dès le moment qu'il ne reconnaît point le contrat social, a perdu son caractère politique, se divise presque toujours en deux partis par les passions honteuses qui mugissent dans son sein; c'est-là que les plus fougueux orateurs se disputent le champ de l'éloquence; c'est-là que s'alimente un esprit de haine, de fureur et de dissolution par les apostrophes injurieuses reçues et lancées tour-à-tour; c'est là que les chefs d'opinion et de parti se prononcent et soufflent les tempêtes impétueuses. D'un côté, des esprits sophistiques proposent les plans les plus absurdes et les plus attentatoires à l'ordre et à la prospérité sociale, de l'autre des enthousiastes, entraînés par le délire de leurs sens, opèrent la ruine de leur patrie par les soulevemens qu'ils provoquent. Bientôt ce n'est plus qu'un théâtre livré à des accusateurs qui, accusés à leur tour, éternisent les proscriptions et les haines. Le déchirement se prolonge sur tous les points de la république, chaque citoyen est criminel par rapport à son concitoyen, d'après le parti qu'il embrasse. Des hommes atroces et sanguinaires sont proposés pour l'objet du culte et de la vénération publique.

N

Les effigies des chefs de parti sont portées de part
et d'autre comme le point de ralliement auquel il
faut se réunir, la guerre civile éclate, le sang coule,
et le peuple seul expie les forfaits de ses mandataires.
Bourreaux de la patrie ! vous qui, au milieu des
horreurs que vous suscitez, portez le titre de législateurs, voilà donc quel est l'accomplissement d'un
serment solemnel, lorsqu'élevés par le peuple à
des fonctions que vous avez l'audace de conserver
encore, vous jurâtes de lui être fidèles ! n'êtes-vous
donc pas effrayés des désastres que vous avez accu-
mulés, ou la nature, en vous donnant l'instinct des
tygres, vous a-t-elle condamnés à une soif de
sang dont l'ardeur est inextinguible ? Cessez de présider aux destinées des peuples que vous entraînez
sur vos traces dans l'horrible sentier du crime. En
quel état les laissez-vous le gouvernement aux mains
de vos successeurs ? Une multitude égarée par votre
perfidie, aigrie par les divisions que vous avez
fomentées, corrompue par votre exemple, cruelle par
votre cruauté, abrutie par vos forfaits, n'est plus
propre à recevoir le joug auguste de la loi. Son
oreille est sourde à la voix de la justice, les
droits et les devoirs de l'homme ne parlent plus à
son cœur, et sur elle la morale a perdu son empire. C'est donc après avoir fait l'essai de plusieurs
législatures consécutives, que, dégoûté d'un fantôme sanglant de liberté, ce même peuple qui,
naguère avait donné tant de preuves d'héroïsme,
tendra les mains au premier brigand qui le soumettra
par la force, ou captera sa confiance à la faveur

d'un masque de vertu populaire. Telle est la fin, déplorable à laquelle vous conduisez un Etat florissant, en éternisant la tyrannie sur la surface de la terre. Vous n'aurez donc joui d'une existence politique, que pour offrir à la postérité des monceaux de cendres et de ruines, couverts du sang et des larmes des peuples ! Mais, dans ces tems calamiteux où tout présage la chûte d'un vaste empire, comme si c'était à côté des plus grands maux que la nature s'est plû à placer les plus grands remèdes, le contrat social paraît, semblable à l'astre bienfaisant qui nous éclaire, propageant ses rayons régénérateurs d'une extrémité de la République à l'autre, il réchauffe les esprits glacés par la terreur; la morale, comme submergée pendant l'orage, s'élève au-dessus des flots, l'espoir renaît, les factions pâlissent, l'erreur se dissipe, les préjugés s'évaporent, l'anarchie s'engloutit dans ses abymes, et la liberté ne brille aux yeux des peuples que pour leur offrir des jours sereins et tranquilles, dont aucun nuage ne trouble la sérénité.

I I.

Le Peuple confie au Gouvernement l'exécution du Contrat Social.

Que tous les hommes soient justes, et le gouvernement est inutile. Son institution n'ayant d'autre but que de mettre l'homme à l'abri de l'injustice de l'homme, il suffit d'en reconnaître les droits et les devoirs, pour que les conséquences immédiates soient les émanations de la justice éternelle. La

réunion de toutes ces conséquences forme le contrat
social dont le gouvernement est constitué dépositaire.
Ainsi , quand un peuple confie à ses mandataires
l'exécution de la loi , il leur prescrit nécessairement
l'obéissance ; sans cette disposition , ils la feraient
eux mêmes , et faire la loi c'est régner par la tyrannie. L'esprit humain , égaré par l'ignorance , et
n'ayant pu acquérir aucune notion certaine des principes constitutifs de l'ordre social , n'a présenté jusqu'ici que des systèmes fallacieux et hypothétiques.
Comme les principes sont indépendans des conventions et de la mécanique du gouvernement , l'organisation de la machine ne peut être que fragile , quand,
par leurs actions respectives , les forces mouvantes
se froissent et tendent à s'entredétruire. Leur incohérence est la cause première de toutes les révolutions.
Elles se manifestent à d'époques périodiques qu'il
n'est pas difficile de prévoir , et se reproduiraient
encore sur la surface du globe , si le contrat social
n'apportait une fin aux misères de l'espèce humaine.
Les peuples seront toujours divisés , tant qu'ils ne
connaitront pas la véritable signification des termes.
Il y a des querelles interminables qui ne s'élèvent que parce
qu'on peut entendre par chacun sous tel mot , et
que par ce même mot tel particulier entend autre chose.
Une fausse définition de la loi a plongé l'humanité
dans un abyme de calamités. Comme le tems et
l'espace ne prouvent rien à cet égard , il a été difficile
de faire remonter les inconveniens de la loi , à toute
espèce d'organisation sociale. L'éloignement des vérités philosophiques , en réduisant les peuples à

l'abrutissement, ne leur a pas permis de concevoir
l'éternité de la morale. Par une suite de l'erreur qui
persuade que la ligne de démarcation qui sépare le
juste de l'injuste est l'ouvrage de la convention
humaine, les peuples ne datent l'existence de la
loi que du moment où elle est consentie, comme si
le bien et le mal pouvaient jamais être confondus.
En faisant découler la loi d'un assentiment humain,
la législation est nécessairement abandonnée à la
tyrannie. C'est pour éviter cet écueil, et subjuguer
l'assentiment des peuples superstitieux auxquels il
voulait appliquer la loi éternelle, que tel législateur
des siècles reculés lui attribua une origine céleste,
et la fit reconnaître au milieu des éclats de la foudre.
Les modernes, en lui supposant une formation physique, ont cherché à la rendre ostensible, et n'ont
présenté qu'un tissu de réglemens vexatoires et tyranniques. Mais tous les législateurs en ont également
imposé aux peuples, et les modernes sur-tout les ont
soumis à l'esclavage le plus dur. A l'aide d'une fausse
définition, ils ont trouvé le moyen de substituer au
règne de la loi celui de leur volonté arbitraire qu'ils
ont revêtue du même nom. Éprouvant ensuite le besoin
d'affermir une puissance usurpée, ils ont pris soin de
corrompre la morale du peuple, en s'exhalant contre
la corruption des mœurs. C'est en propageant la
défiance qu'ils se sont rendus nécessaires. L'autorité
du despotisme a paru tutélaire aux yeux d'un peuple
qui n'a vu bientôt, en lui, qu'un médiateur toujours
prêt à interposer sa justice. C'est à la faveur de la
crainte et de la méfiance que l'homme a eu de son

semblable , qu'une institution aussi vicieuse a pu
maintenir sa prépondérance ; aussi les peuples esclaves
ont-ils pour maxime qu'il vaut mieux vivre sous le
gouvernement le plus tyrannique , que de n'en avoir
aucun. Les malheureux ! ils ignorent qu'ils ne se
feraient jamais autant de mal que le despotisme leur
en fait ! C'est encore par une suite de la volonté
arbitraire de leurs dominateurs , qu'ils distinguent les
lois en bonnes et mauvaises. Si la loi n'avait pas été
dépouillée de son auguste caractère , en passant par
la bouche des blasphémateurs qui s'en intitulent les
interprètes, cette distinction serait-elle admissible ?
En ne voyant en elle que l'émanation de la
morale , elle ne peut exercer qu'une influence
salutaire sur les peuples auxquels elle s'applique ,
et loin d'être l'instrument de leur servitude , elle
devient au contraire la sauve-garde de leur liberté.
L'incohérence d'une législation arbitraire produit le
double inconvénient du despotisme et de l'anarchie ;
mais l'anarchie des lois est encore plus dangereuse
que celle qui résulte de leur absence. Dans le
premier cas , la législation autorise le crime , et
n'enfante que des transgresseurs ; dans le second ,
la morale se soutient par sa force. Telle est l'essence
de la loi éternelle , elle a besoin d'une exécution
soutenue , puisqu'elle veille sans cesse au bonheur
de la société ; mais comme la loi de la convention humaine ne paraît sous une forme que pour
mourir et ressusciter sous un autre , elle échappe
à la main exécutive qui ne peut plus la saisir :
c'est pourquoi les peuples qui ont cru jouir de la

liberté par l'institution de la République, n'ont vécu
que dans l'anarchie et sous le plus affreux despotisme. Le législateur est le fléau de sa patrie, s'il
ne sait pas asseoir le gouvernement sur une base fixe
et inébranlable. Cette base est le contrat social.
Ainsi, une constitution est divisée en deux parties ;
la première comprend tout ce qui est juste : *voilà
le contrat social* : la seconde est la force, organisée
de manière à ce qu'il reçoive une entière exécution ;
voilà le gouvernement. C'est par cette disposition
que la constitution est celle d'un peuple libre, puisque
le gouvernement ne peut pas être oppressif. Ainsi
les peuples ne cesseront de gémir sous le joug de la
tyrannie, tant que leur institution sociale ne sera
pas conforme à cette division. LA LOI QUI
COMMANDE, ET LA FORCE QUI OBÉIT.

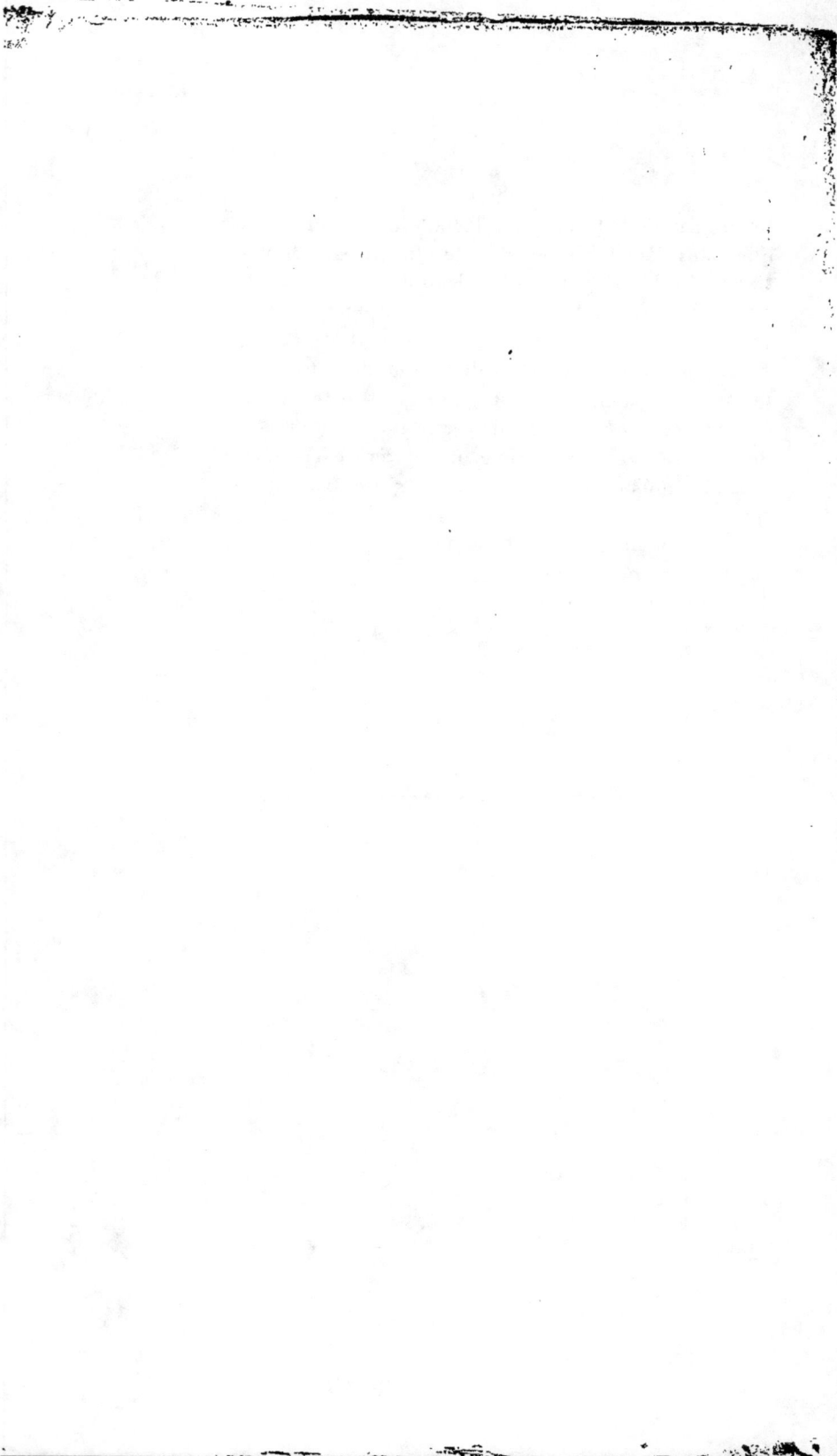

EXÉCUTION

DU

CONTRAT SOCIAL

DU GOUVERNEMENT.

ARTICLE PREMIER.

Le Gouvernement est le mode conservateur du
Contrat Social.

QUEL est l'objet de l'institution du gouvernement, si ce n'est l'application de la loi ? Il est donc
essentiellement exécutif. Mais, si le contrat social
n'a pas été reconnu, il faudra nécessairement suppléer
à son absence par la volonté des hommes, et c'est la
substitution de cette volonté arbitraire à l'expression
de la justice éternelle qui constitue le despotisme.
Ainsi, nulle liberté sans la reconnaisance et l'application du contrat social. La loi ayant perdu son caractère sacré, n'est plus qu'un moyen d'oppression entre
les mains de ceux qui s'en rendent les interprètes.
Dans cette hypothèse, le gouvernement, dont les

O

fonctions doivent se borner à l'exécution, est composé de deux forces qui tendent à s'entredétruire,
savoir : la force qui veut, et la force qui obéit. L'exercice de la volonté est commis à un seul ou à plusieurs hommes réunis. Dans le premier cas, le
gouvernement est monarchique ; dans le second, il
est appelé républicain ; mais, comme dans l'un et
l'autre, il n'y a aucune garantie que l'exercice de
la volonté sera conforme aux droits et aux devoirs
de l'homme, le peuple n'en sera pas moins dans
la servitude, puisque soit que la puissance soit remise
à un ou plusieurs, aucun frein ne pourra en réprimer
les excès. En admettant le despotisme d'un seul,
sa volonté fait la loi, tant qu'il est le plus fort ; mais
comme la force obéissante tend à se rendre indépendante du joug de l'esclavage, si elle peut
contrebalancer le pouvoir absolu, en s'intitulant intermédiaire entre les peuples et le monarque, elle
l'oblige à des ménagemens qu'il ne pourrait enfreindre, sans courir les risques de perdre sa puissance. C'est toujours au nom du peuple que réclame
l'autorité subalterne, afin de s'entourer d'une force
d'opinion qui puisse en imposer à celui qui ne peut
la heurter sans péril : cependant, dans ce cas, comme
dans tous les autres, l'intérêt du peuple est le
prétexte, l'intérêt privé de la magistrature est le
motif ; il résulte de ce conflit de juridiction un ferment de dissolution inévitable. La moindre mésintelligence entre les deux autorités peut le faire
éclater d'un moment à l'autre, et si le peuple,
amateur de réformes, élève une troisième puissance

pour prononcer, elle profitera de cette division pour s'asseoir sur les débris des deux autres, et les mettra d'accord en s'emparant des pouvoirs quelles s'attribuaient respectivement. C'est-là ce qu'on appelle une révolution, c'est-à-dire un changement de tyrannie. Quand l'exercice de la volonté est remis entre les mains de plusieurs, la force qui obéit a bien moins de ressources; elle ne peut plus prétendre à la défense des intérêts du peuple, car la représentation nationale s'en attribue exclusivement la connaissance. Alors la force obéissante est réduite à un état passif, et est tenue d'exécuter littéralement les décrets de la force supérieure, qu'ils soient justes ou injustes, bienfaisans ou oppressifs, conformes ou attentatoires aux principes; semblable à ces automates juridiques qui donnent la mort à des accusés sans examiner, s'ils sont innocens ou criminels. Quand la force obéissante s'écarte du texte qui doit régler sa conduite, elle est exposée à la louange et au blâme, en raison de l'esprit de parti qui domine dans une assemblée nombreuse; mais, si elle succombe aujourd'hui, demain elle peut triompher par le résultat d'une délibération contraire. Quand cette force n'est que passive, elle n'en a pas moins de dangers à courir. Si le décret qu'elle a mis à exécution est l'ouvrage d'une faction, et que cette faction soit anéantie, celle qui lui succède lui fera un crime de son obéissance; ainsi, dans tous les cas, la force qui obéit, sera exposée à des périls. Pour le plus souvent, elle est paralysée par la multitude des décrets qui émanent de la représentation nationale; la quantité en est

O 2

telle que l'exécution devient impraticable. D'ailleurs ,
comme ils sont quelquefois aussitôt rapportés que
rendus , cette paralysie , loin d'être dangereuse pour
les citoyens , leur est au contraire fructueuse et salutaire , puisqu'ils évitent par-là des fatigues inutiles
et quelquefois des calamités publiques. Les contradictions qui résultent de cette masse de lois innombrables , les détruisant les unes par les autres , l'application en devient impossible , car on ne peut exécuter
celle-ci sans porter atteinte à celle-là , et l'arbitraire
de la force obéissante est une conséquence inévitable
des absurdités que commet une assemblée perpétuellement législative. Si la force obéissante pouvait
avoir une volonté , alors elle deviendrait législative.
Le résultat serait le même que si la première autorité se divisait en deux parties égales en puissance.
Ce conflit de juridiction allumerait dans l'Etat des
partis contraires , et l'une des deux forces finirait par
accabler l'autre. Si le peuple nommait une troisième
pour juger la contestation , elle envahirait tous les
pouvoirs , et le gouvernement ne présenterait dans
toutes ces admissions que la succession d'un despotisme à un autre. Il résulte de ces vérités politiques ,
que quand les peuples sont privés du contrat social ,
le gouvernement ne peut jamais atteindre le but pour
lequel il est institué , puisque les rapports sociaux
varient selon le caprice de la puissance législative ,
tandis que ces rapports ne constituent la liberté que
lorsqu'ils sont les émanations de la morale ; ainsi , que
l'Etat soit appelé monarchique ou républicain, la différence des dénominations n apporte aucun changement

à la condition humaine, qui ne cessera tant qu'elle
sera privée du contrat social de gémir dans
l'esclavage. Cependant un monarque ne peut se porter
à des excès aussi nombreux qu'une représentation
nationale. L'hérédité conventionelle du trône est son
seul droit à tenir les rênes de l'empire ; et comme
ce droit ne repose que sur les préjugés ou la
complaisance des peuples, il se trouve dans la nécessité de racheter, par sa conduite, ce qu'il perd à
l'examen de la philosophie. Son existence politique
l'attache par des liens invincibles au destin de l'État ;
mais une assemblée temporaire qui agit au nom de
la souveraineté du peuple qu'elle a usurpée, et qui,
par son influence, en impose avec plus de succès, a
moins de revers à craindre, moins de ménagemens
à garder, sur-tout quand elle élude sa responsabilité à l'aide du tumulte qu'elle excite. Quoi qu'il
en soit, dans l'une et dans l'autre hypothèse, comme
la loi ne préside en aucune manière à la prosperité
de l'empire, et que le gouvernement ne reçoit son
action que de la volonté arbitraire, soit d'un maître,
soit de plusieurs, la magistrature sera dans un état
de révolte perpétuel contre la société, puisqu'elle
ne fera qu'exécuter les ordres de la tyrannie ; mais,
comme la tyrannie n'est point un gouvernement,
nous ne pouvons appliquer cette expression qu'à la
force qui, par son obéissance à la loi, devient le
mode conservateur du contrat social.

O 3

I I.

Le Contrat Social est le pouvoir.

La souveraineté du peuple ne cessera jamais d'être un sujet de trouble dans un État démocratique, quand elle ne sera pas consacrée par la reconnaissance du contrat social. En effet, d'après l'impossibilité où le peuple se trouve d'exercer aucune fonction, le gouvernement s'en attribue nécessairement l'exercice, et par l'usurpation de la puissance il devient le souverain lui-même, parce qu'alors ce n'est plus le gouvernement qui obéit à la volonté du peuple, mais au contraire le peuple qui obéit à la volonté arbitraire du gouvernement. C'est ce renversement des principes qui constitue la tyrannie des mandataires, et l'esclavage du souverain. Les désordres, l'anarchie, la guerre civile en sont les conséquences inévitables. La souveraineté du peuple est inaliénable, et par le fait elle est aliénée. De quel œil le patriotisme peut-il considérer un si grand attentat ? Oui, la guerre civile est certaine quand le gouvernement, divisé par lui-même, n'a aucun guide dans sa marche, aucune stabilité dans sa structure, et qu'entraîné par le torrent des passions et des intérêts, il écrase le corps social du poids de ses décrets tyranniques. Les controversistes ne désemparent pas la scène politique, c'est au nom de la souveraineté du peuple qu'ils s'irritent réciproquement, et les partis en viendront infailliblement aux mains, parce que, d'après le schisme qui décidera de la prise d'armes , les uns placeront la souveraineté dans le peuple , et les autres dans la représentation nationale. Une partie des citoyens sera donc toujours divisée d'un gouvernement perfide , quand elle verra que les conséquences sont directement en opposition avec les principes. Proclamer la souveraineté du peuple, sans la consacrer par la reconnaissance du contrat social, c'est éterniser les discussions , la discorde et la haine ; par ce qu'alors la morale et la politique ne présentent aucun point d'appui qui puisse servir de base à la conciliation. C'est donc par la reconnaissance du contrat social seulement , que la représentation nationale consacre la souveraineté du peuple. En effet, quand la puissance législative a rendu un décret auquel le peuple est tenu d'obéir , et que, par une impulsion contraire, elle rapporte ce même décret comme attentatoire à la liberté , est-ce le souverain dont elle se dit l'interprète qui a pu vouloir sa propre oppression ? Quand les lois sont contradictoires , le peuple, dont elle dit exprimer la volonté , peut-il vouloir et ne pas vouloir en même-tems la même chose ? Comment justifiera-t-elle l'exercice de la souveraineté , quand cette souveraineté n'est, dans ses mains sacrilèges, qu'un instrument de fureur et de tyrannie ? . . . . La volonté du gouvernement a été , d'après son propre aveu, attentatoire à la liberté publique ; or , si un peuple ne peut vouloir ce qui lui est nuisible , il a donc exprimé une autre volonté que celle du peuple. S'il exprime une autre volonté que celle du souverain , pourquoi s'en intitule-t-il l'interprète exclusif ? Ainsi,

quand le contrat social n'est pas reconnu par la représentation nationale, elle n'a aucun caractère politique;
la force exécutive devient nécessairement complice
de tous les attentats auxquels elle se livre. Dès-lors,
la souveraineté du peuple n'est qu'un fantôme, la
liberté une illusion. Un pareil état de choses ne peut
être de longue durée; et c'est après avoir fait couler
des torrens de sang humain, et essayé tous les genres
de despotisme, que le peuple finit par choisir le moins
accablant. Peu capable d'approfondir les causes, il
ne s'attache qu'aux résultats, et lorsqu'ils ne remplissent pas son attente, il retourne sur ses traces
et revient au point dont il était parti. Les schismes
politiques ne peuvent avoir lieu quand le contrat
social veille à la destinée d'un peuple. Alors sa
volonté est accomplie, et c'est cet accomplissement
qui constitue la souveraineté. Le gouvernement,
cessant d'avoir une volonté, rentre dans le but de
son institution, en obéissant à la souveraineté du
peuple; et comme le pouvoir est placé dans la loi,
la ligne de démarcation entre le peuple qui commande et le mandataire qui obéit, est tracée par la
main de la nature. La loi, devenue fixe et immuable,
conserve son caractère sacré; nulle puissance ne
peut en altérer l'essence, ni en faire un moyen de
ruine et de subversion. L'harmonie sociale, l'empire
de la morale, le développement des vertus publiques
et privées, la prospérité de l'état et la jouissance
des bienfaits d'une liberté inébranlable, sont les
conséquences nécessaires de son règne. L'homme
rendu à sa dignité primitive et rétabli dans ses

droits, n'a plus rien à redouter de l'arbitraire, quand le pouvoir auquel il est soumis n'est autre que le pouvoir de la loi.

I I I.

Le Gouvernement est le devoir.

C'est sur-tout en matière de législation que les hommes ont commis les plus grandes erreurs : non-contens de ne pas s'entendre, le peu d'usage qu'ils ont fait de leur intelligence n'a servi que le despotisme. Ils semblent qu'ils ayent pris à tâche de travailler à leur infortune : car, en élevant au-dessus d'eux des dominateurs impitoyables, ils n'ont cessé d'être les jouets de leur ambition ou de leurs fureurs. La confusion des termes entraîne nécessairement celle des idées, et l'erreur, accréditée par la fourberie et la malveillance, sera toujours la barrière la plus difficile à renverser. Il n'est pas un seul mandataire qui ne s'imagine être revêtu de quelque puissance. Hé ! comment ne le croirait-il pas, quand ses constituans sont imbus des mêmes préjugés ? En matière de gouvernement, chacun parle de la division des pouvoirs, et les organise d'après le système qu'il a conçu : mais un plan de cette nature ne peut avoir d'autre but que celui de prévenir les révolutions par le balancement des forces, et n'a rien de commun avec la liberté publique. Quoiqu'il en soit, ces sortes de combinaisons sont chimériques, et produisent infailliblement l'effet contraire que l'inventeur s'en était promis. Si le pouvoir est dans l'homme qui

répondra qu'il ne s'en servira pas contre l'intérêt
social, dès qu'il en sera revêtu ? S'il n'a reçu du
du peuple que le pouvoir de faire le bien et non
celui de faire le mal, quel sera son juge, quand le
principe du mal est dans la loi même à laquelle
chaque citoyen est tenu d'obéir ? Quelle force opposer
à une tyrannie constitutionnelle, si ce n'est celle de
l'insurrection, puisque la voix de la justice et de la
raison est méconnue et devient un titre de proscription
contre celui qui en est l'organe ? Si le peuple ne délègue que le pouvoir de faire le bien, le mandataire
a contracté un engagement envers ses commettans ;
et si cet engagement est invincible, ce n'est plus un
pouvoir dont le mandataire est revêtu, mais bien
d'un devoir qu'il ne peut se dispenser de remplir.
C'est ainsi que l'abus des termes ramène toujours au
despotisme les peuples égarés, et qui sont incapables
d'en sentir les conséquences. S'agit-il de remplacer
un gouvernement par un autre ? La représentation
nationale ayant contracté l'engagement d'accomplir le
mandat du peuple, n'est donc que le devoir législatif. En admettant la reconnaissance du contrat
social, et par conséquent l'accomplissement du
mandat du souverain, le gouvernement auquel l'application de la loi est confiée, ayant contracté l'engage-
de s'y conformer, n'est donc que le devoir exécutif.
Dans tous les cas, je ne trouve aucune délégation
d'autorité ni de puissance. Quelques-uns ne voient
que des pouvoirs chez les fonctionnaires publics,
tandis que l'examen ne nous présente que des devoirs
auxquels ils ne peuvent se soustraire sans crime :

ainsi, quand le magistrat parle au nom de la loi, et qu'il en fait l'application, il s'acquitte de son devoir. Que l'accusé soit absous ou condamné, ce n'est point par le pouvoir du magistrat mais bien par le pouvoir de la loi qui prononce sa justification ou son supplice. Mais quand un peuple est abruti par les erreurs et les préjugés ; quand il laisse aliéner sa souveraineté par d'insolens dominateurs qui, sous le titre de lois, lui dictent l'expression de leur volonté arbitraire, comment pourrait-il les rappeler à leur devoir, s'il n'en connait pas lui-même la nature et la circonscription ? Les fers de la servitude seront toujours le partage de l'ignorance, et il n'y a jamais eu de liberté sur la terre ; parce que l'homme a placé le pouvoir dans l'homme, en le dérobant à la loi.

I V.

Le Gouvernement ne doit point avoir d'intérêt séparé de celui de la République.

L'exercice de l'autorité donne à ceux qui en sont revêtus une tendance à séparer leurs intérêts de l'intérêt social. Le fonctionnaire qui est incapable de faire le bien ne peut que se précipiter dans la carrière du crime. L'ignorance et la perfidie l'y conduisent naturellement ; et lorsque cet esprit de scission est devenu général, le gouvernement étranger à la chose publique se déclare bientôt, par son isolement, son ennemi le plus cruel. On accepte

avec empressement le dépôt de la puissance, mais
on s'en désaisit difficilement, sur-tout quand la
patrie outragée élève une voix auguste et terrible
contre les auteurs de sa misère. Aussi, c'est souvent
pour se rendre nécessaires et différer leur remplacement, que les chefs des états démocratiques
allument le feu de la guerre civile, pour se donner
ensuite le mérite de l'éteindre. Ils supposent des
conspirations pour se rendre intéressans aux yeux du
peuple, qui ne voit la liberté que dans l'existence
physique de ses mandataires. Ces impostures aussi
ridicules qu'atroces, sont accueillies par la crédulité
stupide, et offrent aux inventeurs le moyen d'immoler leurs ennemis privés, lesquels sont presque
toujours les plus zélés défenseurs de la liberté. Dès-
lors, le gouvernement a déclaré la guerre à ses
commettans, et tel est le présage des évènemens
les plus déplorables. Si le peuple jouissait d'une
constitution libre, s'il vivait enfin sous l'empire de
la loi, les usurpateurs de sa souveraineté ne pourraient
plus se reproduire, et la patrie ne serait pas sans
cesse en danger. Quand on peut ourdir des trames
et conspirer contre l'état, c'est une preuve qu'il
n'est assis sur aucune base et qu'il n'a point de stabilité constitutionnelle. Il sera en proie à la discorde
et à la fureur, par la présence d'une représentation
nationale qui ne cesse de jetter des semences de
troubles et de divisions intestines, et qui éternise
l'anarchie et le despotisme, par la promulgation de
ses décrets arbitraires. Les chefs de faction ont
pour complices tous les brigands qu'ils associent à

leur suplice. Et les élèvent en raison de leur amour
pour la règle ; ils sollicitent l'intérêt particulier à
le livrer par l'attrait des faveurs, des emplois et
des récompenses, et ils ne manquent ni de prôneurs,
ni de panégyristes, parce que les factieux sont
divisés en deux classes, savoir : ceux qui sont vendus
et ceux qui ont besoin de se vendre. Les gens
abusés se présentent ensuite, et forment la cohorte
des partisans, moins criminelle sans doute, mais
plus dangereuse encore que la faction. C'est alors
que les conspirateurs s'efforcent de flatter les préjugés
du peuple pour le faire tomber dans le piège qu'ils
lui tendent. Ils s'appitoyent sur sa misère, et cette
commisération fallacieuse leur offre le moyen d'effectuer une subversion universelle, par la taxation
des denrées et l'envahissement du commerce. Le
gouvernement a l'air de donner les subsistances à un
prix inférieur à celui auquel on les acheterait, sans
sa patriotique prévoyance ; mais comme le peuple
paye tout en dernière analyse, les gens ineptes ne
s'apperçoivent pas qu'on leur retire d'un côté, ce
qu'on semble leur donner de l'autre. Les entraves
de la distribution ne présentent qu'une existence
éphémère et déplorable. Telle est la ressource du
crime ; quand il ne peut allumer la guerre civile
par les schismes politiques, il a recours à la famine.
Les productions territoriales sont arrachées des
mains du cultivateur, et comme dans un empire,
il n'y a que les citoyens adonnés à ce genre de commerce qui aient les magasins disposés à les entretenir dans un état de salubrité, elles sont néces-

sairement amoncelées dans·des locaux impropres à les recevoir. Là, elles contractent des affections putrides et mortifères, et le résultat de ces avaries inévitables est une différence dans la production, par rapport à la consommation. Si le déficit est d'un vingtième, une population de plus d'un million d'hommes est condamnée à mourir de faim, ou si elle échappe à la mort, ce ne peut être qu'en prélevant sa nourriture sur la masse générale, qui lors est réduite, par ce partage, à une consommation inférieure au besoin qu'elle éprouve. La conséquence de ces fléaux est incalculable dans un vaste empire qui doit toujours avoir, en réserve, des alimens au delà de sa consommation, et qui ne peut manquer de les posséder, quand l'action du gouvernement est circonscrite dans ses bornes naturelles. Ces manœuvres cachent toujours quelque conspiration secrète, et c'est sans doute dans ces mêmes momens que les réprésentans du peuple affectent d'en créer de factices, afin de voiler celle-là même dont ils sont les auteurs. Tandis que les ravages de la famine se propagent sur un vaste territoire, et le désolent par les mouvemens insurrectionnels qu'ils excitent, les tyrans en imputent les désastres, ou à quelque gouvernement étranger, ou à une malveillance imaginaire. Ces bruits, accrédités par le crime, sont favorablement reçus d'une multitude égarée; le mot d'accapareur vole de bouche en bouche et devient le signal des proscriptions. Comme la répartition ne peut être égale, quand le gouvernement y préside, les plus nécessiteux arrêtent les

subsistances sur les routes. La circulation est inter-
ceptée; le besoin s'accroit de jour en jour; le péril
est de plus eu plus imminent; chacun s'arme pour
se disputer sa nourriture; les magasins sont enfoncés
et livrés au pillage, on s'empresse, on se déchire,
on s'entretue. Des victimes innocentes sont immolées
à la fureur populaire. L'ennemi de la liberté
triomphe, et s'applaudit de ses succès. Il trace
ensuite d'une main sacrilège le récit de ces calamités
lamentables, et ne manque jamais d'imputer au
peuple les forfaits de ses mandataires. Il le représente sous les traits d'un animal féroce, toujours
prêt à faire un usage dangereux de ses forces; il
cite et exagère les excès auxquels le désespoir l'a
porté, et propose de lui donner des fers. En cherchant
à rendre le peuple odieux par la peinture de sa vengeance aveugle, il grossit le nombre de ses infâmes
calomniateurs..... LA COLERE DU PEUPLE !....
*Ah! si la colère du peuple est terrible, c'est le
sang froid du despotisme qui est atroce; ses cruautés
systématiques font plus de malheureux en un jour,
que les insurrections populaires n'immolent de victimes pendant des années.....* Quand la représentation
nationale ne sait pas donner un gouvernement libre,
elle n'est plus qu'une horde de conspirateurs; si
elle ne se déchire pas elle-même, ses commettans
seront la proie de sa rage homicide. Quel homme a
pu conserver sa réputation de patriotisme jusqu'à la
fin de sa carrière? Quelle est la cause de cette
transfiguration morale et politique chez les mandataires? La voici : Quand l'ignorance ne permet pas

à un homme public de concevoir une constitution libre , et qu'il a abusé de ses fonctions , il regarde la liberté comme une chimère; et prenant cette illusion pour une vérité irrécusable , il devient l'ennemi de sa patrie , par cela même qu'il ne sait pas en être le libérateur. C'est ici que la ligue entre l'ignorance et la perfidie devient plus étroite , puisqu'elles s'identifient l'une dans l'autre. Aussi l'expérience démontre que tous les décrets de subversion sociale sont rendus à la presqu'unanimité. Jamais mandataire du peuple ne protesta contre ces actes liberticides pour justifier de sa conduite auprès de ses commettans , et mettre à l'abri sa responsabilité politique par la preuve d'un désaveu formel. Nous trouvons la cause de cette coïncidence dans les projets réciproques que forment les factions. Divisées sur l'issue des événemens qu'elles préparent , elles s'accordent généralement sur les moyens , et ces moyens sont les calamités publiques. Chacune espère en profiter d'après ses conjectures. Quand la famine et la guerre civile ont mis le peuple au comble du désespoir et de l'indignation , les chefs de parti s'accusent réciproquement , et celui qui a l'art d'influencer l'opinion , au point de s'en rendre maître, lance la proscription contre celui qui lui porte ombrage; mais cette effusion de sang ne justifie pas les complices. La disculpation d'une assemblée politique n'est-elle pas absurde et dérisoire , lorsqu'elle impute à quelques-uns de ses membres un tissu d'horreurs et de calamités auxquelles elle a participé par le fait de son consentement? Bourreaux de l'humanité ! que ne

prenez-

prenez-vous des poignards pour les enfoncer dans le
sein de vos commettans, alors ils se mettraient en
état de défense, et repousseraient la force par la
force ; mais vos hostilités ténébreuses, tramées
dans le silence de vos conciliabules, vous sauvent du
peril auquel vous exposerait l'évidence. Trop lâches,
pour tenter le hazard d'un combat, c'est par ses
propres mains que vous forcez le peuple à se déchirer
les entrailles. Tranquilles spectateurs de la guerre
civile vous avez l'air d'en partager les risques, une pitié
feinte vous porte à répandre des larmes sur les maux
dont vous êtes les machinateurs, et par un rafine-
ment de barbarie, vous les aggravez encore par vos
remèdes empoisonnés. Tromper le peuple sous l'apparence de le servir, fomenter la famine sous prétexte de répandre l'abondance, provoquer, au nom
de la loi, les massacres et les brigandages, c'est le
comble de la perfidie, de la férocité et de la scélératesse. Quel génie malfaisant peut vous instiguer à
commettre un long amas de forfaits qui souilleront
les pages de l'histoire, et que la postérité sera tentée
de révoquer en doute? Si la faction que vous avez
abattue voulait régner par elle-même, vous chercherez à régner par le despotisme d'un seul.
C'est sur les débris de votre patrie que vous voudrés
affermir le trône d'un tyran, avec lequel vous espérez
partager le fruit de vos attentats liberticides. Déjà
vous faites pressentir son règne par vos nouvellistes à
gage, et pour mieux dissimuler la criminalité de
vos intentions, vous avez soin de faire apparaître
au milieu de vous des orateurs à votre solde, qui,

P

sous le titre de pétitionnaires, se rendent les inter-
prêtes des doléances du peuple, et forment les
demandes que vous avez dictées. Oui, quand le
législateur a séparé son intérêt de l'intérêt social,
quand abusant de la confiance du peuple, il foule
aux pieds le mandat sacré qu'il avait à remplir,
quand enfin il usurpe les droits inaliénables du
souverain, pour en faire les dégrés de son élévation,
il traine ses commettans dans une longue et déplorable anarchie, et c'est après les avoir déchirés par
lambeaux, qu'il les vend au pouvoir absolu d'un
maitre. Choisissez, législateurs, je vous livre trois
hypothèses, et je vous défie d'en sortir. Si le tyran
dont vous voulez affermir la puissance est dans nos
murs, c'est sans doute quelque rejetton d'une race
abhorrée, et que l'insurrection populaire a précipitée
du trône..... Hé bien, vous ne pourrez parvenir à
votre but, qu'en transformant votre pays en un vaste
cimetière il faudra frayer un passage à ce vain simulacre de royauté au milieu des monceaux de morts et
de mourans qui auront succombé sous le tranchant
de la guerre civile; et si vous espérez peut être
qu'un changement dans la situation politique sera
l'époque de la pacification, détrompez-vous. L'avè-
nement de votre chef à la couronne sera une déclaration de guerre à tous les hommes libres. Il les
poursuivra jusques dans leur paisible retraite. Le
territoire sur lequel il étend sa domination usurpatrice sera recouvert par des milliers d'échaffauds
qui dégoûteront du sang de ses innombrables
victimes. Les soupçons même seront des arrêts de

mort, et bientôt il ne comptera ses sujets que parmi ses bourreaux et ses satellites. Si le tyran est hors de nos murs, aux calamités que je viens de décrire, il vous faudra réunir celle d'une guerre étrangère; alors vous ferez périr de misère et d'inanition les défenseurs de la patrie, vous ne confierez la direction des armées qu'à des traîtres; les affidés livreront les camps, les places, et le tyran entrera, les armes à la main, en commandant à ses hordes barbares de massacrer, sans miséricorde, la mère alaitant sa progéniture, le vieillard étendu sur un lit de souffrance, l'enfant jusques dans le sein maternel et la virginité souillée jusques dans son domestique. Il fera ravager les champs et les cités, et tous ses pas seront marqués par le fer et la flamme. Quelle sera votre attitude dans ce moment effroyable, et dont je ne puis soutenir l'idée, sans que les cheveux ne me dressent sur le front?..... Avec un enthousiasme froid, vous paraîtrez opposer votre poitrine au glaive des assassins, mais cédant à des sollicitations commandées, vous aurez l'air de vous laisser entraîner par les circonstances impérieuses, afin de parlementer avec le tyran qui s'approche. Vous partirez pour vous concerter avec lui sur les remèdes à apporter aux maux dont vous serez les auteurs, et c'est à la lueur des incendies, au milieu des cris aigus des victimes dont les imprécations retomberont en anathème sur vos têtes sacrilèges, que vous transigerez de l'asservissement du monde, en foulant sous vos pieds la cendre des martyrs de la liberté..... Si vous ne commettez ni l'un ni l'autre de ces attentats poli-

tiques, un troisième vous attend, c'est l'affermissement de votre tyrannie. Vous envahirez la fortune
publique, et votre fureur s'étendra jusques sur les
fortunes particulières qui tenteront votre cupidité
insatiable ; vous aurez soin d'entretenir deux partis,
que vous caresserés tour-à-tour. Vous les forcerés à
s'entre déchirer, afin d'asseoir votre nullité sur les
divisions intestines. Vous décrèterez tout-à-tour la
famine, la guerre civile et le pillage, en asser-
vissant à votre joug des esclaves abrutis par la corruption, la détresse, le désespoir et le crime. Hé
c'est là ce que vous appellez la R E P U B L I Q U E !...
Savez-vous ce que c'est que la République ? Si vous
ne le savez pas, pourquoi vous targuez-vous de le
savoir ? Si vous le savez, pourquoi ne la donnez-
vous pas aux peuples qui vous la demandent ?
L'ignorance et la perfidie qui dominent dans votre
enceinte, ont transformé votre cohorte en une vaste
machine de mort et de dissolution dans les mains des
conspirateurs. Hé bien ! Si vous ne savez pas ce que
c'est que la république, je vais vous l'apprendre.
La république est le principe et la forme du gouvernement que chacun a intérêt de défendre. Hé
quel peut-être ce gouvernement, si ce n'est celui de
la justice éternelle ? Pouvez-vous donner le nom de
République à votre tyrannie, quand chacun éprouve
le besoin de s'insurger contre elle ? Inconcevable
abus des termes ! L'Etat que vous dites être en
République n'offre qu'une tyrannie affreuse, et est
précisément *anti-Républicain*, puisqu'il ne peut se
soutenir que par la corruption, la fourberie et l'au-

dace, et que par son instabilité il menace ruine de
toutes parts. HOMMES LIBRES! CITOYENS
DU MONDE! C'est vous que j'interpelle ici....
Quelle République que celle qui appelle à chaque
instant la foudre de l'insurrection populaire!!!
Ainsi, après avoir renversé un ancien systême
vicieux, sans doute, mais moins désastreux que
le vôtre; après avoir tout détruit, tout écrasé, vous
ne régnerez que sur des ruines et des morts. Une
peuplade d'esclaves inanimée sera donc arrivée au
dernier terme de l'infortune, puisqu'il ne lui res-
rera pas même la ressource du choix des despo-
tismes.

V.

Le Gouvernement est le débiteur des belles
actions, il donne l'existence par le travail
à ceux qui en manquent, et à ceux qui ne
peuvent personnellement y pourvoir.

Autant les actes de bassesse et de pusillanimité
sont communs chez les peuples esclaves, autant les
traits d'héroïsme et de générosité sont fréquens chez
un peuple libre. Le règne de la loi remplit le cœur
de l'homme, et le sentiment de l'indépendance
l'élève au-dessus de lui même. Quoique les récompenses ne soient jamais l'objet après lequel un
grand caractère aspire, il n'appartient qu'à l'ingratitude de dire que tel citoyen n'a fait que remplir

ses devoirs, quand il a commis un exploit au-dessus
de l'humanité. Celui-là remplit ses devoirs quand ses
mœurs sont irréprochables; mais tel est au-delà de
la tâche que la patrie exige lorsqu'il peut citer des
actes de valeur dignes d'être inscrits au temple de
l'immortalité. Si la renommée lui décerne la couronne civique, c'est au gouvernement qu'il convient
de la présenter, au nom de la République. Telle
est la dette sociale qu'il s'est chargé d'acquitter,
et qu'il ne peut remplir avec assez d'éclat. La dégradation d'un peuple vieilli dans les fers est, sans
doute, la cause première de l'impuissance de ses
efforts quand il s'élance vers la liberté. Quelle
régénération pourrait-il obtenir quand ses destinées
sont entre les mains d'une cohorte de factieux qui
n'ont d'autre but que d'affermir leur despotisme, ou
de substituer un tyran à un autre par le changement
de la dynastie? Si d'un côté la valeur et le patriotisme sont le partage du peuple, de l'autre, la
corruption et l'immoralité sont le partage du gouvernement. Une révolution va quelquefois plus loin que
ne l'espéraient ceux qui d'abord s'étaient promis d'en
diriger le mouvement. C'est par la prédication des
principes, que les partis se surmontent tour-à-tour;
mais jamais la vertu publique ne fut le moteur de
leurs entreprises, et le peuple n'est que l'instrument
des intérêts ou des passions particulières. Que peut-
on se promettre de la part des fonctionnaires choisis
dans une classe d'hommes corrompue par habitude,
et vénale, par caractère, accoutumée au despotisme
qu'elle aime par instinct et par système? Des indi-

vidus qui s'imaginent que la science du gouvernement
n'est autre que celle de tromper et d'assujettir les
peuples, peuvent-ils consacrer les droits de l'homme
dans toute leur plénitude ? S'ils en énoncent quelques dispositions, ce n'est que pour les outrager
par la suite ; mais comme le pervertissement de la
morale politique est favorable à leurs projets, c'est
par là qu'ils commencent le grand œuvre de la subversion totale. Loin de récompenser les belles actions, ils éviteront de les publier, de peur d'entretenir l'amour de la patrie, ce sentiment sublime,
qu'ils voudraient étouffer dans tous les cœurs. Ils
feront tous leurs efforts pour paralyser l'industrie,
ruiner les manufactures, afin de plonger une multitude de citoyens dans les horreurs de l'indigence,
et ceux que la nature a condamné à l'oisiveté, seront
exposés à périr de faim, s'ils n'obtiennent les secours
de la commisération et de la bienfaisance. Le gouvernement d'un peuple libre, au contraire, encourage
l'émulation, le génie et la pratique de toutes les vertus.
Mais ces qualités qui réagissent si puissamment sur
la prospérité des peuples, ne peuvent se développer
que dans le calme et la sécurité sociale. C'est en
vain que le gouvernement prétendrait employer des
moyens artificiels pour hâter l'époque de la jouissance
des fruits salutaires qu'il n'appartient qu'à la nature
de conduire à la maturité. Toute société tend à sa
perfection, par la pente de l'homme vers les jouissances, et comme le travail seul peut l'y conduire,
il en prend nécessairement la direction, s'il n'est
pas détourné par aucune influence étrangère. Le

P 4

règne de la liberté donne aux citoyens une énergie, une élévation dont les peuples n'ont encore pu offrir que de faibles indices. Si ceux-là même qui ont vécu sous le despotisme, ont su dompter les obstacles, et s'élever à un certain dégré de splendeur, à quel point de puissance et de gloire n'auraient-ils pas droit de prétendre, lorsque rien ne gêne l'essor de leurs facultés. On pourrait donc regarder comme un événement extraordinaire, qu'un citoyen eut recours à la bienfaisance de ses semblables, pour être à l'abri des misères qui accablent l'existence des esclaves. L'homme libre, parvenu à l'âge de l'adolescence, se porte naturellement au travail; il choisit l'état pour lequel il se sent le plus de dispositions, et cherche à acquérir de la célébrité par un talent remarquable, afin de se reposer glorieusement vers la fin de sa carrière. Il parviendra à ce but, à moins que quelqu'accident inséparable de la fragilité humaine ne vienne à le contrarier. Dans ce cas, le gouvernement doit avoir des aziles prêts à recueillir l'indigence, en lui offrant des travaux par lesquels elle puisse se rendre utile en participant aux bienfaits communs de la société; mais cet exemple de détresse serait très rare chez un grand peuple où l'homme industriel et énergique a plus de ressources que de besoins. Cependant il en est qui ne semblent nés que pour avoir droit d'accuser la nature; elle leur refuse jusqu'aux organes qu'elle dispense communément aux êtres de la même espèce et marque du sceau de la réprobation des hommes qui doivent être d'autant plus intéressans aux yeux de leurs sem-

blables, que la privation des facultés physiques les
condamne à une oisiveté involontaire. Tels sont
les êtres disgraciés que la république doit réchauffer
dans son sein, en les accueillant dans des hospices
où ils trouvent les douceurs et les consolations auxquelles les infirmités leur donnent droit de prétendre.
Il serait plus glorieux pour un peuple d'offrir le
spectacle magnifique de ces établissemens consacrés
au culte de l'humanité, que celui des cohortes bril-
lantes destinées à répandre le sang des hommes;
mais il est de l'essence du despotisme de traîner à sa
suite une multitude d'esclaves, de fainéans et de
bas parasytes. Sous un gouvernement vicieux, tel
homme projette d'exercer un état qui le rendra le
fléau de ses concitoyens, et que lui importe, pourvu
qu'il en retire le salaire infâme que la tyrannie lui
promet. C'est ainsi que pour une place fiscale ou
concussionnaire, il y a cent concurrens qui se pressent
et se froissent à l'envi. Ils passent une moitié de
leur vie à solliciter, l'autre moitié à obtenir. Ces
mercenaires vendent leur honneur, leur talent, leur
conscience à celui que le crédit a rendu dignes de
leur hommage. Quiconque veut parvenir à la fortune ne doit plus se permettre de penser ni d'avoir
un caractère. Servir et ramper devant la puissance,
voilà le moyen de parvenir. Ne soyez ni flatteur ni
lâche, soyez homme enfin et vous serez proscrit d'une
voix unanime. La corruption est telle que la vertu est
un titre de ridicule, l'amour du travail passe pour une
marque de stupidité, l'industrie est dégradée, l'agriculture est avilie, le commerce pressuré de toutes

faits, sent son activité reserrée dans une gêne tortionnaire qui en comprime le ressort bienfaisant. L'humanité n'est qu'un vain nom, les vertus sociales sont des mots vides de sens, et comme le mérite se mesure au degré de la faveur ou de la fortune, les égards que l'homme a pour son semblable, se modifient d'après l'intérêt personnel. Une telle association ne présente qu'une cohue de bas valets qui surchargent la terre d'un poids inutile, et desquels la prospérité ne s'élève que sur la misère commune; et mais pour un qui réussit, il y en dix qui succombent, et comme c'est prendre un état que de se disposer à être onéreux à son pays, l'homme s'éloigne des travaux utiles, et la société offre une multitude de misérables intrigans, de parasites affamés dont l'existence ne se prélève que sur les exactions commises sur la classe laborieuse. C'est par les abus que le despotisme maintient sa prépondérance politique, en intéressant une partie du peuple à la soutenir; et comme il est impossible de faire la fortune de tous les solliciteurs, la misère et le désespoir sont le partage de ceux qu'il éconduit. Sous le règne de la liberté, chacun se met à sa place, et prospère dans le genre de travail qu'il adopte; dans un Etat anarchique, il y a plus d'emplois que de sujets à placer, et les dépenses onéreuses d'un gouvernement monstrueux, forment deux peuples sur un seul et même territoire, savoir: le peuple qui gouverne et le peuple qui est gouverné. Ceux qui ont des prétentions aux charges du gouvernement, étudient les chances et se prosternent devant les idoles du jour, ils subissent toutes les métamorphoses de ce qu'on nomme l'esprit public, et modifient leurs discours sur l'opinion prépondé- dérante, ils sont de tous les partis, de toutes les fac- tions, et faisant volte-face contre celle dont naguères ils étaient les défenseurs, quand ils la voyent sur le point de succomber, c'est toujours au nom du patriotisme et de la liberté qu'ils dilapident la for- tune publique. Que résulte-t-il de l'un et l'autre despotisme ? La misère, la servitude et la corrup- tion ; mais sous un gouvernement libre, où le nombre des fonctionnaires est déterminé par la constitution, on voit se dissiper l'essaim de ces hommes à places ; qui ne forment qu'une pépinière de frippons de factieux et de conspirateurs. Chaque citoyen prend un genre de travail utile, en cessant d'être entre- tenu dans la mollesse par un gouvernement corrup- teur, il fait réagir le tribut de ses facultés à l'avan- tage de la République. Dans un pareil ordre de choses, l'indigence ne pourrait guères se laisse entrevoir. Cependant, si contre le cours nécessaire des choses, elle atteignait un citoyen, il serait juste qu'il trouvât dans le gouvernement même des secours compatissans et généreux. Tous les animaux naissent avec la couverture qui leur est propre, l'homme seul est exposé à la nudité et telle est la volonté de la nature qui, par cet innocent stratagême, lui pres- crivit de vivre en société. L'homme est donc destiné à être le bienfaiteur de l'homme, si la barbarie est le partage des esclaves, l'humanité hospitalière est la première vertu des hommes libres.

V I.

Il maintient la liberté de l'Agriculture, du Commerce et des Arts.

Celui qui le premier entoura un terrain et dit en le cultivant, ce sol m'appartient, fut le bienfaiteur de l'humanité. Il se donna à lui-même, et à ses concitoyens, une subsistance agréable et salubre, des commodités infinies. Il fut le propagateur de la morale, des sciences, des arts et le père du commerce. Les trésors sortirent de sa main, comme d'une source féconde, pour s'épancher sur une multitude qui lui dut une nouvelle existence. Ses imitateurs devinrent les premières colonnes d'un vaste empire, et c'est sur cet appui qu'un peuple est parvenu à bâtir l'édifice de sa gloire et de sa prospérité. A la vue des bienfaits de l'agriculture, le philosophe réunit la morale à la politique, et c'est par cette sage conciliation qu'il est le conservateur de la félicité sociale. En dégageant la charrue des obstacles qui entraveraient sa marche, il en devient comme le conducteur. C'est par la liberté, qu'il lui imprime le mouvement de la vie et de la reproduction ; mais quoique tous les membres d'un grand état tirent leur subsistance de cet art paternel, tous n'y sont pas également adonnés. Les ouvrages de l'industrie échangés contre les productions de la terre, procurent l'abondance à la classe stérile qui donne à son tour les commodités à la classe nourricière. C'est ainsi que l'homme en société a trouvé le moyen de cen-

tupler ses forces , en formant une chaîne de rapports
harmoniques , dont le cultivateur est le premier
anneau. Puisque les productions de la terre sont les
sources de la richesse , il faut pour qu'un peuple soit
heureux , qu'il jouisse d'une grande quantité de ces
mêmes productions. Les fruits spontanés ne sont
qu'en petit nombre , et pour que le produit réponde
aux besoins d'une grande population ; il est nécessaire que le concours de l'homme s'unisse aux opérations de la nature. Pour obtenir des moissons abon-
dantes , il faut rendre le sol propice à recevoir la
semence et lui communiquer tous les principes de
fécondité propres à hâter la végétation. Celui qui
travaille a besoin de la nourriture qu'il consomme ,
en attendant ses subsistances d'une terre de laquelle
il les sollicite. S'il consommait dans le repos celles
dont il est possesseur , il ne pourrait jouir de celles
que le travail seul lui procure ; c'est donc en faisant
des dépenses que nous produisons des richesses ,
et le premier sauvage qui cultiva grossièrement la
terre , ne dépensa-t-il pas , pendant son travail agricole , la somme des subsistances qu'il avait acquises
par la pêche ou la chasse ? La multiplication de
l'espèce humaine a fait imaginer des instrumens
propres à développer le zèle du cultivateur. C'est
en subjuguant les animaux , en les associant à son
travail qu'il emprunte de nouvelles forces. L'agriculture devient alors un art magnifique qui exige
des talens et des connaissances , et elle doit être
sacrée aux yeux de tous les peuples , puisqu'elle est
la base de la prospérité. Il est indispensable pour

la splendeur d'un État et le bonheur de ses habitans,
que les réglemens politiques sollicitent les hommes
à porter à la terre le fruit de leurs richesses, industrielles, et préviennent le morcellement des propriétés. Si la richesse réelle s'appauvrissait par
l'usurpation de la richesse secondaire, la conséquence
dévorerait le principe. L'ordre social serait troublé
et les progrès de cet appauvrissement iraient jusqu'à
rendre désertes les contrées les plus fertiles, et bientot
vaste territoire n'offrirait que des friches qui dé-
truiraient leurs habitans au lieu de les nourrir. La
science de l'agriculture est l'art de faire produire le
plus, avec le moins de tems et de dépenses. Tous
les arts nous fournissent l'exemple des moyens que
l'homme employe pour abréger son travail ; il parvient en ménageant ses forces à multiplier ses ouvrages. Dans les manufactures industrielles, un petit
nombre d'artisans, dirigé par un seul chef intelligent, produit plus d'ouvrages qu'un nombre triple
d'ouvriers isolés les uns et des autres, et abandonnés
à leur force brute. Il en est ainsi de l'agriculture ;
par le moyen des machines qui y sont appliquées,
elle est devenue une science non moins agréable
qu'utile par les trésors qu'elle prodigue. Quelle différence entre la manipulation d'un pauvre laboureur
abandonné à lui-même qui, sans autre secours que
celui de ses bras, remue péniblement un sol qui
suffit à peine à sa subsistance, et les procédés d'un
cultivateur opulent qui, avec des animaux bien
entretenus et à l'aide de ses leviers puissans mus par
un petit nombre d'hommes, met en action tous les

principes de la vie , de la chaleur et de la fécondité!
L'un parvient à peine à se nourrir lui-même , tandis
que l'autre produit une surabondance reversible sur
une multitude d'hommes employés à d'autres travaux
également utiles à la société. La grande culture
épargne le travail des hommes et fournit l'abondance.
des récoltes. Cette abondance se répand dans toutes
les villes , et leur donne cet air d'opulence et de
prospérité auquel on reconnait un grand peuple. La
petite culture au contraire porte l'empreinte de la
dégradation et de la stérilité. Quelques villages épars
çà et là sont habités par des hommes languissans ,
débiles et luttants en vain contre la misère qui les
accable. Point de commerce , point d'arts , point
de manufactures. Tout se ressent de l'impuissance
du laboureur et de la modicité des récoltes. En
petite culture , trente hommes isolés , ont peine à se
nourrir eux-mêmes , tandis qu'en grande culture un
seul homme en nourrit trente autres. Un État établi
en agriculture opulente , aura la faculté d'employer
un grand nombre de ses membres au commerce ,
aux arts , aux manufactures , enfin à tous les sciences
qui font le charme de la vie. Les hommes y seront
sains et robustes , peu accablés de fatigues et par
conséquent plus heureux. En petite culture , un
peuple tout entier serait réduit à manier infructueu-
sement les instrumens du labourage , et n'offrirait
pas cet excédent de population qui , travaillant à sa
prospérité personnelle , augmente les ressources et
les jouissances de la société. Ainsi, lorsque dix enfans
héritent d'un père qui leur laisse un territoire pro-

duisant net mille muids de bled , l'intérêt des
successeurs et celui de la patrie exigent qu'il soit
mis à ferme. Chacun jouira du revenu de cent muids
de bled , tandis que dans l'hypothèse du partage ,
la production éprouvera un déficit par l'augmentation
des dépenses de l'exploitation. Par la même raison
les propriétés dispersées , ne sont pas susceptibles
d'être mises en valeur comme celles d'une belle
étendue qui , réunies dans un seul cadre , sont perpétuellement présentes à l'œil du cultivateur. Les
déclamations absurdes contre les grandes propriétés
territoriales , sont les effets de l'ignorance ou de la
perversité. La communauté des biens est une idée
bizarre et ridicule qui , loin de consacrer la liberté ,
ramènerait au despotisme , en sappant les bases de
la prospérité publique. Pour juger de la richesse
nationale , il suffit d'examiner , si les terres sont en
grande ou petite culture. Car le peuple le plus agricole n'est pas celui qui employe le plus de bras , mais
bien celui qui obtient le plus de productions avec
un moindre nombre de cultivateurs. Sans la propriété foncière , l'émulation serait étouffée , il n'y
aurait plus d'agriculture , ou elle serait si languissante
qu'elle ne pourrait subvenir aux besoins d'un peuple
nombreux. La terre bien cultivée étant la source des
richesses , si une République veut être heureuse ,
libre et puissante , si elle veut augmenter son industrie , son commerce et sa population , elle ne pourra
obtenir ce but que par le maintien des grandes propriétés et l'indépendance des propriétaires. Aussi la
taxation des denrées est le coup le plus fatal que
le

le gouvernement puisse porter à l'Etat; car c'est le bled qui taxe le prix de toutes choses dans l'ordre de la nature. Sa circulation doit être aussi libre que celle de l'air, et comme les éléments tendent toujours à se mettre en équilibre, la liberté de la circulation non-seulement entretient par-tout l'abondance; mais encore en détermine le prix nécessaire. Fixer le prix du bled, c'est agir contre l'ordre de la nature, en l'empêchant de trouver son niveau et en obstruant les canaux et les veines par lesquelles il circule. C'est attenter aux droits de l'homme, en ravissant au nourricier de la patrie le fruit de ses travaux et de de ses sueurs et en provoquant la famine. C'est outrager la morale et la politique, en autorisant le brigandage et en condamnant les champs à la stérilité. C'est conspirer la ruine d'un Etat, en attisant le feu de la guerre civile. Le prix du bled dépend de la différence entre la production et la consommation, ainsi, puisqu'il est fixé par la nature même de l'état social, c'est donc une fourberie atroce de supposer que l'agriculteur ou le négociant puissent le faire monter ou descendre arbitrairement et par des vues d'intérêt personnel. Le propriétaire ne connaît que par approximation la valeur de son bled. Après la récolte, il le vend quelquefois au-delà de son espoir, si des événemens calamiteux le font surhausser par le déficit qu'éprouve la production territoriale; mais dans cette hypothèse, le propriétaire n'est pas plus riche, malgré l'augmentation du prix de sa denrée, puisque ses dépenses augmentent dans la même proportion. Si la taxe atteint le prix nécessaire, elle

Q

est inutile ; si elle ne l'atteint pas , elle est subver-
sive de la prospérité publique et prive le peuple des
ressources qu'il aurait droit d'attendre par la liberté
du commerce. Les droits de l'homme sont outragés
quand un citoyen ne peut en jouir par l'opposition
d'une force supérieure , et si c'est le gouvernement
qui la déploye , dès lors il a perdu son caractère
politique par cet acte de tyrannie ; alors , il y a
oppression contre la société entière , car les droits
du cultivateur ne sont pas d'un autre nature que
ceux des citoyens qui , par leur aggrégation , forment
un peuple homogène ; il est absurde de considérer
le peuple comme un être divisé de lui-même. Le
salut du peuple est la suprême loi , tel est l'axiôme
cité tour-à-tour par les hommes libres et les conspirateurs. La similitude du langage les fait souvent
méconnaître , mais s'ils prêchent les mêmes principes
les uns les autres , ils ne peuvent s'accorder sur les
conséquences. Si on entend par cette maxime que
le salut de tous les citoyens composant le peuple ,
est la loi suprême , c'est une vérité respectable ;
mais si on s'en sert pour opprimer le peuple par le
peuple , en le divisant de lui-même , ce n'est plus
qu'un moyen funeste de dissolution ; car le salut du
peuple ne peut avoir lieu que par le maintien de la
liberté et le règne de la justice. Aucune circonstance
ne peut autoriser un gouvernement à la violation
des droits de l'homme , puisque cette mesure n'est
propre qu'à effectuer les calamités publiques sous
prétexte de les prévenir. C'est ainsi que l'ignorance
et la perfidie concourrent souvent d'un commun

accord à la ruine d'un florissant empire.... En produisant au-delà de ses dépenses, le cultivateur trouve
le moyen d'alimenter les villes qui sont autant d'atte-
liers immenses où les matières brutes subissent des
changemens dans leurs formes. C'est la que se développent le génie et l'émulation, et que les arts
reportent à leur mère commune le fruit de leurs
travaux, comme pour la remercier du soin qu'elle
prend de les nourrir. Les progrès de l'industrie des
sciences et des arts dépendent immédiatement de
ceux de l'agriculture. Ainsi l'outrage porté à cette
source féconde des bienfaits de la nature, est le
premier pas d'un peuple qui s'achemine à la barbarie.
Comment un peuple pourrait-il prétendre à la liberté,
quand il en détruit le principe immédiat ? Les arts
industriels se perfectionnent par les manufactures.
Un grand nombre d'ouvriers y partagent les différentes occupations nécessaires à la fabrication. Celui
qui ne s'occupe que d'une seule partie du travail
général, acquiert une habileté et une adresse propres
à rendre son ouvrage plus fini et à l'exécuter en moins
de tems ; le talent et l'émulation se développent par
l'exemple et la concurrence ; les bénéfices sont en
raison de la beauté et de la célérité de l'exécution,
et cette perfection manufacturielle réagit d'autant plus
utilement sur la société que le prix des ouvrages en
devient plus modique. L'entrepreneur y trouve un accroissement de richesses en même-tems qu'il se rend
utile à se souvriers, puisqu'ils gagnent plus par la réunion combinée de leurs forces, que si chacun d'eux
était abandonné à lui-même. C'est sous les auspices

Q 2

de la liberté que s'élèvent ces superbes établissemens
qui font la gloire et la célébrité d'un grand peuple.
Le mouvement des manufactures commence également-
ment par des dépenses. Il faut un tems quelquefois
considérable, pour produire un bel ouvrage et comme
ce tems représente la consommation et les dépenses
de l'artisan, il s'en suit que le prix de la main-d'œuvre
suit immédiatement celui des subsistances et qu'il
augmente ou diminue en raison de leur surabondance
ou de leur déficit. C'est la plus grande erreur de
penser que le progrès des arts soit fatal à l'agriculture. Quelques prétendus philosophes ont osé
avancer que les villes ne se bâtissent qu'aux dépens
des campagnes, et qu'il n'est pas un édifice somp-
tueux qui ne soit un vol fait à la moisson du laboureur.
Ce paradoxe anti-social ne peut être conçu que par
la perversité la plus profonde. Les campagnes ont
un avantage à échanger leurs productions contre les
ouvrages des manufactures dont elles font usage.
Sans cela, le superflu de la production tomberait
en pure perte par le défaut de la consommation ; si
ce superflu ne pouvait s'échanger, il aurait une non
valeur et cesserait d'être richesse. Ainsi, lorsque les
villes s'alimentent du superflu des campagnes, elles
se rendent utiles à celles-ci par les ouvrages dont
elles les mettent à portée de jouir, et dès l'instant
qu'il y a échange de travail, loin que la lésion soit
admissible, les campagnes et les villes concourent
au contraire à leur splendeur réciproque, puisqu'elles
y trouvent également leurs aisances et le motif de
leur émulation. De tous les faux raisonnements qui

ont été présentés sur l'agriculture, un des plus remarquables est celui-ci. L'agriculture est la source desrichesses donc il faut que chaque citoyen soit laboureur, c'est comme si l'on disait donc, il faut ruiner l'agriculture. En effet elle serait à son dernier terme de misère, si chacun s'y adonnait puisqu'un homme établi sur la portion de terre qui lui serait dévolue, d'après le partage universel, ne pourrait subvenir à sa subsistance. Ces systêmes anti-sociaux acquierrent quelquefois de la célébrité aux prétendus philosophes qui s'en rendent les prédicans, et trouvent des admirateurs parmi ces hommes inquiets et mélancoliques qui ne voyent que la misère au sein de la prospérité publique. Ils ne cessent de déclamer contre la corruption des mœurs, quand les arts se perfectionnent et que les sciences, devenues plus communes, sont mieux cultivées que dans les siècles de fanatisme et de barbarie. La perfection des arts ne peut qu'exercer la plus bénigne influence sur les mœurs d'un peuple, les arts ne tendent-ils pas à les adoucir en rendant les hommes plus heureux par la variété de leurs jouissances? C'est méconnaître et outrager la nature que de prétendre conduire les hommes au bonheur par la voie des privations. On les y fait parvenir plus sûrement, en les rapprochant de leur destination si bien marquée pour les affections délicieuses que l'amour des plaisirs et le besoin des voluptés ne cessent d'entretenir dans leurs sens. Comment les hommes pourraient-ils jouir de la félicité à laquelle ils aspirent dans un état pauvre et languissant, comme le serait celui où l'agriculture serait dé-

gradée ? Quand l'agriculture est à son apogée, l'émulation, fille de l'enthousiasme, se développe par le
concours des talens et aggrandit la sphère des connaissances des hommes. L'un saisit une poignée de
sable, la façonne à sa guise, et assujettissant la
lumière aux ordres qu'il lui prescrit, son œil s'elance
au-de-là de ses propres limites, et voyage avec les
globes qui se balancent dans l'immensité de l'espace.
Il en calcule les distances, les proportions et les
rapports. Le tems s'échappe, il le fixe en le divisant ;
le ciel n'offre aucun phénomène qu'il n'en démontre
la cause et les effets. La foudre gronde sur sa tête,
elle le menace de sa chûte, sa main l'arrache au
séjour qui la recèle, et il se dérobe à ses coups en
la dirigeant à sa volonté. Un autre plonge ses regards
jusques dans les entrailles de la terre. C'est en vain
qu'elle lui dérobe les corps qui, par leur distance
de sa surface, semblaient être condamnés aux ténèbres ; il les lui enlève, les combine ou les analyse
et poursuit la nature jusques dans ses mystères les
plus profonds. Celui-ci descend au dedans de lui-
même, il fait l'étude de sa propre machine, bientôt
il en connait la construction et, si quelqu'accident en
dérange la mécanique, il y retablit l'équilibre et en
prolonge le mouvement. Celui-là promène son génie
sur toute la nature et ne connait d'autres bornes que
celles qu'elle s'est prescrite à elle-même. Des masses
tirées du sol qui les renferme, s'élèvent avec majesté
dans les airs, sous les formes les plus imposantes.
Le génie, prennant un essor rapide, communique,
de toutes parts, les sensations sublimes et déli-

cieuses. Les portiques, les arcs de triomphe, des édifices, de toute espèce, qui réunissent la grandeur à la solidité, attestent la splendeur du peuple qui présida à leur construction, et l'homme étonné de de lui-même, s'aggrandit à l'aspect de leur magnificence ; mais les merveilles du dedans disputent la prééminence à celles de l'extérieur ; le marbre y respire sous les traits de la beauté, un tissu de lin, recouvert de quelques couleurs, porte l'empreinte de la vie, il offre les traits les plus remarquables de l'histoire, en même-tems que les images des héros dont les vertus sont chères à toutes les nations. Sur les théâtres, la morale, mise en action, entretient cet esprit de tolérance et de philosophie qui préside à la félicité sociale. Des sons harmonieux flattent le plus délicat des sens. Les arts sont les délices des hommes libres, c'est par eux qu'ils se rapprochent avec confiance, qu'ils s'aiment et se révèrent ; c'est par eux que se développent les sentimens qui honorent l'humanité, ils élèvent son imagination et embrâsent son cœur des feux de l'enthousiasme et du patriotisme. Quel citoyen ne se fait pas un titre de gloire d'appartenir à un grand peuple dont les travaux font l'admiration des quatre parties du monde, tandis que la renommée publie d'un pôle à l'autre, la gloire et le nom des artistes qui enfantent tant de merveilles? De toutes les richesses répandues sur la surface du globe, il n'en est aucune qui n'appartienne aux trois règnes de la nature. Les minéraux sont arrachés des entrailles de la terre, les végétaux en pompent leur nourriture, les ani-

Q 4

maux tirent leurs subsistances des sucs que recèlent
les diverses productions. Tout le fond des ouvrages
de l'art appartient directement à la terre. Une erreur
fait méconnaître la source de l'accroissement des
richesses par la valeur que la main de l'homme
donne à des matières brutes. On a cru voir dans
la différence, entre un objet brut et fini, une
autre valeur, créée par le travail de l'ouvrier, et
on a regardé ce travail comme une vraie source
de richesses, distincte de celles qui découlent des
productions de la terre. Cette erreur vient de ce que
dans une société les échanges se font en signes représentatifs. Par cette opération, on s'accoutume à regarder ces signes comme des richesses réelles et on
perd de vue les biens que ces signes représentent. L'ouvrier est payé en espèces, et ces espèces paraissent
une richesse produite par l'industrie. Mais par quelle
raison un ouvrier vend-il plus cher une matière façonnée que dans son état brut ? C'est que pendant
qu'il est occupé à lui donner une forme, il ne peut
travailler à la terre pour en tirer sa part des subsistances nécessaires à sa consommation. Il est donc juste
que ces subsistances lui soient payées par ceux qui
jouissent de son travail, c'est-à-dire par ceux qui
achètent son ouvrage, et lui donnent en échange
des richesses avec lesquelles il peut rembourser ses
consommations. La valeur d'un ouvrage de l'art au-
dessus de la valeur de la matière première, n'est
donc que la valeur des subsistances consommées par
l'ouvrier pendant le tems de son travail. Si le prix
de la matière façonnée surpasse mille fois le prix de

la matière brute, cette différence, au-lieu de montrer
une nouvelle richesse, prouve uniquement que la
façon a coûté un tems considérable et parconséquent
une plus grande quantité de subsistances. Un ouvrage
de l'art n'a de prix que par le tems que l'artiste a mis à
le composer ou à acquerir le talent nécessaire pour lui
donner un grand degré de perfection, L'inégalité
entre les valeurs montre déjà leur origine. Quelle différence entre le prix d'un morceau de toile, revêtu
de quelques couleurs apposées par la main d'un
manufacturier, et le prix de la même toile et des
mêmes couleurs employées par un peintre habile. La
différence reconnait pour principe les dépenses respectives. Le manufacturier peut acquérir son talent
à vil prix et expédier, en peu de tems, une grande
quantité d'ouvrages, tandis que le peintre a besoin
de cultiver son génie, d'une manière telle que la
vie de l'homme suffit à peine pour faire acquérir un
talent distingué dans cet art profond et sublime. Par
une suite de la même erreur on a cru voir, dans les
bénéfices du négociant, un accroissement ds richesses
nationales. Une marchandise se vend plus cher dans
le lieu de la consommation que dans celui de la
production, parce qu'elle coûte des frais d'achats,
de transports et de vente. Le négociant ajoute ces
frais et son bénéfice à la valeur primitive de la
marchandise, et cette augmentation représente la
somme des subsistances consommées par les agens
de transport et de circulation. Les relations d'un
peuple à un autre se réduisent au même principe. Les
marchandises étrangères qu'ils échangent contre les

nôtres , sont nécessairement le produit de leur sol ou
de celui de leurs voisins , et quelque route oblique
et tortueuse qu'elles parcourent , elles ne peuvent
jamais être que la représentation des productions territoriales. La nation la plus riche est donc celle dont
le sol produit le plus , toutes dépenses faites. La
surabondance des denrées forme la pépinière des
artistes , des manufacturiers et des négociants. Toute
la société reçoit son mouvement par l'impulsion de
l'agriculture. C'est le pivot politique auquel toutes
les actions humaines se rapportent. La liberté est
l'ame de la machine qui , mue par ce puissant ressort , marche d'elle-même par son propre mécanisme.
Dans les gouvernemens despotiques , le cultivateur ,
humilié et abruti , abandonne une terre qui ne lui
suscite que des peines. La nature se venge alors ,
par la stérilité , du mépris barbare dont on accable
ses favoris , l'Etat se dépeuple et se ruine , et les
progrès de cette dégradation ne peuvent échapper
à l'œil d'un observateur attentif qui y découvre les
premiers symptômes de la décadence d'une nation.
Tout gouvernement qui entrave la liberté des citoyens
par des taxes , des prohibitions , des ordonnances
et des réglemens absurdes , qui prétend exercer le
commerce , et soumettre la circulation à la tyrannie
de ses caprices , renverse le plus florissant empire
et se précipite avec lui. Le commerce est fondé sur
l'utilité commune , et la nature en maintient le
mouvement régulier et uniforme. Si le gouvernement
y participe , il ne peut qu'en troubler l'harmonie. La
science du négociant est la connaissance des res-

sources et des besoins. La différence entre la production et la consommation est le thermomètre du
prix d'une denrée et de toutes les vicissitudes de hausse
et de baisse qu'elle est susceptible d'éprouver. Le
commerce n'a lieu qu'entre le producteur et le consommateur. Le négociant est un intermédiaire sa-
larié par le premier vendeur et le dernier acheteur,
il sert le commerce et ne le fait pas, il n'en est que
le commissionnaire. Le bonheur de la société étant
celui de la plus-grande partie de ses membres, ce
bonheur dépend des jouissances utiles et agréables
qu'ils peuvent se procurer par leurs travaux réciproques. Il importe donc à la société que le plus
grand nombre de ses membres retire de ses productions la plus grande valeur pour recevoir en échange la
plus grande quantité d'objets nécessaires ; l'intérêt
de la société est donc le même que celui du commerce, puisque chaque citoyen est commerçant par
l'échange de son travail contre celui de son concitoyen. Le négoce, loin d'être onéreux à la société,
lui devient au contraire utile et bienfaisant par la
concurrence des négocians, et c'est cette concurrence
qui établit le prix nécessaire. Les privilèges exclu-
sifs, les protections spéciales accordées à des compagnies sont subversives de toute prospérité. Un seul
acheteur se présente à plusieurs vendeurs. Il les
force à lui livrer leurs marchandises au prix modique
qu'il en offre, puisque personne ne se présente pour
y mettre l'enchère. Un seul vendeur peut profiter du
besoin de plusieurs acheteurs pour hausser sa marchandise au-delà de sa proportion, puisque personne

ne peut contrebalancer le privilège exclusif qu'il a
de la débiter. Par l'urgence qu'il en fait ressentir,
il oblige à des sacrifices ceux qui veulent se les procurer. Mais ces abus politiques sont renversés par
la liberté qui établit la concurrence. Alors les négocians évaluent les risques qu'ils auroient à courir s'ils
y mettaient un prix excessif, et calculant la perte
qu'ils feraient de leurs avances, leurs bénéfices se réduisent à de justes bornes. Si la concurrence des négocians est utile à la société pour l'achat des objets
qu'ils acquièrent, elle ne l'est pas moins pour la vente
des objets qu'ils débitent. C'est par la concurrence que
les produits de l'agriculture et de l'industrie sont achetés
au plus haut prix, pour être vendus au meilleur marché possible. Alors la marche du négoce cesse d'être
lente et torlueuse pour devenir grande, franche et
loyale. Les capitalistes se l'approprient avec d'autant plus de succès et de prospérité pour un grand
peuple, qu'ils font des bénéfices moins onéreux par
le développement d'une plus grande masse de signes
représentatifs. Si une opération était entreprise par
mille négocians, il faudrait que le bénéfice pût fournir à la dépense de mille personnes. Le négociant
riche servira donc le commerce à meilleur marché
que les autres, en fesant un grand bénéfice. Il sera
d'autant plus utile au consommateur, que celui-ci aurait plus d'intérêt à prendre l'objet de ses besoins dans
les magasins du négociant qu'à le faire venir lui-même.
Mais si le négociant riche obtient un privilège exclusif, il sera le tyran du consommateur et de l'agriculteur. Sa fortune s'élèvera sur la ruine de tous les

deux, tandis que par la concurrence il peut d'autant
moins abuser de sa richessse mobiliaire, que le bénéfice est en raison de la célérité de la vente et de la
consommation. La disproportion des bénéfices entre
les diverses classes d'un peuple, annonce la présence
du despotisme. Le gouvernement fait preuve d'ignorance chaque fois que par des règlemens absurdes,
il écarte la concurrence en faveur des privilèges.
Le négoce à sa marche naturelle et nécessaire. Il
ne doit jamais prétendre à la diriger. L'inquiétude
d'un gouvernement anarchique, qui veut exercer le
négoce et régler les échanges, ne sert qu'à troubler et
rallentir la circulation des richesses, et à augmenter le prix des denrées. La protection nécessaire est
la sûreté des négocians contre les entreprises de la
violence et de l'injustice. C'est dans ces vues que
les peuples soumettent les affaires de commerce à un
code particulier, mais toutes les loix prétendues qui
ont existé jusqu'ici, et tous les règlemens que l'on
pourrait imaginer, ne sont propres qu'à favoriser
la fraude et l'intrigue au préjudice de la bonne foi.
La faculté de répéter le prêt pécuniaire en justice a
fait tomber le commerce entre les mains d'une
foule d'agioteurs et de frippons adroits qui, acquérant
pour le triple de leurs capitaux, à quelque prix que
ce soit, savent toujours se soustraire, en cas de
revers, à la poursuite de leurs créanciers, par la
voies insidieuses de la chicane, et c'est peut-être un
des plus grands fléaux qu'un peuple ait pu introduire
dans son sein, puisqu'à la faveur d'un masque de
probité et d'une apparence de fortune, un seul homme

peut en ruiner plusieurs. Quelles reflexions impor-
tantes présente la bizarrerie de l'esprit humain,
quand on voit qu'il n'a cessé de multiplier les abus,
par les moyens qu'il employait pour les prévenir!
Quand l'agriculture, les arts et le négoce sont
prospères, l'indigence disparait du sein de la société,
parce que l'ouvrier fait payer son travail en raison
des facultés de celui qui l'emploie. L'oisiveté quelle
qu'elle soit ne peut être que tributaire du travail. Le
riche entretient l'activité et excite le talent des
artistes. Ce n'est jamais pour lui seul, c'est pour
l'intérêt social qu'il possède. L'homme riche se
plait à acquérir les chefs-d'œuvres que sa fortune
l'empêche de créer lui-même, en ne lui permettant
pas de s'appliquer avec autant d'ardeur au travail,
que celui qui éprouve le besoin d'améliorer sa fortune; comme amateur, il fait passer ses biens dans
les mains du talent, encourage les dispositions,
échauffe le génie, et développe l'émulation. Si un
peuple avait pu conserver le bienfait de la liberté,
pendant l'espace d'un siècle seulement, il aurait
offert à la postérité des ouvrages de l'art, d'une si
grande beauté, que jamais le soleil n'en éclaira de
semblables. C'est le talent et le travail, qui faisant
filtrer les richesses d'une main dans un autre, établit
cet équilibre social, par lequel un homme ne possède qu'autant qu'il a mérité d'acquérir. De tous les
tems, l'imagination de quelques enthousiastes s'est
patriotiquement enflammé pour l'égalité des fortunes.
Cette égalité ne serait que le comble de l'indigence,
puisque le travail est la source de toutes les richesses.

Les conspirateurs se servent de ces opinions ridicules pour troubler la société, et préparer des fers à leurs concitoyens. De ce que les hommes ont la même nature, ils concluent qu'ils ont des qualités égales, et que les possessions doivent être soumises au même niveau; mais qu'est-ce que la propriété, sinon la représentation d'une somme de travaux. Si je possède légitimement cette somme, quel droit a-t-on de me la ravir? C'est par l'égalité des droits, que les hommes deviennent citoyens, mais l'égalité des droits n'est elle-même que la liberté. C'est par l'abus le plus dangereux des termes, et par l'établissement des lignes de démarcation entre les synonimes, que les prétendus régénérateurs des peuples offrent des amphibologies politiques pour parvenir à la fortune, aux dépens de ceux qui les écoutent. Il faudrait n'avoir jamais observé les hommes, pour confondre cette égalité de droits avec l'égalité physique et morale qui n'exista jamais dans l'ordre de la nature. Les enfans montrent de si bonne heure des différences dans leur intelligence, leur tempérament, leurs forces corporelles, leurs passions et leurs goûts, que quand l'éducation a développé ces premières dispositions, ils ne se ressemblent plus entr'eux; alors chacun se livre à l'état qui lui est propre. L'homme intelligent, actif, adroit et robuste, fait, en moins de tems, une plus grande quantité de meilleurs ouvrages, ou laboure une étendue plus considérable qu'un homme faible, inepte ou indolent. Le premier doit acquérir nécessairement plus de richesses que le second, et il est juste autant qu'avantageux à la société de laisser

jouir, celui qui travaille le plus, du fruit de ses
labeurs. Tel est le principe de la propriété qu'un
père transmet à ses enfans ; si ceux-ci marchent sur
ses traces, ils augmenteront continuellement la
masse des richesses, en faisant fructifier les avances
qu'ils ont à leur disposition. L'inégalité des fortunes
qui s'établit naturellement, devient donc utile à la
société, en animant l'activité de l'homme, et en
prévenant l'oisiveté, source de l'indigence et du
malheur. Si le riche ne travaillait pas lui-même,
sa fortune se divisant entre les mains de ses enfans,
finirait par s'atténuer, au point qu'ils seraient obligés
de s'adonner à une vie plus ou moins laborieuse. La
richesse particulière diminue par l'oisiveté, elle augmente par le travail. C'est ainsi que la roue de la
fortune monte et descend par un mouvement naturel.
Le négociant habile qui trouve des moyens d'économie
dans le transport des marchandises, et sait les mettre
à l'abri des avaries, par son intelligence et ses soins,
fera une fortune rapide, tandis qu'un autre se ruine,
par l'indolence ou l'incurie, qui compromet à chaque
instant ses avances. Un artiste d'un mérite distingué
trouve plus de moyens pour parvenir à la prospérité,
qu'un homme ignare et mal adroit, dont le travail
est d'un prix inférieur. L'opulence d'un homme habile
surpassera donc celle de son collègue qui ne peut
atteindre à ce dégré de perfection. Un cultivateur
trouve des ressources sur une terre que son prédé-
cesseur avait méconnues. S'il la fertilise par un bon
entretretien, sa récolte sera plus abondante, et ses
bénéfices plus considérables, que ceux d'un autre
qui

qui n'a ni le zèle ni l'intelligence nécessaires pour
favoriser le développement des germes qu'il confie
à un sol négligé. Il est une maxime agricole, dont
les conséquences peuvent s'appliquer à la morale et
à la politique. *Tant vaut l'homme, tant vaut la
terre*; le politique et le philosophe y ajouteront
tant vaut le gouvernement, tant vaut le peuple...
..............Si l'inégalité des fortunes est
juste et avantageuse, elle est encore inévitable dans
toute société libre. Elle y devient la source de la prospérité publique. Un peuple fortuné offrira donc cette
différence si nécessaire à l'accroissement des facultés
humaines. Si les fortunes ne devaient jamais être
inégales, chacun ne travaillerait que pour soi, et
comme le même individu serait obligé d'édifier sa
maison, de fabriquer ses instrumens aratoires, de
cultiver son champ, de faire ses vêtemens et de
préparer sa nourriture, il périrait par la faim,
avant qu'il eût le tems de finir le moindre ouvrage,
et ceux qui survivraient à une pareille désorganisation
politique, ne formeraient entr'eux qu'une horde de
barbares. Telle serait la conséquence de l'admission
des principes de certains philosophes qui se plaignent
de l'inégalité des fortunes. Si des privilèges qui ne
peuvent émaner que de la tyrannie, donnent à un
petit nombre de citoyens la faculté d'entasser rapi-
dement des richesses considérables, c'est le gouvernement qu'il faut en accuser, et non l'inégalité
des fortunes. Si de prétendues loix n'altèrent pas la
liberté, en portant atteinte aux droits de l'homme,
les fortunes s'abaisseront ou s'augmenteront en raison

R

de l'oisiveté ou du travail, et leur mouvement naturel sera la base de la splendeur nationale. Si leur égalité est désastreuse, on jugera aisément de l'absurdité qui consacrerait la communauté des biens. Cette innovation serait la tyrannie la plus monstrueuse, car il est contre la nature de l'homme de s'appliquer long-tems, et avec ardeur, au même travail, sans avoir l'espérance d'en profiter pour multiplier ses jouissances et augmenter son bonheur. Sans ce véhicule, il tombe dans le dégoût et le découragement. Il est donc du devoir du gouvernement d'abandonner l'agriculture, le commerce et les arts à leurs cours naturel et nécessaire. Il fait toujours assez de bien quand il empêche le mal, en se renfermant dans l'exécution de la loi, mais il ne cessera d'être tyrannique et désastreux, tant que la constitution ne préviendra pas l'exercice de l'arbitraire et les prétentions au pouvoir absolu.

V I I.

Le Gouvernement est confié à des Fonctionnaires.

S'il existait une main invisible et toute puissante qui pût frapper de mort le coupable avant qu'il consommât son crime, les peuples se passeraient de gouvernement. Cette justice miraculeuse les mettrait à l'abri des maux politiques auxquels ils sont en proie, et l'espèce humaine jouirait d'une félicité parfaite.

C'est au défaut de cette force surnaturelle qu'un
peuple confie l'application de la loi à des hommes qui
peuvent y suppléer par la perfectibilité de leur intelligence, puisque la nature les a doués du don de la
morale. Le fonctionnaire public ne doit donc pas
avoir d'autre objet que le maintien de la justice éternelle. Par son existence politique, il en est une
image vivante, et ne doit paraître dans son sanctuaire
que pour être l'organe de ses décrets. Il ne peut
remplir dignement ce ministère sacré qu'en apportant
dans l'exercice de ses fonctions, une conscience
pure, un amour inviolable de ses devoirs et la science
nécessaire pour parvenir à la reconnaissance de la
vérité. Son génie doit saisir tous les traits de lumière
qui jaillissent de l'instruction; c'est à lui d'en démontrer l'analogie ou la discordance, et sa logique
doit être aussi saine que son jugement impartial.
Inaccessible aux préjugés, la prévention ne doit
trouver aucun accès sur des sens maîtrisés par le
joug de la loi. Telles sont les dispositions préliminaires qui amènent la conclusion et l'énonciation des
motifs. Si chaque fonctionnaire apportait, dans l'exercice de sa charge, les affections qui animent le vrai
magistrat, les jugemens ne présenteraient pas une
si grande contradiction dans les votes, le résultat en
serait plus unanime, et le tribunal toucherait à
l'infaillibilité autant qu'il est possible à l'humanité
d'y prétendre. Quand il y a diversité dans les conclusions, ce choc moral prouve que le jugement n'est
appuyé que sur des opinions conjecturales, et non

sur une conviction intime. L'anxiété des juges démontre évidemment que les questions de fait n'ont
pas été embrassées sous tous les rapports, et qu'elles
n'ont pas été soumises aux développemens dont elles
sont susceptibles ; mais que peut-on se promettre
d'une législation barbare qui érige la cruauté en
principe, et sanctionne l'assassinat de ses victimes.
Dans quel siècle a-t on vu que l'accusation de deux
individus était suffisante pour condamner un citoyen
et l'envoyer au supplice ? C'est la *loi* qui l'ordonne,
répond le jurisconsulte sacrilège. *La loi* peut-elle
autoriser le magistrat à tremper ses mains dans le
sang de l'innocence ? Vous appliquez le nom de *loi*
à une disposition qui ne peut pas même être l'article
d'un réglement politique, puisque le témoignage
des hommes est nul, s'il n'est confirmé par celui des
choses. Dans quelle contrée du monde a-t-on vu qu'un
criminel était inadmissible à produire la preuve de
son attentat, auprès de la magistrature, tandis que
par une contradiction épouvantable, cette même magistrature faisait subir aux accusés les horreurs d'une
torture insupportable pour leur arracher des aveux,
démentis au moment de la suspension des souffrances ?
Quel jugement l'esprit humain peut-il asseoir sur des
des déclarations obtenues par la violence d'un supplice prématuré ? Chez quel peuple stupide voit-on
des tribunaux d'appel et de cassation ? Si le jugement
du tribunal supérieur est contradictoire à celui du
tribunal subalterne, l'un des deux est criminel de
prévarication, il en faudra donc nécessairement un
troisième pour confirmer le jugement de l'un ou de

l'autre, et prononcer la peine de mort contre les prévaricateurs, puisqu'ils ne peuvent être que les complices du crime ou les assassins de l'innocence. Combien de forfaits juridiques ont été commis par l'impéritie des juges ! Effets terribles du fanatisme, de
l'ineptie, et de la vindication ! Chaque page de
l'histoire des tribunaux degoûte du sang humain le
plus pur, et la voix de la justice outragée a toujours
appelé en vain la foudre populaire sur la tête des
bourreaux qui l'avaient versé à loisir. Ainsi donc
les devoirs les plus saints ont toujours été commis au
crime devenu inviolable, en s'appropriant la force
dont il ne fut que dépositaire. Il n'y a rien de comparable à l'insouciance des hommes sur la science
de la législation, si ce n'est l'audace de ceux qui se
proposent d'exercer les fonctions publiques. L'amour-
propre et la présomption sont le partage de l'ignorance ; cette ignorance est aussi dangereuse que la
perversité, car lorsque les droits de l'homme sont
outragés, qu'importe que ce soit le fait de l'ineptie
ou de la scélératesse, le résultat n'en est-il pas le
même, par rapport à l'ordre et à l'intérêt social ?
Par quelle fatalité le gouvernement est-il toujours
confié à ceux qui, par leurs vices, sont indignes
d'en tenir les rennes ? Pourquoi le peuple est-il si
peu délicat sur le choix des fonctionnaires publics,
dont l'influence agit si puissamment sur la destinée
des empires ? Pourquoi les hommes incapables d'exercer les emplois publics, sont-ils les premiers à se
mettre sur les rangs pour briguer les suffrages ? C'est
sur tout dans le cours d'une révolution, que cette

R 3

concurrence se manifeste avec le plus d'activité, et cependant les circonstances difficiles dans lesquelles l'Etat est placé, devraient rendre plus que jamais les prétentions circonspectes. Mais l'ignorance est entreprenante, et l'ardeur de la domination exerce sur l'esprit humain un empire d'autant plus absolu, qu'il est moins capable de calculer les conséquences de sa témérité. Chaque citoyen se croit doué des connaissances nécessaires pour être législateur, parce qu'il s'imagine qu'il lui suffit d'avoir quelques idées de réforme. Qu'arrive-t-il ? Il remplace des abus par les mesures les plus fausses et les plus désastreuses, il éternise l'anarchie, fomente les convulsions populaires et promulgue sa volonté arbitraire, sous le titre sacré de *loi*. C'est constitutionnellement qu'il consacre la plus affreuse tyrannie et qu'il accable de calamités innombrables ses contemporains et la postérité. Constitué pour donner un gouvernement libre, comment pourrait-il remplir ce devoir impérieux, quand il ne connaît en aucune façon les élémens qui constituent l'essence des rapports dans l'Etat social ? Comment pourrait-il concevoir le plan d'une constitution, quand son jugement est est tellement incertain, qu'il est inhabile à produire une définition. Un ouvrage informe et monstrueux sera donc le fruit de ses rêveries politiques, et cependant il a l'audace de le présenter aux peuples comme la sauve-garde de leurs droits et le palladium de la liberté. Un tissu d'inepties et de dispositions absurdes, sources inépuisables de schismes et de dissentions, voilà ce qu'il ose intituler du nom de

constitution. La loi est l'expression de la volonté
arbitraire d'une représentation nationale, tel est le
premier blasphême qui enfante toutes les calamités
publiques. Le vrai législateur obéit au contraire à
l'empire absolu des principes, et ces principes qui
proscrivent la permanence d'une assemblée législative,
ne permettent pas de confondre le règne de la
liberté avec celui du despotisme, en donnant à la
loi un autre caractère que celui qu'elle comporte.
Les débats d'une assemblée politique ne peuvent
donc avoir pour objet que la consécration des principes irrévocables; mais sa contexture physique et
morale est si monstrueuse, qu'elle est nécessairement
entraînée par son propre tumulte dons un labyrinthe
inextricable d'erreurs, de sophismes et de paradoxes.
Les questions les plus simples y deviennent obscures
et insolubles. Les esprits faux, loin de les embrasser,
s'en écartent par des discours qui n'ont aucun trait
à l'objet de la discussion, et cet objet se trouvant
noyé dans un cahos d'incidens et de difficultés étrangères, devient le motif des déterminations les plus
absurdes et les plus ridicules. L'esprit de parti
planant sur le tout, profite habilement de la controverse, pour faire adopter ses projets liberticides,
et l'issue de la discussion est presque toujours diamétralement opposée au but que l'on paraissait vouloir
atteindre à l'ouverture des débats. Enfin, il est des
momens, ou une assemblée politique est dans un
état complet de délire; mais ce délire est terrible
dans ses effets, c'est une rage contagieuse qui
déchire les peuples, et ne donne, au lieu du règne

R

de la liberté, que celui de l'exaspération des transports et des fureurs..... Les vociférations, les mu-
gissemens des factions étouffent la voix de la justice,
de la raison et de la vérité ; aussi voyons-nous que
dans ces assemblées tumultueuses et si inhabiles à
gouverner, par la bizarrerie de leur contexture,
qu'un petit nombre d'individus mal intentionnés,
suffit pour porter des coups mortels à la patrie et
en accélérer la ruine. Quelle confiance peut inspirer
à ses constituans une assemblée en délibération perpétuelle, où l'ignorance et le crime dominent tour
à tour ? La patrie est sans cesse en danger, et
c'est quand elle touche aux bords du précipice, qu'une
partie de l'assemblée a recours à l'insurrection populaire, pour se sauver du péril ; mais le moyen qui
réussit à une époque, est infructueux dans un autre
moment, sur-tout quand le règne d'un despotisme
insupportable a dissipé le prestige que le peuple
attachait au nom de la liberté. Ces événemens se
représentent de tems à autre dans les Etats anarchiques, et sont soumis à des périodes nécessaires.
Si dans les intervalles, les orages sont moins impétueux, et donnent quelqu'intermittence de calme au
corps politique, les peuples n'en sont pas moins
consumés par l'anarchie. Il n'y a ni constitution ni
garantie sociale, ni gouvernement, quand la loi,
fruit monstreux de l'arbitraire, présente tous les
jours des phases différentes, qui n'ont aucune fixité
morale ni politique. Aussi les loix sont-elles aussitôt rapportées que rendues, en raison de l'influence
des partis qui survivent à la chûte des factions. Dans

ce cas, la représentation nationale a nécessairement
exercé un acte de despotisme. Si le décret qu'elle a
rendu, est conforme aux droits de l'homme, c'est
un crime de le rapporter ; si le décret y est
attentatoire, c'est un crime de l'avoir rendu.
Dans l'une au l'autre hypothèse, la prévarication est
manifeste. Comment une assemblée nationale justifiera-t-elle l'exercice du pouvoir qu'elle s'arroge,
quand il est démontré que tous ses actes portent le
même caractère de versatilité, et qu'elle a perdu
son existence politique ? La loi est par-tout en opposition avec elle-même. La législation est donc
nécessairement abandonné à l'arbitraire. Les peuples
ne jouiront jamais de la liberté, tant qu'ils ne feront
pas la différence essentielle des conventions régle-
mentaires et de la loi de la nature. Leur ignorance
sur ce point, les retiendra toujours sous le joug de
la servitude ; car de même qu'il n'est pas de terme
moyen entre le juste et l'injuste, il n'en est pas non
plus entre l'esclavage et la liberté. Une législation
monstrueuse cesse d'être momentanément attentatoire
à la garantie sociale, quand les peuples en reconnaissent l'absurdité. Proscrite par l'opinion publique,
le magistrat adoucit quelquefois, par son autorité,
la rigueur d'un texte inhumain. Ce progrès de la
raison humaine est l'effet de la propagation des
lumières et de l'esprit philosophique qui exerce son
influence salutaire chez un peuple qui jouit du calme
et de la sécurité, à la faveur d'un gouvernement
stable ; mais quand l'aliénation est à son comble,
par les désordres tumultueux qu'excite une représen-

tation nationale , quand les coups du despotisme
qu'elle exerce se succèdent avec une telle rapidité,
que les peuples ne sont plus capables de s'en garantir,
ils rentrent dans l'abrutissement , et s'acheminent
vers la barbarie. La philosophie est outragée , la
raison a perdu son empire , des magistrats dociles à
la voix de la faction qui les a choisis se font un
mérite d'exécuter les décrets les plus sanguinaires ,
tandis que des contrées jadis fertiles et paisibles ,
sont en proie aux dissentions , aux ravages et à la
mort. Peuples infortunés , et que vos exploits pour
la conquête de la liberté ont rendus dignes d'un
meilleur sort , apprenez par ma voix que la tyrannie
la plus exécrable est celle qui s'exerce , sous le
prétexte de l'exécution des loix.

V I I I.

Les Fonctionnaires sont responsables comme
hommes privés et comme hommes publics.

Indépendamment de l'ignorance et des erreurs des
tribunaux en matière juridique, sous le règne du
despotisme , les magistrats se pardonnent mutuellement les délits qu'ils commettent comme particuliers. Il s'établit entr'eux une harmonie d'égards et
de considérations qu'ils ne rompent presque jamais.
Comme chacun d'eux sent qu'il a besoin d'indul-
gence , ils se pardonnent réciproquement les écarts
de leur conduite , et cette liaison est la base de

leur sûreté. Les réglemens, si improprement
nommés loix civiles, sont pour eux des sources in-
tarissables d'exactions et de rapines. Comme le code
est toujours obscur, équivoque et interprétatif, ils
peuvent pencher à leur gré la balance de la justice, en
faveur de celui qu'ils protègent ou qui les intéresse
à son succès. Pour peu que la contestation soit
compliquée, ils en augmentent la tortuosité par les
incidens dont ils la surchargent, et comme ces
sortes de débats portent toujours sur la propriété,
la fortune des plaideurs est quelquefois insuffisante
pour subvenir aux dépenses d'une procédure volumineuse. Il n'est rien de plus ridicule au monde,
que la lutte judiciaire de deux avocats qui citent une
foule de loix, à l'appui de leurs prétentions respectives. Sur quelle base un tribunal peut-il asseoir son
jugement, si ce n'est sur l'arbitraire ? Tel est cependant le spectacle qu'offrent les peuples civilisés,
et dont le moral est plus brut que celui des hordes
sauvages, puisque la loi qui devrait être la sauve-
garde de leurs droits, est au contraire l'instrument
de leur infortune et de leur servitude. Comment un
peuple ne serait-il pas corrompu, quand l'exemple
du crime est offert par celui-là même qui doit le
réprimer ? Quelle différence y a-t-il entre un juge
prévaricateur ou concussionnaire, et l'assassin qui
attend sa proie au passage, pour la dépouiller de sa
propriété légitime ? La différence n'est autre que
celle des formes et des moyens. Encore le citoyen
peut-il se mettre en garde contre un malfaiteur et
repousser son outrage; mais quelle ressource lui

reste-t-il contre celui , qui , la *loi* à la main , lui
enlève de force le fruit de ses travaux et de ses sueurs?
Quel égide opposer à la violence sanctionnée par
l'asservissement et la dégradation d'un peuple , qui
ne consulte point d'autre oracle? La vertu pauvre
et modeste , immolée au crédit tout-puissant ; la
probité succombant sous la mauvaise foi ; le mérite
sacrifié à l'intrigue ; le prix des services rendus à
l'Etat , distribué à la faveur ; le vice et la bassesse
foulant aux pieds le génie , et persécutant le patrio-
risme ; tels sont les tableaux scandaleux que présente
un assemblage d'individus , à qui on donne le nom
de société. Quelle est la source de ces fléaux dévastateurs , si ce n'est l'absurdité de la législation , et
l'impunité de la magistrature? Les moralistes et les
philosophes s'épuisent en déclamations vaines , et la
régénération d'un peuple est toujours un projet chimérique , parce que le mal n'est jamais attaqué dans
sa racine. Quel que soit la forme du gouvernement ,
les hommes seront toujours corrompus , si cette forme
est favorable à l'ambition , à la cupidité et au développement de toutes les passions honteuses. Qu'importe que la tyrannie porte une picque ou un sceptre,
et que son front soit couvert d'un bonnet ou d'un
diadême ! Le changement des emblêmes et des
dénominations ne fut jamais le but d'une révolution
mémorable , et quand un peuple se laisse éblouir
par l'illusion et le prestige , il a déjà perdu sa liberté.
La perfection du gouvernement ne sera jamais la
conséquence de la pureté des mœurs , c'est au contraire la pureté des mœurs qui doit être la conséquence

de la perfection du gouvernement. S'il s'agissait de
juger la mémoire des législateurs des siècles, que
resterait-il de la célébrité qu'ils ont acquise ? Les
téméraires ! ils se sont chargés des destinées du
monde, et incapables d'en soutenir le fardeau, ils
ont succombé tour-à-tour et entraîné dans leur chûte
les peuples qui leur avaient confié leurs espérances les
plus chères. Quand les esprits égarés ne sont plus
susceptibles de se rallier autour de la masse inébranlable des principes, ils s'attachent aux individus,
et obéissent aveuglément à l'impulsion du gouvernement : aussi dans le cours d'une révolution, l'esprit
public éprouve-t-il mille vicissitudes opposées et in-
cohérentes, il prend quelquefois une direction
contraire à celle qu'il avait, et cette subversion
rapide est l'effet du mécontement général, suite
nécessaire des calamités publiques, de l'aigreur et
de la mésintelligence. Dans le commencement d'une
insurrection générale, les cœurs sont tout de flamme,
la concorde est universelle pour renverser la tyrannie ;
mais à peine est-elle abattue, que tous les esprits
se divisent sur la nature et l'espèce de constitution qu'il convient d'établir. Cet état d'incertitude
et d'anxiété offre un interrègne qui est toujours le
plus grand de tous les fléaux politiques. L'attiédis-
sement, le dégoût, l'indifférence, succèdent aux
élans sublimes du patriotisme, et si le législateur
ne sait pas opérer le bonheur de l'empire, il en
précipitera nécessairement la décadence. Les destinées
d'un peuple dépendent de sa constitution. En vain,
lui dira-t-on, qu'il ne peut atteindre tout-à-coup à

la perfection du gouvernement, et que l'expérience
seule peut en démontrer les qualités et les vices. Ce
paradoxe ne peut appartenir qu'à des insensés où à
des conspirateurs. Peuples, ne vous y trompez pas,
une constitution est l'autel ou le tombeau de la
liberté; si elle en est l'autel, comme le culte qui
s'y observe ne peut avoir que la loi pour objet,
alors la responsabilité de la magistrature ne porte
que sur l'outrage qu'ils pourraient faire à sa divinité,
car s'il y a quelque chose de divin parmi les hommes,
ce ne peut être que la *loi*.

IX.

Tout Fonctionnaire est destituable par son constituant.

La liberté est en péril, les droits du souverain
sont aliénés. dès qu'il a perdu la faculté de révoquer
ses mandataires. La confiance seule détermina le
choix des magistrats, la défiance suffit pour en
déterminer le rappel. C'est à ce principe sacré que
les conspirateurs cherchent sur-tout à se soustraire.
Comme la réputation de patriotisme qu'ils ont usurpée
n'a été que le moyen de leur ambition, dès que
leurs manœuvres ont produit l'effet qu'ils en atten-
daient. ils cherchent à se prémunir contre un droit
inaliénable, dont l'exercice dérangerait l'exécution
des plans qu'ils ont conçus ; s'ils conviennent du
principe, ils ont soin de le rendre nul par les formes

impraticables auxquelles ils en assujettissent l'application ; et sans perdre leur masque de popularité ,
ils n'en conservent pas moins le privilège de trahir
les intérêts de leurs commettans , sans être exposés
aux revers de la disgrâce. L'homme irréprochable
est toujours prêt au contraire à provoquer l'examen
de sa conduite , et comme ses actions sont aussi
pures que sa conscience , il n'est jamais plus honoré
du suffrage de ses concitoyens , que quand sa proro-
gation devient la preuve évidente que personne n'est
plus digne de remplir la place à laquelle il est élevé ;
mais celui qui prévoit qu'il aura lieu de craindre la
vindicte nationale commence par s'assurer des moyens
de se prémunir contr'elle. Que de sang serait épargné,
si dès l'aurore d'une révolution , le peuple ne laissait
jamais aliéner son droit de révoquer ses mandataires
infidèles. Dès que le despotisme est terrassé, la
représentation nationale doit profiter de ce moment
favorable pour présenter au peuple le gouvernement
libre. L'ancien est anéanti par le règne de celui qui
lui succède ; les factions sont étouffées dès leur
naissance , l'anarchie est imperceptible , les conspirateurs sont anéantis , la carrière est fermée aux prétentions du pouvoir absolu , et le peuple heureux et
tranquille, revenu comme d'une tourmente impé-
tueuse, goûte les fruits d'une régénération salutaire;
mais si la représentation nationale laisse échapper
cette occurrence unique , non - seulement elle perd
son caractère politique , mais s'abandonnant à des
tergiversations désastreuses , elle allume l'espérance
des antinovateurs et appelle sur la patrie les dissen-

tions, la guerre civile et les calamités les plus déplorables. Plus elle diffère d'accomplir son mandat, et plus s'accélère la ruine et la décadence de l'empire. Il faut quelquefois plus d'un siècle pour réparer les maux d'un interrègne de quelques jours. Comme il n'est système si monstrueux qui n'ait ses prôneurs et ses panégyristes, on entend murmurer les voix de ceux qui se croient intéressés au retour de l'ancien ordre de choses. Ils cherchent à y conduire le peuple par des chemins obliques et détournés; dénoncés à l'opinion publique comme des traîtres, ils ont pour antagonistes les lugubres provocateurs au pillage et à l'effusion du sang qui s'efforcent de persuader que le pied-estal de la liberté ne peut s'affermir que sur des monceaux de cadavres. C'est alors quel'esprit de parti s'allume et devient le présage des événemens les plus sinistres. Quoi qu'ils aient l'air de travailler en sens contraire, les chefs de parti ne tendent qu'au même but, et ce but est le despotisme. Sous le masque du patriotisme, ils provoquent la guerre civile de laquelle ils attendent leurs succès, et tous concourrent, d'un commun accord, à éloigner le règne de la liberté. Si ces luttes prennent naissance dans la représentation nationale, le même esprit de dissention se propage dans tout l'empire, les factions se forment d'elles mêmes et travaillent à leur perte réciproque. Si le peuple est assez sage pour demeurer spectateur immobile du combat, il évite la guerre civile. Quel avantage pourrait-il recueillir en prenant part à la controverse de deux partis également criminels ? Ils sont également

lement

ment criminels. Car, quand l'objet du mandat
souverain disparaît aux yeux des représentans du
peuple, pour faire place aux dénominations vagues, aux personnalités injurieuses, à qui le peuple
peut-il imputer ses périls, si ce n'est à ceux qui
trahissant son espoir, ne peuvent immoler leurs
passions au salut de la chose publique ? lorsque
l'expérience démontre que les torches de cette
discorde qui embrase un vaste empire ont été
secouées par les mains sacrilèges de quelques individus ; quel citoyen peut ne pas sentir son sang
bouillonner dans ses veines, quand il voit que les
conspirateurs ont par leur prévoyance rendu le remède inéficace ? Ainsi, par la violation d'un principe, il faudra que le peuple passe par les transes
et les affres que lui feront éprouver d'exécrables
dominateurs. Cependant il faut que les factions
succombent. Peuples, des deux côtés vos ennemis
vous sollicitent de prendre les armes pour leurs
querelles particulières. Résistés à ces voix perfides qui vous appellent au nom de la patrie en
danger. Laissez les factieux s'entre détruire eux-
mêmes. S'ils ne s'égorgent pas dans leur caverne,
ils ne peuvent tarder à s'envoyer de part et d'autre à l'échaffaud. Si vous vous engagiez dans une
démarche périlleuse, si soutenant la cause de telle
faction, vous immoliez le parti qu'il désigne à votre
vengeance, bientôt il vous faudrait retourner vos
armes en faveur d'une faction nouvelle, contre
celle-là même dont n'a guerres vous suivîtes les
étendards. C'est ainsi que vous éterniseriez au mi-

S

lieu de vous les dissentions, les haines et l'effusion du sang. Si vous prenez les armes, que ce
soit donc pour accabler tout à-la-fois sans distinction tous les factieux de quelque part qu'ils se
présentent : mais ces factieux où sont-ils ? où ?
dans la représentation nationale. Les factieux sont
ceux qui foulant aux pieds le mandat impératif
qu'ils se sont chargés de remplir vous divisent
par leurs dissentions, et vous ramenent au despotisme d'un seul, au travers des horreurs de la
guerre civile. Ainsi quand la représentation nationale ne vous donne pas un gouvernement libre en
abjurant la continuité des fonctions législatives ;
n'en doutez point, elle est en guerre contre vous.
Mais quand le flambeau de la discorde est éteint
par le règne de la loi ; quand l'anarchie est étouffée
et que l'hydre des factions est anéantie, la destitution des fonctionnaires publics reconnaît un tout
autre motif. La dépravation des mœurs, l'inexactitude, l'impéritie, l'inobservance des règlements
politiques sont des causes qui doivent déterminer
le rappel. Il n'est rien de plus honteux que de
voir deux magistrats d'un sentiment contradictoire
sur le jugement à prononcer. Ils ont l'un et l'autre
une connoissance égale de l'accusation et des moyens
de défense de l'accusé. Toutes les questions de fait
ont été successivement épuisées. Ils ne peuvent
donc qu'avoir des données de la même nature,
et cependant ils émettent un vote diamétralement
opposé. L'un absout, l'autre condamne. Que résulte-t-il de cette diversité d'assentiment, si ce n'est

la prévarication de l'un ou de l'autre magistrat, puisque l'accusé ne peut être à-la-fois innocent et criminel ? mais par la difficulté de recueillir un sentiment unanime, en politique le fait de la majorité est considéré comme le fait de l'assemblée entière. Cette considération est d'autant plus nécessaire qu'à moins qu'il n'y eut unanimité de la part du tribunal, il y auroit toujours des prévaricateurs, et il seroit impossible de punir un criminel, sans qu'il entrainât dans sa perte le petit nombre des juges qui auroit voté en sa faveur. Ainsi, d'après cette convenance sociale, la poursuite en prévarication ne peut avoir lieu que lorsque le crime a été commis par la majorité, auquel cas la minorité qui a été d'un assentiment contraire, ne peut être comprise dans l'accusation. Ainsi, quand lap révarication est du côté de la minorité, l'effet en est nul par rapport à la république, puisque la la loi n'en reçoit pas moins son entière exécution. Alors cette prévarication est regardée comme impéritie, et ne peut provoquer que la destitution, à moins qu'il n'y ait preuve évidente de corruption.

X.

Les fonctionnaires sont nommés directe-
ment ou indirectement par le peuple,
l'intérêt seul de la république déter-
mine le mode d'élection.

Les états démocratiques éprouvent des subversions d'autant plus rapides, que le peuple est moins
difficile sur le choix de ses magistrats. Sous le
despotisme d'un seul, la richesse, les prérogatives
du sang, l'éminence des talents décident le choix
du monarque. Ces diverses qualités supposent une
éducation cultivée, aussi des études préliminaires précèdent l'admission des candidats. L'étude
de la législation est sans doute abusive, mais la
raison naturelle en rectifie les erreurs. Les sciences
exactes qui murissent le jugement et disposent les
facultés intellectuelles à recevoir les impressions de
la vérité, ont plus contribué à former de grands
hommes, que l'étude de la science du gouvernement, qui a toujours été la plus incertaine et parconséquent la plus reculée. Par qu'elle fatalité
l'homme s'est-il toujours éloigné des connoissances
qu'il avoit le plus intérêt d'acquérir ! est-il un citoyen du monde qui puisse voir de sang froid,
trahir l'espérance de son siècle et de la postérité?
Quand une société est accablée sous le poids des
calamités politiques, pourquoi n'en pénètre-t-il pas
la cause et n'en présente-t-il pas le remède? Quel

législateur a jamais dit à ses concitoyens, *voilà un gouvernement libre* ? Cependant à en juger par les sacrifices généreux du patriotisme, tous les hommes adorent la liberté, pourquoi aucun mortel n'a-t-il pu encore la fixer sur la terre ? Que l'on examine toutes les révolutions qui ont eu pour objet la conquête de l'indépendance, le but en a toujours été manqué. L'histoire des révolutions n'est que l'histoire des malheurs des peuples. Elle n'offre de toutes parts que l'anarchie, la guerre civile, le despotisme. Tout observateur sentira sans peine, que dès qu'il s'agit de substituer un gouvernement à un autre, le peuple est placé entre deux écueils. D'après le mépris général pour la science des éléments sur lesquels repose l'ordre social, quels hommes pourroient motiver le choix du peuple dans l'exercice des fonctions législatives, et comment la représentation sera-t-elle composée ? Revêtira-t-il de sa confiance ses anciens magistrats ? Dans cette hypothèse, n'aura-t-il pas à craindre qu'ils ne ressuscitent les abus du régime qu'il vient de renverser ? Ces jurisconsultes imbus d'un système liberticide, pourront-ils jamais répondre à l'attente de leurs concitoyens, non-seulement en abjurant leurs préjugés, mais encore en consacrant les droits de l'homme qu'ils n'ont cessé de méconnaître ? Le peuple donnera-t-il la préférence à des hommes qui n'ayant aucune notion des principes du gouvernement, trahiront l'intérêt de la patrie sans s'en appercevoir, et ne pourront contre-balancer l'influence de gens astucieux qui, consommés dans l'art oratoire, entraînent des suffrages subreptices, par le talent de la persuasion? Qu'elle constitution peut-il attendre de la part de législateurs qui, en matière de gouvernement, ne connaissent pas même la valeur et l'acception des termes, ou de ceux qui ne les connoissent que pour en abuser? Ainsi, quelque soit le choix du peuple, il est nécessairement dévolu à l'ignorance et à la perfidie. Tel est le principe des déchiremens politiques et des évènemens révolutionnaires. La représentation nationale est donc par sa contexture politique divisée en deux factions, qui ne savent ni ne veulent sauver la liberté publique. Elle ne peut cependant trouver de salut que par l'affermissement d'une constitution libre, et aucun des deux partis ne la présente aux peuples éperdus. Loin de s'occuper de l'objet de leur mission, les représentans du peuple consumment le tems en divagations perpétuelles; les conspirations s'alimentent au sein de cette discorde, et l'état est en proie aux calamités publiques. Sous le despotisme d'un seul, sans doute l'ignorance est la même; mais la perfidie a bien moins de ressources. Il est impossible d'ébranler les colonnes d'un empire dont l'administration est confiée à un chef. La magistrature bornée à l'exercice de ses fonctions ne peut attenter à l'autorité souveraine, à moins que le monarque n'offre des armes contre lui; mais dans les états anarchiques, les orages se succèdent avec tant de rapidité, que les peuples ne sont plus capables d'en suivre le mouvement. L'opinion n'est donc qu'une foible digue aux progrès de la tyrannie, dont aucune force humaine ne peut arrêter les désastres.) Les premiers législateurs décident presque toujours des destinées de l'empire, en différant de remplir leur mandat et en prolongeant le mouvement révolutionnaire. Le terme d'une révolution est la chute de la tyrannie. Retarder l'époque du règne de la liberté, c'est conspirer contre les peuples; c'est ouvrir la carrière à l'ambition et à tous les maux qu'elle enfante. Si la constitution suppose une succession périodique de législateurs, c'est comme si elle n'existoit pas. Elle devient illusoire par l'effet des décrets ultérieurs qui en sappent nécessairement les bases; et les peuples n'ont fait que substituer une anarchie à une autre. Savoir: l'anarchie sans constitution, ou l'anarchie par la constitution. Malgré sa nullité, elle ne peut être qu'un ferment de dissentions intestines, parce que chaque législature apportant des affections différentes, se fera un mérite de censurer l'ouvrage de celle qui la précède; et ce fruit monstrueux du délire et de l'aliénation éprouvera autant de métamorphoses que le peuple changera de représentations nationales. Comme l'esprit de parti seul en dictera les réformes, les désordres et les troubles seront les conséquences inévitables de la versatilité d'un gouvernement où l'intrigue et la malveillance se disputent l'exercice de la domination. Le peuple n'aura donc fait une révolution que pour remplacer les abus par les forfaits, les préjugés par la barbarie. S'il a été embarassé dans le choix de ses premiers mandataires, aigri par le malheur et l'expérience de ses infortunes, quel sera son guide

lors des élections subséquentes? Depuis long-tems
les factions ont brisé tous les liens de la morale ;
il n'est plus de patrie pour des cœurs ulcérés de
désespoir. Le gouvernement a fait tout contre la
liberté , et le peuple a fait tout pour elle. D'un
côté, tous les crimes ; de l'autre, toutes les vertus.
Quel présage pour l'avenir! le peuple flottant entre
la crainte et l'espérance , fait enfin une nouvelle
épreuve, qui peut-être sera la dernière!.... Mais
quand il s'agit de tout renverser pour reconstruire
sous une forme nouvelle , d'éteindre les haines ,
d'abattre les erreurs et les préjugés du jour ;
quel génie assez vaste substituera le règne des principes à la tyrannie constitutionnelle, et sauvera la
la liberté publique? Ce génie bienfaisant est encore
à paraître. Je le demande aux siècles, je le demande aux peuples ; les siècles et les peuples gar-
dent le silence. Mais quand le contrat social af-
fermi, prévient l'arbitraire des législateurs, en leur
donnant une direction exécutive; quand l'homme
cesse de dépendre de l'homme et n'a de maître
que *la loi* , le peuple cesse d'être perplexe dans
le choix de ses magistrats. Le mérite et la probité
déterminent son suffrage ; mais pour qu'il puisse
les revêtir de sa confiance, il faut qu'il soit à portée
de les distinguer. Si les assemblées électives sont
composées d'une population nombreuse, alors des
citoyens qui ne se connaissent qu'à peine par la distance qui les sépare, ne peuvent asseoir le motif
de leur suffrage , et l'intrigue profite de cette di-
version. Si au contraire, les assemblées n'offrent

que le moindre nombre possible de votans, placés sur une petite surface, la connaissance intime qu'ils ont de leur conduite privée, dissipe les doutes et détermine la conscience. Par cette méthode, les fonctions du gouvernement seront déléguées à des hommes purs, et le peuple sera à l'abri des inconvénients que des électeurs intermédiaires ne manqueraient pas de lui susciter.

DE LA PERFECTION
DU GOUVERNEMENT.

La perfection du gouvernement est sa simplicité.

Toute autorité inutile est dangereuse, et ne tarde pas à devenir despotique. Multipliés les agens du gouvernement au-delà du nombre nécessaire, et vous vous multipliés les tyrans. Plus une législation est compliquée et volumineuse plus elle suscite de contestations litigieuses, et de débats interminables. Plus les ressorts du gouvernement sont nombreux, plus les embarras de la machine s'accroissent, moins les mouvemens sont réguliers. Il n'y a plus unité d'action quand les autorités se froissant les unes et les autres, se disputent l'exercice du pouvoir. Dans un état anarchique, les magistrats pullulent, et plus ils sont multipliés, moins la loi reçoit d'exécution. Chaque contrée se donne des réglemens aussi monstreux qu'inexécutables ; ainsi, pour peu qu'un citoyen se déplace, il a parcouru une vingtaine de républiques, amoncelées dans la même cité. Ici, c'est telle *loi* qui gouverne, là c'est telle autre. L'opinion publique d'un lieu est bien différente de l'opinion publique de celui qui l'avoisine ; une contestation civile relève dans telle partie d'une autorité constituée, qui s'en attribue la connaissance ; plus loin, la même contestation appartient à une autre autorité d'une espèce différente. Les magistrats jugent des faits hors de leur compétence, et se déchargent les uns sur les autres de ceux qui les concernent immédiatement, d'après leur intérêt personnel, et la confusion des fonctions, devient l'aliment de l'arbitraire. Cependant chaque fonctionnaire doit savoir ce qu'il doit faire, ce qu'il doit éviter ; mais, comment agirait-il d'une manière efficace et régulière, quand la permanence d'une représentation nationale ne propage que le despotisme et l'anarchie ? En considérant l'organisation du gouvernement démocratique, nous voyons que sa stabilité dépend de la facilité d'exécution. Chaque citoyen étant appelé à remplir des fonctions périodiques, si l'action était pénible, les convocations difficiles, si les suffrages purs et désintéressés étaient impraticables, quel cahos ! quel boulversement ! L'intrigue seule présiderait et établirait sa domination usurpatrice ; des gens remuants, ambitieux, immoraux, s'empareraient avec audace des emplois qui doivent être délégués à la vertu timide et modeste, et le gouvernement serait attaqué jusques dans ses bases. Sa subversion serait inévitable ; car, quand le peuple s'apperçoit que les fonctionnaires sont indignes de sa confiance ; quand une expérience terrible lui confirme que ses ennemis

les plus cruels sont ceux qu'il entourrait de son amour;
obligé d'abjurer des sentimens devenus chers par l'habitude, il suspecte bientôt jusqu'à la vertu même, et
ne sachant plus sur qui reposer son estime, le dégoût,
l'apathie succèdent à l'ardeur de son patriotisme, et
ne voyant par tout que l'ignorance et la corruption,
devenu indifférent sur le destin de sa patrie, il cesse
bientôt de lui appartenir, et ce sommeil léthargique
est le présage d'un changement de servitude. La forme
du gouvernement est donc aussi importante que le
principe, puisqu'elle exerce une influence aussi immédiate sur l'état auquel elle s'applique. Elle doit toujours être défavorable au vice et avantageuse à la probité; car, lors même que le livre sacré de la loi est le
dogme autour duquel se rangent les hommes libres,
comment se flatteraient-ils d'en recevoir l'application,
quand le dépôt en est confié aux mains les plus im-
pures ? Aucun gouvernement ne peut exister sans la
confiance; mais comme elle ne ce commande pas, elle
ne peut donc s'établir qu'autant qu'elle est méritée ?
Ainsi, l'organisation du gouvernement doit être telle
que le suffrage soit pur, libre, indépendant, et qu'a-
près son établissement, l'exécution de la loi ne soit
jamais interrompue. Ce but ne peut être atteint que
par la simplicité des moyens et la simplicité d'action.
Non-seulement l'objet moral et politique est atteint
d'une manière plus efficace, mais il en résulte encore
une économie financière, réversible sur la prospérité
publique. Puisque le fonctionnaire est à la solde du
peuple, s'il y a surabondance d'autorités, la dépense
qu'occasionne ce superflu est un vol manifeste fait à sa

bonne-foi, à sa crédulité, indépendamment du désordre et des brigandages qui résultent du conflit de juridiction. Plus le gouvernement est simple, plus les affaires s'y expédient avec célérité. La lenteur de son action est toujours en raison directe de la multiplicité de ses ressorts. Le moral d'un gouvernement libre est précis et lumineux, comme la vérité dont il découle; le physique en est simple et facile, comme la théorie sur laquelle il repose. C'est alors que par son exécution il remplit le but pour lequel il est institué. La multiplicité des loix nécessite la multiplicité des fonctionnaires et des interprétateurs. Enfin, la partie physique est tellement dépendante de la partie morale, que sa perfection est une conséquence immédiate de la perfection de la première. Plus le code est court, plus il est bienfaisant, fructueux, intelligible; plus le gouvernement est simple, plus il est fort, actif et efficace.

DES FONCTIONS.

Une fonction est l'acquit de la dette contractée par les fonctionnaires envers la république.

Dès qu'un homme accepte la place à laquelle il est appelé par le suffrage de ses concitoyens, il cesse de s'appartenir à lui-même, et se doit tout entier aux devoirs que son mandat lui impose. Destiné à maintenir le règne de la justice, ses engagemens sont sacrés envers la patrie, et il ne peut, sans crime, ni les rompre ni s'y soustraire. Revêtu de la confiance publique, la violation qu'il ferait des droits de l'homme serait un attentat d'autant plus répréhensible, que l'oppression n'est jamais plus terrible et plus désastreux que lorsqu'elle est le fait du gouvernement. Quelle foule de réflexions vient assiéger l'esprit humain, lorsqu'il pense que le despotisme n'a cessé de régner sur le globe. Ici la tête s'affaisse, succombe, s'engourdit et demeure immobile sous le poids de sa douleur. Dans une révolution qui a pour objet l'établissement d'un gouvernement libre, le peuple se rassemble par parties isolées, et comme ses délibérations n'ont aucun but déterminé, ses efforts, pour être libre, sont aussi infructueux que sa marche est inconséquente. Obligé de recourir à des hommes qu'il appelle législateurs, il est nécessairement abandonné au tumulte de leurs passions, de leurs intérêts et de leurs caprices. Voué à la merci de ses nouveaux tyrans, il en partage les excès et les fureurs. Il aime ou il hait avec transport, d'après l'opinion qu'il conçoit de leur fidélité ou de leur corruption ; mais quel que soit le sentiment d'amour qui l'anime, il ne peut être que déplacé. Quand le mandat du souverain n'a pas été accompli, la représentation collective ne peut être considérée que du même œil, puisqu'aucun législateur n'a rempli l'engagement sacré qu'il contracta envers sa patrie. L'empire des factions sera donc nécessairement substitué à celui des principes, et ne présentera qu'une succession d'idoles qui s'abattent les unes par les autres. Aussi, les bustes des grands personnages qui ont joué les rôles les plus remarquables sur le théâtre révolutionnaire, sont ils brisés et foulés aux pieds avec une indignation égale à l'enthousiasme qui les érigea en culte public; et s'il est quelques-uns qui échappent à la vindicte populaire, il serait aussi difficile de justifier cette préférence, que de motiver l'empressement d'en façonner sur de nouveaux modèles. Une seule action réprouvée par la morale, suffit pour faire perdre à un citoyen l'estime qu'il avait usurpée ; mais les yeux d'une multitude se dessillent avec bien plus de lenteur. Elle est d'autant plus facile à tromper, que son amour propre ne lui permet d'abjurer qu'avec peine la première impression qu'elle reçoit. Il suffit

de caresser ses préjugés par des discours apprêtés avec
art pour se la rendre favorable. Ses affections qui ne
sont jamais raisonnées, l'entraînent par un mouvement invincible. Disposée à obéir aveuglement à ceux
qu'elle regarde comme ses libérateurs, elle devient
l'instrument de sa propre servitude; et cette aliénation, qui la porte à baiser la main qui l'assassine ou
l'enchaîne, excite le mépris de l'observateur cosmo-
polite, et fait couler les larmes du philosophe. Aussi,
les conspirateurs sont les ennemis déclarés de tous les
citoyens qui, par leurs vertus et leurs lumières, ne
sont susceptibles d'être ni leurs complices ni leurs
dupes. Le règne des conspirateurs se prépare par l'a-
mour aveugle de l'ignorance; entourrés de la force de
l'opinion populaire, ils mesurent le degré de leur audace sur la hauteur de la réputation qu'ils ont acquise;
et, la crise la plus alarmante, le péril le plus imminent pour un peuple, est l'époque à laquelle il se
plaît à les porter en triomphe. C'est alors qu'ils peuvent
commettre impunément tous les forfaits; c'est alors
qu'ils font gémir le patriotisme sous le poids d'une
tyrannie adorée par l'opinion publique. C'est alors
que la vertu même la plus énergique, calculant les
moyens qui lui restent, demeure souvent immobile,
en remettant l'usage de ses forces à une occasion plus
favorable. Si dans cet état de stupeur, un citoyen généreux réclame contre l'oppression qu'exerce une
poignée d'assassins, son dévouement est l'arrêt de sa
mort, et l'erreur et le crime applaudissent ensemble
aux horreurs de son supplice. A qui imputer le danger
de la patrie, si ce n'est à ceux qui ont juré de
                                                    mourir

mourir pour sa défense ? Ainsi donc, après avoir été
par ignorance le coopérateur des trames ourdies par
le crime, le gouvernement en devient par lâcheté le
complice. Mais où est le gouvernement, quand la menace dicte des loix que la pusillanimité approuve ;
quand, par la violation de tous les principes, les conspirateurs disposent des charges de la magistrature et
des emplois militaires ; quand la propagation des
maximes sanguinaires irrite depuis long-tems la soif
des tygres à face humaine, qu'une société nombreuse
recele dans son sein ; quand la férocité est un titre
pour occuper les places les plus éminentes ; quand il
suffit d'avoir fait preuve de probité, de courage, pour
être en butte aux proscriptions ; quand le citoyen est
devenu l'ennemi du citoyen ; quand le père nourricier de la patrie, l'agriculteur, est représenté comme
un artisan de famine, par le prix arbitraire qu'on suppose qu'il peut mettre aux productions territoriales ;
quand l'artisan qui enrichit ses concitoyens de ses travaux industriels, est cité comme un parasite alimenté
par le luxe, et l'ennemi de la chose publique ; quand
le négociant, toujours prêt à verser l'abondance, est
accusé comme un brigand, qui dépouille ses concitoyens par des bénéfices usuraires ? Où est le gouvernement, quand le riche et l'homme de lettres, rendus
odieux par la cumulation des calomnies, sont devenus
les objets de la haine d'une multitude exaspérée ? Où
est le gouvernement, quand, sous prétexte de prévenir la famine, on en effectue les désastres ; quand,
pour avoir l'air de borner les bénéfices du manufacturier et du négociant, on fait tout manquer à la fois, par

T

la rupture de leur correspondance ; quand les autorités constituées , dans lesquelles on est admis qu'en
produisant preuve de crime , sont composées d'assassins en titre , qui pillent , incarcèrent, accusent, immolent les gens de bien , et font couler par torrens le
sang de l'innocence. La pâleur couvre tous les visages ;
à peine les citoyens osent-ils se regarder , s'adresser la
parole; l'homme est devenu étranger à l'homme ; la
société n'est plus. Peuple infortuné , tes bourreaux
sont là, que tardes-tu à prendre les armes; tes ennemis les plus cruels s'abreuvent du sang de tes défenseurs.
Jamais insurrection fut-elle plus légitime et plus ur-
gente? mais, vaincu par l'aliénation, il ne te reste
pas le moindre simulacre, autour duquel tu puisses te
rallier , et ton opprobre est le prognostic de ta ruine...

Cependant , les conspirateurs enhardis par le succès,
se divisent au moment de recueillir les fruits de tant
de forfaits. La méfiance mutuelle qu'ils s'inspirent , les
portent à s'attaquer, à se détruire, et ce qui dut être
l'ouvrage du patriotisme et de l'indignation publique,
n'est qu'un effet naturel du crime qui se trahit et se
rend justice à lui-même..... Quelle est la cause de tant
de désastres, si ce n'est l'oubli des devoirs de la part
des représentans du peuple? Législateurs impitoyables,
si au lieu de sanctionner l'anarchie et de fomenter la
discorde par vos divisions intestines , vous vous em-
pressiez de jeter de bonne heure les fondemens d'un
gouvernement libre , vous préviendriez les calamités
politiques, en éteignant pour toujours les prétentions
au pouvoir absolu. Est-ce donc pour l'assassiner, que
le peuple vous a revêtu de sa confiance? Le sang de

vos victimes crie vengeance, et des milliers de citoyens jouiraient du bienfait de la vie, si vous ne leur
aviez pas donné le signal de la guerre civile. Tyrans,
lâches et cruels, qui n'usurpez des pouvoirs illimités
que pour les remettre dans les mains des conspirateurs,
Pouvez-vous méconnaître l'engagement sacré que
vous avez promis de remplir? Ne savez-vous pas que
l'exercice de l'autorité n'est légitime que par le règne
de la justice? Ne savez-vous pas que le pouvoir n'appartient qu'à la loi, et que cette loi n'est pas l'expression de votre volonté arbitraire? Ne savez-vous pas
que l'homme n'a que des droits à défendre et des devoirs à remplir? mais comment pourriez-vous remplir
les vôtres, quand vous n'en connaissez ni la nature ni la
contrainte invincible, quand foulant aux pieds la raison, la justice, la politique, vous corrompez le jugement
par vos erreurs, la morale par vos maximes, l'esprit public par la tyrannie de vos décrets. Quelle leçon terrible pour ces peuples qui, soumis au despotisme des rois,
seraient sollicités de renverser les trônes!... Non, jamais ils ne seront tentés de s'élancer vers une régénération incertaine, lorsqu'instruits par l'exemple de la
décadence d'un vaste empire, ils verront que les
malheurs du monde sont les fruits de votre règne, et
que ce même peuple, auquel vous promîtes la liberté,
porta bientôt envie à la condition de ceux qu'il traitait
en esclaves. Ainsi, pour avoir abusé de vos fonctions,
vous aurez érigé en système la tyrannie monarchique,
parce que votre domination d'un jour aura fait couler
plus de sang et de larmes qu'une dinastie de plusieurs
siècles. Après avoir épuisé, par la guerre, le peuple

T 2

qui vous confia ses destinés ; après avoir trahi sa confiance, en lui faisant porter le joug des factions successives, vous le forcerez à tourner ses armes contre
vous, et comme votre existence politique ne peut le
prolonger que par le carnage et la dissolution, cette
hostilité préparée par vos excès, combinée et prévue
dans vos conciliabules, vous offrira le prétexte de
suivre le cours de votre haine et de vos proscriptions. Vous déclarerez la guerre au peuple, sous l'apparence d'une légitime défense, et parce qu'il veut
punir en vous les auteurs de ses calamités, vous quali-
fierez un mouvement généreux et salutaire, sous le
nom d'acte de révolte, que vous attribuerez à des factieux armés contre la république. Couverts d'op-
probres et de forfaits, le nombre de vos ennemis
grossira d'instans en instans, et vous n'aurez d'autre
ressource que de laver dans le sang vos bras ensanglantés. C'est par le crime du jour que vous chercherez à faire oublier le crime de la veille. Un système exécrable de dépopulation s'emparera de vos sensaliénés.
Les supplices connus ne serviront pas avec assez de
rapidité votre fureur assassine ; le génie du crime
vous en fera imaginer d'incroyables ; ici les fleuves
débordés roulent dans leurs ondes les citoyens malheureux que vous y avez plongés ; là, des partisans se
déchirent par le fer de la guerre civile ; autour de
vous des échafauds sans nombre ruissellent du sang
du patriotisme. Les champs ravagés n'offrent plus à
leurs habitans que la pâture des animaux ; le suicide
est le recours des uns, les autres cherchent leur salut
dans l'insurrection. Mais vous les traitez en rebelles,

en leur supposant des projets liberticides ; bientôt des villes populeuses et florissantes par leur commerce et l'activité de leurs manufactures, sont renversées de fond en comble par les mains de vos satellites, tandis que les défenseurs de la patrie succombent aux frontières sous le fer de l'ennemi du dehors. Après avoir porté la mort et la dévastation sur tous les points de l'empire, vous y éleverez des poteaux ensanglantés, auxquels vous attacherez cette inscription, dictée par le crime en délire :

Ci gît, un peuple qui conspira contre la souveraineté nationale.

DIVISION
DES FONCTIONS.

Les fonctions se divisent en devoir législatif et devoir exécutif.

EN MORALE.

Le devoir législatif est la reconnoissance du contrat social.
Le devoir exécutif est l'obéissance.

EN PHYSIQUE.

Le devoir législatif est le rapport du centre aux extrémités.
Le devoir exécutif est le rapport des extrémités au centre.

L ES législateurs et les jurisconsultes ont suscité des maux plus ou moins graves chez les peuples auxquels

ils ont fait adopter leurs systèmes et leurs erreurs.
Tous ont attribué des pouvoirs à des hommes qui
n'avaient que des devoirs à remplir, et cette idée
éloignant l'accomplissement du mandat du peuple
et la consécration de sa souveraineté, n'a présenté
que le despotisme sous des formes diverses. Quand
un peuple substitue un gouvernement à un autre,
les fonctions ne peuvent être que de deux espèces ;
savoir : la fonction du législateur qui reconnaît la
loi qui commande ; et la fonction du gouvernement
qui obéit à cette même loi. Dès que le mandat
du souverain est accompli, la fonction du législateur disparaît par le règne de la loi à laquelle il
est soumis lui-même, et son devoir devient nécessairement exécutif. Le rapport qui s'établit entre
le centre et les extrémités ne peut donc avoir
d'autre objet que celui de l'exécution. Mais si la
souveraineté du peuple est illusoire, les usurpateurs
ne peuvent qu'exercer la tyrannie la plus absolue.
Le pouvoir absolu cesse d'être accablant pour les
citoyens, quand il ne fait ressentir son action qu'à
des gouverneurs subalternes. La crainte que leur
inspire une responsabilité perpétuelle supplée quelquefois chez eux à l'amour du devoir ; et ils agissent
conformément à la justice, quand ils sentent le péril auquel la prévarication les expose. La permanence d'une représentation nationale offre l'inverse
de cette disposition. Comme dans ce cas, la volonté du peuple est contradictoire et amphibolo-
gique, la tyrannie du gouvernement pèse immédiatement sur les citoyens, et laisse aux fonction-

T 4

naires toute la latitude possible à l'exercice de l'arbitraire. Il n'y a plus de responsabilité dès que la
loi écrite autorise les forfaits de la magistrature; et
les tribunaux deviennent tyranniques et criminels,
par cela même qu'ils obéissent à la volonté barbare qu'une assemblée nationale leur prescrit d'exécuter. Les lois changent de forme et d'objet selon
la prépondérance des factions qui les rédigent, et
et comme les factions dominent et succombent tour-
à-tour, les citoyens auxquels ces lois sont appliquées passent successivement de la terreur à l'espérance, du calme à l'agitation, des angoisses de la
mort à la sécurité, et souvent de la paix à la guerre
civile. Aussi les déchiremens politiques sont-ils plus
fréquens chez les peuples qui vivent sous le despotisme d'une assemblée législative, que ceux qui
sont soumis au despotisme d'un seul. Dans le premier cas, les troubles et les calamités résultent des
prétentions au pouvoir absolu; dans le second ces
prétentions sont nulles, puisque le pouvoir absolu
est déjà délégué au chef suprême de l'empire. En
admettant même l'inexistance de ces prétentions
au pouvoir dans une représentation nationale qui
l'exerce collectivement; les dissentions n'en sont
pas moins désastreuses, parce que les passions déchaînées suivent l'impulsion fougueuse que l'esprit
de parti leur imprime. Le froissement continuel des
opinions, des préjugés et des systèmes, allume enfin
une discorde dont l'explosion est d'autant plus terrible que le ferment en étoit plus actif et plus répandu. La tyrannie d'un seul est bien moins dan-

gereuse et bien plus supportable. Le despote n'a
pas besoin de recourir à la famine ni à la guerre
civile pour parvenir à la puissance, puisqu'il l'exerce
immédiatement. Exposé à tous les regards, ses sujets
sont ses premiers juges. Il appréhende leur mécon-
tentement, parce qu'une insurrection atteindrait directement sa personne. S'il veut se maintenir dans sa domination, obligé d'étudier les mœurs et les habitudes
des peuples, il ne règne qu'en s'y conformant lui-
même. Le maître devient soumis aux lois de ses
sujets, il reconnaît enfin une puissance supérieure
à la sienne, et cette puissance est celle de la nécessité. Tel conquérant envahit, les armes à la main,
un vaste territoire, subjugue un peuple immense,
renverse la dynastie régnante et monte sur le trône.
Mais tandis que rien ne résiste à la force de ses
phalanges, il se soumet à la loi des vaincus. Un
chef revêtu de la toute puissance écoute les plaintes
dirigées contre ses ministres, et son intérêt lui prescrit d'être juste. Les dépositaires de son autorité
ont à redouter l'influence et la jalousie de leurs
concurrens ; ils évitent de justifier les accusations
auxquelles ils seraient en butte par des actes ré-
préhensibles, et le desir de conserver leur pouvoir
leur tient lieu de vertu publique. Ce genre de dés-
potisme est le plus doux, à en juger par l'expérience, puisque c'est celui qui résiste le plus à l'injure des siècles. Mais si le monarque abandonne
les rennes de l'empire aux mains de ses favoris,
et s'ils peuvent être impunément concussionnaires et
prévaricateurs, la corruption se propage avec ra-

pidité dans toutes les parties du gouvernement.
Le trône chancelle n'ayant plus la justice pour base,
et le peuple est à la veille d'une révolution. Les
républiques s'ébranlent d'elles-mêmes par l'incohérence des volontés et des forces qui se détruisent
les unes par les autres. Les monarchies éprouvent
des subversions semblables, quand les chefs sont
devenus étrangers au destin de l'empire par l'indolence où les plonge l'éclat de leur fortune. Les
représentations nationales gouvernent trop, par l'activité de leur despotisme; les monarques ne gouvernent pas assez, par leur inertie et leur insouciance;
et comme les extrêmes produisent les mêmes résultats, ces divers gouvernemens sont sujets aux
mêmes vicissitudes; car il n'est aucune différence
entre des tyrans qui oppriment et un tyran qui
laisse opprimer. Mais dans l'une et l'autre hypothèse il n'existe aucun rapport moral et physique
entre le centre et les extrémités. Cependant la tyrannie la plus intolérable est celle qui s'exerce au
nom de la souveraineté du peuple; il n'est aucun
moyen de l'extirper. L'insurrection même ne serait
qu'un palliatif éphémère : il n'y a plus de remède
quand la tyrannie est fondée sur l'ignorance et les
préjugés des peuples, la perfidie et la corruption
des maîtres temporaires qui les gouvernent. La responsabilité morale et politique s'évanouit quand elle
est partagée entre une multitude d'individus qui
s'accusent mutuellement des calamités publiques, auxquelles ils ont coopéré d'un commun accord. Sous le
despotisme d'un seul, l'agriculture, le commerce

et les arts ne reçoivent aucune secousse violente.
L'intérêt d'un gouvernement stable étant d'augmenter la richesse de l'état, chacun peut y développer
son industrie, son émulation et jouir en paix du
fruit de son travail. Sous le despotisme national
l'ineptie et la perversité se disputent les rênes du
gouvernement, et comme la science des rapports
sociaux est ignorée du plus grand nombre, les idées
les plus extravagantes sont celles qui sont accueillies
avec le plus de faveur. La subversion d'un empire
florissant est souvent l'objet de la question du jour.
Le dictionnaire du crime et de l'anarchie ouvert a
ses interprétateurs leur offre les moyens de consommer les desseins les plus horribles; les épithètes,
les dénominations insignifiantes reçoivent dans leurs
bouches des acceptions monstrueuses, et deviennent
des titres de proscription contre les citoyens auxquels elles sont appliquées, et le peuple se déchire
de ses propres mains. Ces deux espèces de despotisme ont leurs inconvéniens qui leur sont propres;
mais ils ne peuvent avoir lieu quand la souveraineté du peuple est consacrée par le législateur.
Alors il n'y a d'autre autorité que celle de la *loi*;
et son empire bienfaisant procure aux peuples la
plus grande somme de prospérité. C'est dans ce
cas seulement que peut exister l'harmonie des rapports, et comme le gouvernement n'est pas seulement dans le lieu où une assemblé nationale tient
ses séances, une même exécution de la loi sur tous
les points du territoire en fixe la stabilité. Cette ho-
mogénéité devient le complément d'une république,

parce que chaque citoyen peut connaître les résultats moraux et politiques au-delà des bornes que
ses facultés comprimées par le despotisme, ne lui
permettaient pas de franchir. D'après le rapport
moral et physique du centre aux extrémités, et
des extrémités au centre, l'assemblée nationale établit un compte annuel de toutes les opérations mé-
chaniques, tant particulières que générales, afin de
mettre le souverain à portée de juger de l'exécution de sa volonté. Comment un gouvernement
pourrait-il inspirer la confiance, quand il est dans
l'impossibilité de prouver qu'il en est digne? Le
compte moral comprend le nombre, la nature, l'espèce des instances juridiques portées par-devant les
divers tribunaux de la république, et les jugemens
rendus en conséquence. Le compte physique comprend les naissances et décès; la balance entre la
production et la consommation; le perfectionne-
ment des arts et des manufactures; la recette et
la dépense du gouvernement. Alors chaque citoyen
pouvant connaître et juger des progrès moraux et
politiques de sa patrie, y prend un intérêt d'autant plus vif, qu'il n'est pas d'occupation plus
grande et plus digne de l'esprit humain. L'habitant du Nord cesse d'être étranger à son concitoyen
du Midi; et le commerce épanchant tous les trésors
qu'enfantent la fertilité du territoire et l'activité
laborieuse des citoyens, resserre de plus en plus
les liens de la fraternité chez un un peuple libre,
qui, réuni sous les auspices du contrat-social, ne
respire que pour le bonheur.

DU CENTRE.

Le centre est la réunion de tous les rayons moraux et physiques qui partent des extrémités pour y être réfléchis dans leur pureté inaltérable.

La réflexion des rayons moraux est la reconnaissance du contrat-social.

La réflexion des rayons physiques en est le mode conservateur.

L E devoir du législateur étant de remplir le mandat qui lui a été commis, il s'ensuit que le mandataire n'a qu'une faculté répercussive. Il doit reporter au peuple l'accomplissement de la volonté du peuple ; et sa fonction se borne à en rédiger l'expression. Alors la souveraineté est solemnellement impérative, et la loi éternelle devient le seul pouvoir qui imprime l'action au gouvernement. La volonté du peuple est son desir, et comme il ne peut vouloir que ce qui constitue essentiellement

la liberté, sa volonté est accomplie par le règne
de la loi; mais la reconnaissance du contrat-social n'est que le but moral du législateur; la loi
serait vaine et chimérique si une exécution non-
interruptible, n'assurait au peuple la jouissance de
ses bienfaits. Ainsi la partie physique d'une constitution n'est pas moins essentielle à la conservation des droits et des devoirs de l'homme, que
la partie morale qui les consacre. L'organisation
qui établit une correspondance immuable entre les
divers ressorts de la méchanique, répond de la ré-
gularité de son mouvement. Composée de parties
semblables qui se rapportent à un centre commun,
mue par une force égale et constante, la machine
ne peut offrir que des résultats invariables, puisque
l'appareil est établi d'après un plan uniforme; le
mouvement est tumultueux et irrégulier, quand la
réflexion morale est autre que celle du contrat social. Le morcellement d'une volonté qui de sa nature est une et indivisible, agite le peuple par une
tourmente perpétuellement révolutionnaire. La volonté du souverain étant la somme des principes
sur lesquels repose l'ordre social, la réunion de
tous les rapports identiques et nécessaires ne peut
être présentée qu'en masse : composée d'élémens
homogènes, elle ne peut se prêter aux intermit-
tances et aux contradictions d'un corps législatif per-
manent, qui la divise en autant de fractions dissem-
blables, qu'il éprouve d'impulsions contraires. Dans ce
cas, la répercussion porte le double caractère de l'anarchie et du despotisme. La constitution est nulle, le gou-

vernement n'à plus d'existence politique. La correspondance entre le centre et les extrémités est un ferment
de guerre civile, et l'état est en dissolution. Chaque
contrée choisit sur l'amas monstrueux des réglemens innombrables, ceux qui sont les plus conformes à ses préjugés, à ses habitudes ou à l'intérêt particulier de quelques magistrats qui les
mettent en vigueur. Les rayons correspondantiels
sont aussi éphémères que le gouvernement qui les
repercute et les détruit tour à tour. Bientôt ils ne sont
plus sensibles par la scission des extrémités avec un
foyer de discorde et de tyrannie. L'aspect politique de l'état est le hideux fédéralisme, l'incohérence de la législation a rompu l'unité sociale. C'est
pour obtenir une exécution plus directe, que les
diverses parties de l'empire, se trouvent dans la nécessité de concentrer le mouvement politique dans
un cercle plus étroit. Ce besoin une fois devenu
commun, le déchirement d'un vaste territoire est
la conséquence inévitable d'une anarchie d'autant
plus dangereuse, qu'elle est le résultat de la constitution. Plus d'unité, plus d'harmonie, plus d'esprit public. Un empire n'a guères florissant, dont
la gloire et la prospérité s'étendaient d'un pôle à
l'autre, aujourd'hui, déchiré par lambeaux et con-
sumé par les affres de la misère, ne peut qu'être
la proie d'un ambitieux qui captera le suffrage de
quelques partisans, ou d'un tyran limitrophe qui,
l'épée à la main, pénétrera jusqu'au centre de l'état,
sans éprouver de résistance de la part d'un peuple,
qui depuis long-tems s'est vaincu, en tournant ses

armes contre lui-même. Ainsi sous quelque rapport que la philosophie politique considère l'issue d'une révolution, l'état est perdu si le gouvernement peut sortir de la sphère exécutive où la nature l'a circonscrit, l'état est perdu si la constitution n'est le terme du mouvement révolutionnaire.

DISTRIBUTION

DISTRIBUTION

DU TERRITOIRE

DE LA

RÉPUBLIQUE FRANÇAISE,

D'après les bases de la population.

ARTICLE PREMIER.

LE territoire est composé de quatre-vingt-cinq départemens ; chaque département de cinq districts ; chaque district de dix cantons. Parconséquent, il y a quatre cent vingt-cinq districts, quatre mille deux cent cinquante cantons.

II. La population détermine la surface du département ; elle est d'environ 300,000 citoyens ; celle d'un district de 600,000, celle d'un canton de 6000.

Ainsi, la population de la république est d'environ 25,500,000 citoyens.

III. Les départemens sont divisés par ordre, de

V.

puis n⁰. 1, jusqu'à 85; chaque district depuis n⁰. 1, jusqu'à 5, et chaque canton depuis n⁰. 1, jusqu'à 10.

IV. Chaque canton forme une assemblée élémentaire, et élit un fonctionnaire public.

ÉLECTION

DES

FONCTIONNAIRES PUBLICS.

CHAQUE dixième année, le premier messidor (ère républicaine,) les assemblées élémentaires se forment spontanément au lieu ordinaire des séances, à dix heures du matin.

Chaque assemblée élémentaire nomme un président et deux secrétaires, par acclamation.

Le bureau est chargé de recueillir les suffrages.

Le nom de chaque citoyen est inscrit sur trois listes ; une pour le président, les deux autres pour les secrétaires.

Le président fait l'appel nominal, et les deux secrétaires apposent une marque, en marge, auprès du nom de celui qui obtient le suffrage individuel.

Les secrétaires vérifient la majorité, en présence de de l'assemblée.

Le citoyen qui obtient la majorité est représentant présumé.

S'il refuse, le président recommence l'appel nominal jusqu'à une acceptation définitive.

Un absent ne peut être nommé.

Un citoyen peut se nommer lui-même.

Chaque assemblée élémentaire élit un président et un secrétaire-greffier.

Le 10 messidor, les représentans présumés, se réunissent dans le chef-lieu de leur district, depuis dix heures du matin.

Ils choisissent un représentant effectif, qui se rend au centre pour concourir, par sa présence, à la formation de la représentation nationale, qui est conséquemment composée de 425 membres.

Les neuf autres fonctionnaires publics demeurent sur les lieux, et forment le tribunal de district.

Ils procèdent à l'élection d'un président, d'un secrétaire-greffier et d'un trésorier, annuellement amovibles.

DES ASSEMBLÉES

DE LA RÉPUBLIQUE.

ARTICLE PREMIER.

LES assemblées de la république se divisent en assemblées de canton, de district, de département, et en assemblée nationale.

II. Toutes les assemblées de la république se tiennent à dix heures du matin.

III. Elles sont décadaires, à l'exception des assemblées de département, qui ont lieu le quinzième jour de chaque mois.

IV. Les assemblées extraordinaires sont annoncées par la publication et l'arborement d'un drapeau apposé la veille sur le lieu des séances.

V. Les assemblées décadaires de canton sont instructives ou délibérantes.

VI. Les assemblées extraordinaires sont destituantes ou dénonciatives.

VII. Les assemblées décadaires de district sont financières ou administratives.

VIII. Les assemblées extraordinaires sont, ou adjudicatives ou juridiques.

IX. Les assemblées décadaires nationales sont politiques ou administratives.

X. Les assemblées extraordinaires sont ou adjudicatives ou sénatoriales.

XI. Les assemblées départementales sont électives ou délibérantes.

XII. Toutes les assemblées et tous les citoyens se conforment aux réglemens civils et politiques.

RÈGLEMENS

CIVILS

De la naissance.

ARTICLE PREMIER.

DÈs qu'un citoyen est né, le président de canton se transporte sur les lieux, accompagné du secrétaire-greffier et d'une assistance.

II. L'assistance est composée de quatre témoins pris indistinctement.

III. Les témoins doivent être citoyens domiciliés du canton.

IV. Le président constate la naissance du nouveau né en présence du père et de la mère.

V. Si le père est absent, l'enfant est adoptif de la patrie, jusqu'à ce qu'il soit reconnu par son père, de retour, conformément à la déclaration de sa mère.

VI. L'enfant reconnu, soit au moment même, soit au retour de son père, à qualité d'héritier, tant du côté paternel que maternel.

VII. S'il n'est pas reconnu, il n'a qualité d'héritier que du côté maternel.

N 4

VIII. Tout enfant postume, ou après la naissance duquel le père viendrait à décéder, sans avoir reconnu sa légitimité, n'aurait qualité d'héritier que du côté maternel.

IX. Tout enfant posthume qui, avant l'époque de sa naissance, serait reconnu par son père, aurait qualité d'héritier, tant du côté paternel que maternel.

X. Si un père reconnaissait son enfant après l'avoir méconnu, cette reconnaissance serait inadmissible, et il perdrait ses droits à son éducation.

DE L'ÉTAT CIVIL

DES CITOYENS.

ARTICLE PREMIER

L'ÉTAT civil des citoyens a lieu par la majorité.

II. La majorité confère la faculté de se faire rendre des comptes de tutelle ; de contracter des actes civils , et d'être admis aux fonctions publiques.

III. Les citoyens sont majeurs depuis 15 ans jusqu'à 25 , en raison de la sagesse.

IV. Ceux qui sont majeurs à 25 ans , sont majeurs par bénéfice d'âge.

V. Le dégré de sagesse nécessaire est reconnu en assemblée élémentaire de canton.

VI. Si le prétendant à la majorité éprouve un refus il ne peut réitérer sa demande que six mois après , et quand il a obtenu la majorité, son caractère civil est indélébile.

DES TRANSFERTS

D'IMMOBILES.

ARTICLE PREMIER.

LES plans des immobiles d'un canton sont déposés au greffe entre les mains du président et du secrétaire.

II. Le président ne peut connaître de la vente des biens mobiles.

III. Pour avoir qualité de vendre des immobiles, il faut être propriétaire majeur, et sain d'esprit.

IV. La vente des immobiles ne peut avoir lieu qu'au comptant.

V. Le prix de vente n'est stipulable qu'en valeur de blé.

VI. Le prix convenu entre le vendeur et l'acquéreur, les contractans se retirent par devers le président du canton.

VII. Celui-ci exhibe à l'acquéreur le plan de l'immobile, le prix auquel il a été payé par les propriétaires successifs, et les mutations qu'il peut avoir éprouvés.

VIII. Il écrit au-dessous de la ligne qui en constate la propriété au vendeur ,

Transféré au cit...,; (le nom et l'état), en présence du cit.... vendeur, ci-dessus dénommé, en qualité de propriétaire, lequel a déclaré en avoir reçu le prix, s'élevant à la valeur de (septiers de blé,) et ont signé conjointement avec nous, ainsi que l'assistance ordinaire, laquelle les reconnait sains d'esprit, (le jour et l'heure.) Suivent les signatures.

IX. Le président en délivre certificat au propriétaire, si celui-ci l'exige.

X. Le président proclame le transfert à la première assemblée du canton.

DES MUTATIONS.

ARTICLE PREMIER.

LES mutations ont lieu par la réunion de plusieurs propriétés en une seule, par la division d'une seule en plusieurs, ou le changement de destination d'une propriété immobile.

II. Quand il y a mutation, les propriétaires font rectifier à leurs frais le plan de leur immobile auprès du président de canton.

Des Donations.

ARTICLE PREMIER.

LES donations ont lieu par le désaisissement volontaire et gratuit d'une propriété immobile.

II. Elles se font dans la même forme que les transferts, et au lieu de stipuler la valeur de la propriété, le président constate *par donation bénévole*.

III. Comme une donation tardive suppose que le propriétaire est en danger de perdre la vie, le président de canton, accompagné du secrétaire-greffier et de l'assistance, se transporte auprès du donateur, pour constater l'acte pour lequel on le requiert.

IV. Le président de canton ne peut connaître des donations portant sur biens mobiles.

DU DIVORCE.

LE divorce a lieu par la volonté de l'un des deux époux.

II. Tout contrat de mariage ne pouvant contenir que des dispositions testamentaires, ou des clauses absurdes et immorales, est nul et inadmissible.

III. La communauté des immobiles acquis avant l'époque de l'habitude conjugale ne pouvant avoir lieu, les époux sont à l'abri des contestations litigieuses que des dispositions contraires susciteraient en cas de divorce.

IV. La communauté des biens mobiles ayant lieu, les époux partagent ces biens par portion égale, à moins qu'il n'y ait un acte sociétaire.

V. S'il existe un acte sociétaire, les divorceans prélèvent en raison de leur mise réciproque, soit que les mobiles ayent acquis de la défaveur, ou de l'amélioration pendant la société.

VI. S'il y a communauté de biens immobiles, comme cette communauté ne pourrait avoir lieu que dans le cas d'acquisition postérieure à l'habitude conjugale, le produit seulement peut être partagé en mettant l'immobile à ferme, à moins qu'il n'y ait consentement mutuel de vendre de part et d'autre.

VII. Si l'un des époux se refuse à la vente, cette volonté est décisive, et l'époux, qui a une volonté contraire, ne peut disposer que de sa moitié personnelle, sans que l'acquéreur qui lui succède ait qualité d'exiger le partage de l'immobile.

VIII. S'il y a des enfans, ils ont indépendamment du divorce, qualité d'héritiers, tant du côté paternel que maternel.

IX. Le sexe décide la question des prétentions des divorcés à la garde et à l'éducation de leurs enfans. Les mâles appartiennent à l'épouse, et les femelles à l'époux.

X. S'ils sont de même sexe, et en nombre pair, les divorcés se chargent de leur garde et éducation d'après un partage égal.

XI. Dans ce cas, les plus jeunes appartiennent à l'épouse, et les aînés à l'époux.

XII. S'ils sont en nombre impair, le plus âgé des enfans suit la garde paternelle, si c'est une femelle; et la garde maternelle, si c'est un mâle.

XIII. Les divorcés ont, en tout tems, qualité pour contracter autre alliance, ou reprendre le premier lien conjugal.

XIV. Si l'un des époux divorcés venait à décéder, en lieu éloigné du domicile habituel de ses enfans, et qu'il eut transporté ses biens dans cette contrée, les héritiers absens seraient provisoirement représentés par le président de canton.

XV. Si l'époux divorcé avait des enfans d'un autre lit, comme dans ce cas les deux épouses seraient tutrices respectives, elles partageraient le produit des immobiles selon leurs prétentions réciproques, d'après le nombre de leurs enfans.

XVI. S'il y a distance locale entre les époux, dans la circonscription du territoire de la république, le divorce n'en est pas moins admissible.

XVII. Dans ce cas, l'un des deux époux fait signifier sa volonté à l'autre.

XVIII. Si celui auquel la signification s'adresse est absent, il a un mois de délai, à dater du jour de la publication, pour se rendre en son domicile habituel, et procéder à la conservation de ses intérêts.

XIX. Si l'époux absent n'est pas rendu sur les lieux de son domicile, dans le délai déterminé, il est représenté par le président de canton, à moins qu'il ne donne procuration à un autre citoyen.

XX. Le divorce a lieu, par le fait de l'absence de l'un des époux, hors de la circonscription du territoire de la république; dans ce cas, l'absent est représenté par le président de canton, à moins qu'il n'ait laissé procuration avant son départ.

XXI. Si c'est l'époux absent qui fait signifier sa volonté à l'autre, qui est résident sur le lieu du domicile habituel, le délai d'un mois est inadmissible. L'époux absent peut se faire représenter ou par le président de canton, ou par tout autre citoyen chargé de procuration.

XXII. Dans tous les cas, l'époux divorçant est tenu de déclarer sa volonté au président de canton sur le lieu du domicile habituel, afin que ce fonctionnaire public puisse procéder à la publication de l'acte de divorce, et à l'exécution des réglemens civils.

DECÈS.

DU DÉCÈS.

ARTICLE PREMIER.

LE président de canton se transporte sur les lieux, accompagné du secrétaire greffier et de l'assistance.

II. Il constate l'état du décédé et prend acte de la succession tant mobile qu'immobile.

III. Si le décédé n'a point d'enfans, la succession est nationale.

IV. Si elle est en biens mobiles seulement, elle appartient au canton.

V. Si elle est en biens immobiles elle appartient à la république, et l'adjudication n'en peut avoir lieu qu'au tribunal de district.

VI. Si la succession est composée de biens des deux espèces, elle relève en totalité du même tribunal.

VII. Si le décédé a des enfans, l'époux survivant est chargé de la tutelle.

VIII. Si les biens des mineurs étaient mal administrés, l'assemblée de canton pourrait en tous tems prononcer la destitution de tutelle, et l'exercer sur sa responsabilité.

IX. Les mineurs entrent en jouissance de leurs biens mobiles et immobiles à l'époque de leur majo-

X

rité, et ont qualité de se faire rendre compte de la gestion.

X. Si les mineurs sont orphelins, la tutelle appartient au canton, et est administrée par le président.

XI. Les biens des mineurs sont inaliénables, et chaque canton en est solidairement responsable.

XII. Les assemblées de canton peuvent non-seulement destituer de tutelle, mais encore des soins de garde et d'éducation.

De l'apposition des scellés.

ARTICLE PREMIER.

L'apposition des scellés ne peut avoir lieu que dans le cas d'absence d'héritiers ou de succession nationale.

II. L'apposition des scellés se fait par le président du canton, accompagné du secrétaire-greffier et de l'assistance.

III. Le cachet demeure empreint en double sur la minute.

IV. Les héritiers ont trois mois de délai pour se présenter et être admis à recueillir la succession.

V. Dans ce cas, le président procède en présence des héritiers à la levée des scellés, en faisant constater qu'ils sont sains et entiers par une assistance choisie par les héritiers.

VI. Si le nombre des héritiers n'est pas complet, la majorité peut exiger la levée des scellés, auquel cas les absens sont représentés par le président du canton.

VII. Après l'expiration du délai de trois mois, si aucun héritier ne se présente, le président procède de lui-même à la levée des scellés, en faisant constater qu'ils sont sains et entiers, par une assistance autre que celle qui présida à leur apposition.

VIII. Il provoque ensuite la vente des mobiles au bénéfice du canton d'après la publication.

IX. Si la succession relève du tribunal de district, la levée des scellés a lieu en présence du magistrat qui en fait la vérification.

X. Si le décédé est un voyageur, sans enfans, la succession mobile et locale appartient au canton du lieu de son décès.

XI. Si c'est un voyageur, père d'enfans, la succession mobile appartient à la veuve en qualité de tutrice, ou au canton chargé de la tutelle, ou enfin aux héritiers immédiats, s'ils sont majeurs.

XII. La même disposition a lieu en admettant le décès d'une mère en voyage.

XIII. Les héritiers absens ont un an de délai, pour répéter le produit de la vente des mobiles entre les mains du président de canton, qui en est dépositaire jusqu'à cette époque.

XIV. Les héritiers absens ont dix ans de délai pour répéter le produit de la vente des biens des deux espèces auprès du gouvernement, en cas que la succession ait été provisoirement nationale.

X 2,

Du partage entre héritiers.

ARTICLE PREMIER.

Le partage entre héritiers porte soit sur biens mobiles, soit sur biens immobiles.

II. Le partage des biens immobiles ne peut avoir lieu, l'immobile doit être mis a ferme, et le produit seulement est susceptible de répartition.

III. Si la succession est composée de biens immobiles entre lesquels il y a solution de continuité, le partage effectif peut avoir lieu.

IV. Dans ce cas, l'aîné fait les lots, le plus jeune choisit le premier : et ainsi de suite à l'égard de ses frères ou sœurs, selon l'ordre de leur naissance.

V. Le partage des biens mobiles a lieu dans la même forme.

VI. Si tous les héritiers sont orphelins et mineurs, le partage n'a pas lieu ; mais s'il y en a tant en état de majorité que de minorité, le président de canton représente ceux auxquels la foiblesse de l'âge ne permettrait pas de faire un choix.

VII. Quand les héritiers présens forment le plus grand nombre, l'apposition des scellés n'a pas lieu, les absens sont représentés par le président de canton.

VIII. L'absence par réclusion, motivée sur état de démence, n'a point de délai limité.

IX. Si tous les héritiers sont mineurs, et que l'un d'eux vienne à décéder, la succession est reversible sur la tête des autres, en rentrant dans la tutelle.

X. Si un père a pour héritier des enfans de plusieurs lits , ils héritent en concurrence du côté paternel, ils héritent séparément du côté maternel.

XI. Si une mère a pour héritiers des enfans de plusieurs lits, ils sont sujets à la même disposition.

XII. Les mineurs ont qualité d'hériter de leurs frères et sœurs qui décèdent en état de majorité, mais ni la tutelle, ni les frères majeurs n'héritent des enfans qui décèdent en état de minorité ; dans ce cas, la succession est ou nationale ou reversible sur les autres mineurs, s'il y en a.

Des actes authentiques.

ARTICLE PREMIER.

Les actes authentiques sont ceux qui attestent l'état ou la qualité des citoyens.

II. Ils sont revêtus d'un caractère formel par l'enregistrement qui les rend susceptibles d'expédition.

III. Ils sont compris sous la dénomination de certificats de résidence, de naissance, de vie, et de décès; d'inventaires résultans des successions, d'expéditions de transferts, donations, divorces, brevets de majorité, procuration, signification, baux et transactions sociétaires.

IV. Les certificats, les expéditions et les brevets de majorité sont délivrés par le président de canton, qui les rend authentiques, par l'apposition de sa signature et de celle du secrétaire-greffier.

V. Les procurations, significations, baux et trans-

X 3

actions sociétaires sont rédigées par les parties contractantes, et rendues authentiques par l'enregistrement au bureau du canton.

VI. La procuration est un acte qui donne qualité, à celui qui en est revêtu, de représenter un propriétaire absent.

VII. Les significations ont lieu dans le cas d'absence d'héritiers, de divorce ou de dissolution sociétaire.

VIII. Elles se font connaître authentiquement aux intéressés, par la publication aux assemblées de canton.

IX. Le délai ne commence à dater que du jour de la publication authentique, et les présidens de canton seraient respectivement responsables de leur inertie.

X. L'enregistrement des baux entre fermiers et propriétaires, ne peut avoir lieu qu'autant que le prix du bail est énoncé en valeur de bled.

XI. Les transactions sociétaires font foi des mises respectives, et des prétentions des associés dans une entreprise de négoce.

XII. L'enregistrement ne peut avoir lieu quand les clauses sont absurdes, contradictoires, amphibologiques, immorales et liberticides.

XIII. La dissolution sociétaire a lieu sur la volonté de la majorité des contractans; mais un associé ne peut se séparer de ses collaborateurs, sans les prévenir, un an d'avance, du retrait de sa mise, à moins que l'acte ne contienne des dispositions contraires.

XIV. Un associé a qualité pour vendre dans tous les tems son intérêt commercial, à moins que cet intérêt ne repose sur le produit de son travail.

XV. Toute société est susceptible de dissolution sur la signification d'un seul associé, après le terme d'un an écoulé, sauf à la compagnie à se réunir sous une forme nouvelle.

XVI. Tous les actes qui seraient contradictoires aux réglemens civils, ne pourraient être susceptibles d'enregistrement, et seraient nuls par le fait de leur contexture.

X 4

RÈGLEMENS POLITIQUES.

De l'État politique des citoyens.

ARTICLE PREMIER.

Sont citoyens actifs tous ceux qui respirent sur le sol de la république, et qui sont irréprochables.

II. L'état politique de citoyen se perd par l'affiliation à un ordre étranger, qui suppose l'existence des privilèges.

ASSEMBLÉE
DÉCADAIRE DE CANTON.

ARTICLE PREMIER.

L'ASSEMBLÉE est compétente au nombre de 50 citoyens.

II. Le président ouvre la séance par la lecture de la correspondance.

III. Il communique le résultat de ses opérations dans le cours de la décade, et l'état physique et moral des mineurs et des orphelins.

IV. Il fait connaître les naissances et les décès ; les successions tant privées que nationales ; les transferts d'immobiles ; les changemens de domicile ; les arrestations, s'il y en a ; la nature et l'espèce des causes pendantes au tribunal de district, et instruit l'assemblée de tous les détails qui peuvent l'intéresser.

V. Il justifie de l'état de sa caisse ; des offrandes patriotiques qui lui ont été commises ; des secours distribués à l'indigence, et de la délivrance des billets d'hospice ou de travaux publics.

VI. Il accorde ensuite la parole aux citoyens, selon l'ordre de leur demande ou de leur inscription au bu-

reau, et si personne ne la reclame, le président lève
la séance.

VII. L'obtention de la parole a pour objet, soit la
demande de la majorité, soit une réclamation contre
fermiers insolvables, soit une discussion civile.

VIII. Dans le premier cas, le prétendant à la majorité ne peut avoir qualité de former sa demande,
qu'un mois après avoir provoqué l'examen de sa conduite.

IX. Si la demande de la parole porte contre fermiers
insolvables, le propriétaire peut provoquer la saisie
des propriétés de ses débiteurs.

X. Les contestations civiles, soumises à la discussion de l'assemblée, sont jugées par elle, conformément aux réglemens civils et politiques.

XI. Les arrêtés de canton, conformes aux réglemens, sont mis à exécution, par le président, qui, en
cas de résistance, peut réclamer main-forte auprès du
tribunal de district.

XII. Le président ne peut refuser la parole quand
on la réclame contre lui ou contre le secrétaire.

XIII. Dans tous les cas, il est soumis à l'assemblée.

XIV. Aucun citoyen domicilié d'un autre canton
ne peut obtenir la parole, à moins qu'il ne prévienne
l'assemblée, qui la lui accorde ou la lui refuse, d'après
le vœu de la majorité.

De la Saisie et Mise-hors.

ARTICLE PREMIER.

La saisie et mise-hors ne peut avoir lieu que pour engagemens quittanciers.

II. Elle peut s'exercer sur les biens des deux espèces.

III. Sur les conclusions du plaignant en assemblée de canton, le président écrit au tribunal de district.

IV. Dans le cas d'impuissance du fermier, soit citadin, soit rural, à justifier de ses quittances, le président et le secrétaire-greffier, accompagnés d'une assistance et d'une escorte de gendarmerie, opèrent la saisie et mise-hors, au bénéfice du propriétaire.

V. Le président interpose sa médiation en assemblée de canton, s'il y a lieu, a voies conciliatrices et convenables au propriétaire.

VI. S'il y a menace de banqueroute en la demeure, le plaignant peut requérir main-forte, et le président ne peut la lui refuser, sans attendre l'assemblée du canton.

VII. La saisie et vente a lieu, jusqu'à une concurrence double de la valeur de la créance.

VIII. La moitié de la somme provenant de la vente appartient au propriétaire, et l'autre moitié à l'hospice du département.

ASSEMBLÉE
EXTRAORDINAIRE
DE CANTON.

ARTICLE PREMIER.

L'ASSEMBLÉE extraordinaire est convoquée par le président, sur la réclamation de 30 signataires.

II. Le président ne peut faire éprouver un retard de plus de deux jours à son exécution.

III. L'objet de la réclamation ne peut porter que sur la destitution d'un fonctionnaire public.

IV. La destitution se rapporte au fonctionnaire élu immédiatement par le canton.

V. L'assemblée compétente, au nombre de 50 citoyens, l'un des signataires énonce les motifs de rappel.

VI. Le président accorde la parole aux citoyens qui la demandent. Les défenseurs, s'il y en a, ont la priorité.

VII. La discussion épuisée, le président met la question aux voix.

VIII. La majorité décide de la destitution ou de la confirmation.

IX. Si elle prononce la destitution, le renouvellement a lieu par la voie du suffrage.

X. En cas de prévarication authentique, la destitution est inadmissible; et l'accusation juridique est le seul moyen à employer contre le prévaricateur.

XI. Si l'assemblée est dénonciative, elle est convoquée par le président, à la sollicitation du tribunal de district.

XII. L'objet de la convocation est de donner connaissance d'un fait criminel, commis dans l'enceinte du département, afin de faciliter la découverte des auteurs.

ASSEMBLÉE
DÉCADAIRE DE DISTRICT.

ARTICLE PREMIER.

Les assemblées décadaires de district sont composées des membres du tribunal.

II. Elles sont compétentes au nombre de sept magistrats.

III. Le président ouvre la séance par la lecture de la correspondance.

IV. Il justifie de l'état de la caisse.

V. L'assemblée délibère et prend des arrêtés sur les objets de dépense et d'administration.

VI. Ces arrêtés sont signés des membres délibérans et sur leur responsabilité.

VII. La caisse de district est à trois clefs, lesquelles sont entre les mains du président, du secrétaire-greffier et du trésorier.

VIII. Ils sont chargés de la balance des comptes et des soldes dans l'arrondissement du district.

IX. Les autres membres se chargent de la correspondance.

X. Les arrêtés des assemblées décadaires de district sont enregistrés au livre des délibérations.

Assemblée extraordinaire adjudicative.

ARTICLE PREMIER.

Le président donne connaissance de l'état de la succession nationale, et procède à la vente sur enchère.

II. Les enchérisseurs entrent en concurrence à l'extinction de trois bougies, dont la durée est en tout d'une demi heure.

III. L'adjudication prononcée, le secrétaire-greffier délivre copie certifiée, de l'acte de la séance à l'acquéreur.

IV. Les enchérisseurs stipulent leurs offres respectives en valeur de bled.

V. L'offre ne peut être inférieure à un demi septier de blé.

VI. L'adjudicataire justifie de son acquisition auprès du président du canton, sur lequel l'immobile est situé, et le président en fait le transfert au bénéfice de l'acquéreur.

Séance extraordinaire juridique.

ARTICLE PREMIER.

La séance offre la présence des juges, de l'accusé et de l'officier de justice.

II. Le président, après un discours préliminaire sur la nature de la cause et l'importance des fonctions de la magistrature, fait comparaître les témoins accusateurs.

III. Les témoins accusateurs paraissent les uns après les autres, selon le rang d'âge; les plus jeunes sont admis les derniers.

IV. Le président seul, a la parole pour les interpellations préliminaires.

V. Chaque magistrat doit être mis à portée de tracer ses réflexions résultantes de l'instruction.

VI. S'il existe un constat, ou une accusation, chacun d'eux doit en avoir copie certifiée.

VII. Les accusateurs entendus, l'accusé oppose ses moyens de défense, et provoque les témoignages en en sa faveur, soit par son organe, soit par celui de défenseurs.

VIII. Les témoins justificateurs paraissent à leur tour, dans le même ordre que les témoins accusateurs.

IX. Chaque magistrat peut faire des interpellations particulières sur les questions de fait, et résultantes des témoignages, après avoir obtenu la parole du président. La priorité est accordée aux magistrats les plus jeunes.

X. Les interpellations du président ne peuvent qu'être méthodiques, c'est-à-dire, soumises au cours de l'instruction.

XI. Les interpellations des autres magistrats sont ou méthodiques ou croisées, c'est-à-dire elles peuvent se porter des témoins accusateurs, aux témoins justificateurs, et de l'accusé aux uns et aux autres.

XII. Le président consulte l'assemblée qui décide

si

si l'instruction est suffisante, et après avoir fait retirer les parties dans les lieux qui leur sont assignés, il ouvre la discussion.

XIII. La priorité accordée au magistrat le plus jeune, celui-ci énonce son jugement en disant, *l'accusé est* ou *n'est pas criminel*. Il motive sa conclusion sur l'identité ou l'incohérence des rapports obtenus par l'instruction.

XIV. Les autres magistrats obtiennent successivement la parole, conformément au rang d'âge, et motivent leur jugement de la même manière.

XV. Si les jugemens impliquent contradiction, la discussion s'ouvre entre les magistrats, et chacun confirme les motifs qui l'animent.

XVI. La discussion épuisée, le président rappelle les diverses circonstances de l'instruction et des débats, et motive son jugement.

XVII. Il consulte l'assemblée, et la majorité décide la question.

XVIII. Si l'accusé est déclaré innocent, les accusateurs prennent sa place.

XIX. Le procès se continue contre les nouveaux accusés, et après le prononcé du jugement, le président accorde la parole à l'officier de justice.

XX. L'officier de justice confirme ou infirme le jugement.

XXI. Dans tous les cas, l'officier de justice expose ses motifs.

XXII. Si l'officier de justice infirme le jugement, le président va de rechef aux voix.

XXIII. Si le tribunal offre la même majorité, l'officier de justice prend acte de ses motifs, et exécute sans responsabilité.

XXIV. L'acte d'infirmation motivée est imprimé avec les pièces résultantes du procès, pour être, le tout, envoyé à la représentation nationale.

XXV. Si l'acte d'infirmation étoit immotivé, ou si les motifs ne reposaient pas sur des faits ou circonstances valides, l'officier de justice partagerait la responsabilité du tribunal, en cas que l'innocence du condamné vint à être démontrée après sa mort.

XXVI. Si l'officier de justice n'assiste pas à l'instruction et au jugement, il partage dans tous les cas la responsabilité du tribunal.

XXVII. L'assemblée ne peut instruire une cause et prononcer le jugement, qu'au nombre des neuf nombres qui la composent.

XXVIII. Les biens mobiles et immobiles des condamnés sont reversibles aux héritiers légitimes.

XXIX. La République n'hérite des biens des condamnés, qu'au cas que la succession soit nationale, encore le condamné peut-il en faire donation, s'il n'a point d'enfans.

XXX. Le jugement par contumace ne peut avoir lieu.

De la réclusion.

ARTICLE PREMIER.

La réclusion ne peut avoir lieu que dans le cas où une femme enceinte serait condamnée, et dans celui de la démence.

II. Dans le premier cas, la réclusion est prononcée par le tribunal de district, elle a lieu jusqu'à ce que l'enfant à naître soit hors de tout danger.

III. Si la réclusion à lieu par cause de démence, la poursuite est faite par le canton auquel l'homme en démence appartient, auprès du tribunal de district qui prononce en conséquence.

IV. Les propriétés mobiles ou immobiles de l'homme en démence, sont soumises aux mêmes dispositions que dans le cas de la tutelle.

De la qualité des témoins.

ARTICLE PREMIER.

Les témoins sont accusateurs ou justificateurs.

II. En matière de délit privé pour avoir qualité de témoin accusateur, il faut avoir connaissance immédiate de faits ou de circonstances confirmatoires du délit.

III. Pour avoir qualité de témoin justificateur, il faut avoir connaissance de faits ou de circonstances infirmatoires.

IV. Les témoins soit justificateurs, soit accusateurs, sont responsables en cas d'imposture à justice.

V. En matière de délit public, il suffit, pour être accusateur, de faire offre de preuve de prévarication.

VI. Un seul accusateur a qualité pour provoquer instruction juridique, et pour être admis à produire la preuve tant auprès des tribunaux de district, qu'auprès de la représentation nationale.

Du Quo-usque.

ARTICLE PREMIER.

Le quo-usque se prononce quand il n'y a pas preuve évidente de délit.

II. Le quo-usque est illimité, et porte autant sur l'accusé que sur les accusateurs.

III. Les citoyens soumis au quo-usque, ne peuvent s'éloigner du département auxquels ils appartiennent, sans une autorisation expresse du tribunal de district.

IV. Dans le cas du quo-usque, les magistrats ne seraient pas moins responsables de leur jugement, s'il y avait prévarication.

Du Constat juridique.

ARTICLE PREMIER.

Quand un délit privé a été commis, deux membres du tribunal de district, accompagnés du greffier, assistés de quatre témoins, et d'un escorte de gendarmerie, se transportent sur les lieux, d'après la connaissance acquise.

II. Le constat doit faire mention de toutes les circonstances que le délit présente.

III. Après la clôture, les magistrats le font certifier par les quatre témoins.

IV. S'il y a effusion de sang humain, traces de mort violente, ou voyes de fait commises sur une personne encore existante, les circonstances doivent produire des indices qui peuvent faire connaître si l'action est assassine ou meurtrière.

V. En cas de doute, les magistrats procèdent à l'examen par experts.

VI. Après avoir recueilli le témoignage des choses, les magistrats constatans, provoquent le témoignage des hommes, sur le lieu même du délit, quelle que soit l'espèce de violence commise.

VII. Le témoignage des hommes ne doit point être confondu avec celui des choses, mais stipulé séparément sur le grand livre d'accusation.

VIII. Dans ce cas, les magistrats lancent le mandat d'arrêt contre l'accusé.

IX. Les confrontations, reconnaissances et recolemens ne sont admissibles qu'entre-vifs, et ont lieu lors de la comparution des témoins par-devant le tribunal.

X. Le mandat d'arrêt ne pouvant avoir lieu contre des inconnus, les magistrats constatans, font part des renseignemens qu'ils auraient pu acquérir sur les personnes, par une lettre circulaire, adressée aux présidens de canton ; et ceux-ci convoquent assemblée extraordinaire pour dénoncer les faits.

De l'Arrestation des citoyens.

ARTICLE PREMIER.

En cas de non flagrant délit, l'arrestation des citoyens a lieu sur une accusation formelle et juridique.

II. L'accusateur se retire par-devers un magistrat du tribunal sur l'arrondissement duquel le crime a été commis.

III. Le magistrat mande la présence de quatre témoins, et enregistre l'accusation dont on lui donne connaissance.

IV. S'il y plusieurs accusateurs, les accusations sont reçues séparément, sans que les accusateurs puissent communiquer ensemble, auquel cas les quatre témoins servent pour chacun d'eux.

V. Après avoir stipulé les dispositions, le magistrat en soumet la rédaction à l'accusateur. Il en délivre *récépissé*, certifié par les quatre témoins.

VI. Il lance le mandat d'arrêt contre l'accusé, lequel mandat est exécuté par la gendarmerie.

VII. Le gendarme exhibe à l'accusé le mandat d'arrêt, en même-tems que copie de l'accusation portée contre lui.

VIII. L'accusé fait connaître au magistrat les témoins justificateurs.

IX. Le magistrat convoque assemblée extraordinaire juridique.

X. L'accusé peut constituer un ou plusieurs défenseurs, qui se font donner connaissance des faits, et à défaut le tribunal en nomme un d'office, si l'accusé en forme la demande.

De l'Arrestation des fonctionnaires publics.

ARTICLE PREMIER.

L'arrestation des fonctionnaires a lieu dans les mêmes formes que celle des citoyens pour un délit privé, et sur offre d'accusation pour délit public.

II. Si l'accusation porte sur un délit privé, le mandat d'arrêt est lancé par le magistrat muni de l'accusation.

III. Si l'accusation porte sur un délit public, le mandat d'arrêt est lancé par la représentation nationale.

IV. Le mandat d'arrêt est exécuté par la gendarmerie ou par les gardes de l'assemblée nationale, selon que le cas le requiert.

De l'évasion juridique.

ARTICLE PREMIER.

L'évasion juridique a lieu quand un accusé s'échappe à la surveillance de son garde.

II. Le fugitif se met hors la loi par le fait de son évasion.

Y 4

III. S'il est arrêté, il est puni de mort sans forme de jugement.

IV. En quelque lieu qu'il soit arrêté, il est justiciable par le tribunal duquel il dépendait pour l'application de la loi avant sa fuite.

De l'absence des citoyens.

Article premier.

Tout citoyen qui s'absente hors de son département est tenu de faire sa déclaration de départ au président de canton.

II. Celui-ci lui en délivre reconnaissance, laquelle tient lieu de passe port.

De l'absence des fonctionnaires.

Article premier.

L'absence des fonctionnaires a lieu par cause de maladie ou d'inexactitude.

II. Dans le premier cas, le fonctionnaire doit donner connaissance de l'état dans lequel il se trouve, et dans le second, il perd la valeur d'un septier de bled.

III. Les bénéfices d'absence forment des intersoldes qui sont portées en compte à la république, par les diverses autorités auxquelles les fonctionnaires appartiennent.

IV. Aucune autorité n'a droit de donner congé à quelqu'un de ses membres.

V. Si le fonctionnaire ne peut remplir ses devoirs par cause de maladie ou par le tems qu'exigent ses affairs, il doit donner sa démission, et provoquer son remplacement.

VI. S'il vient à décéder dans le cours de ses fonctions, le laps de tems qui s'écoule jusqu'à son remplacement, offre encore une intersolde, à porter en compte au bénéfice de la république, comme dans le cas d'absence.

De l'absence des membres de la représentation nationale.

ARTICLE PREMIER.

Les bénéfices d'absence sont réversibles par portions égales sur les huissiers de la salle.

II. Dès que l'assemblée est compétente pour délibérer, ils procèdent à la confection de la liste des membres présens.

III. Ils la remettent par duplicata sur le bureau, et les secrétaires en certifient l'authenticité.

IV. L'une demeure annexée au registre des délibérations, et l'autre est remise au ministre des contributions publiques.

V. La perte de l'absence pour le fonctionnaire est de la valeur d'un septier de blé, à moins qu'il ne fasse preuve d'empêchement par cause de maladie.

VI. Dans ce cas, il est tenu de prévenir de son état

afin de mettre à portée de pourvoir à son remplacement.

Remplacement des Fonctionnaires.

ARTICLE PREMIER.

Si la présidence de canton vient à vaquer par cause de maladie, de décès ou d'absence, le greffier convoque assemblée extraordinaire.

II. Si c'est la place de greffier qui vient à vaquer, le président suit à cet égard la même formalité.

III. L'assemblée réunie, le président ou le greffier, ou à leur défaut le plus ancien d'âge, énonce le motif de la convocation, et procède à l'appel nominal pour le remplacement.

IV. Celui qui réunit la majorité des suffrages est le remplaçant.

V. Si le fonctionnaire est revêtu de la magistrature, le président du tribunal provoque le remplacement, en prévenant le canton auquel il appartient.

VI. Si le fonctionnaire est membre de la représentation nationale, le président observe à cet égard la même formalité.

DE LA FORCE ARMÉE

DE LA REPUBLIQUE.

La force armée de la République est composée des soldats de la loi, ou de la gendarmerie nationale.

QUELQUES - UNS prétendent que les gouvernans doivent être entourrés d'une force imposante, et moi, je dis qu'ils ne doivent avoir à leur disposition que la force nécessaire. Leurs ennemis sont moins dangereux que ceux du peuple. Où pourraient-ils en trouver s'ils remplissaient leurs devoirs? Entourrés de l'amour des citoyens, quelle puissance pourrait leur porter atteinte? C'est ici qu'il importe de distinguer le gouvernement, des mandataires qui gouvernent. Le gouvernement n'étant que le mode conservateur du contrat social, est fixe et stable comme le principe dont il découle; les gouvernans sont temporaires et amovibles; ils passent comme l'ombre, mais le gouvernement ne passe point avec eux. Un peuple libre n'a donc

pas d'autre point de ralliement que sa constitution, et
lorsque dans un état , les gouvernés sont forcés de
s'attacher à la défense de ceux-là même qui les oppriment, c'est une preuve évidente que cet état est
voué à une tyrannie anarchique. L'essence du gouvernement est dans le peuple , et les gouvernans n'en
sont que le moyen ou l'agence. Sous le despotisme
d'un seul , il y a toujours un contre-poids nécessaire.
Sous le despotisme d'une représentation nationale , il
n'y en a aucun, puisque le peuple même est complice
de ses oppresseurs. Dans une situation anarchique ,
comme il n'y a aucune constitution , on donne le nom
de gouvernement à une cohorte de mandataires , laquelle n'a nulle stabilité , nulle assiette, et une légion
de citoyens en activité perpétuelle, devient une conséquence nécessaire de la désorganisation sociale. Aussi
leur multitude présente plutôt l'image d'un camp, en
présence de l'ennemi, que celle d'une société harmonique. Cette situation violente , loin de rassurer le patriotisme , n'est propre qu'à lui donner de l'ombrage;
car la même force qui servit la cause de la liberté,
peut aussi servir celle de l'ambition , si la raison n'en
dirige l'emploi. De quel danger sera donc pour la
tranquillité publique , l'existence d'une force armée,
toute composée de partisans , laquelle n'est qu'un
instrument aveugle de haine et de fureur entre les
mains des factions qui dominent une représentation
nationale? dévouée à l'intrigue et à la malveillance ,
elle tournera ses armes contre le sein du patriotisme ,
si elle ne se déchire elle-même par l'état de contrac-
tion et d'irascibilité dans lequel elle est entretenue par

lés dissentions des mandataires du peuple. Tout homme impartial sentira, sans peine, qué dans le cours d'une révolution, dont la liberté n'est point le résultat, il est une époque à laquelle les patriotes peuvent devenir *contre-révolutionnaires*, et les anti-révolutionnaires peuvent devenir *patriotes*. Je suppose qu'un peuple qui vit sous le système monarchique, s'élance vers la liberté, il aura pour parti d'opposition tous ceux qui se rangent auprès du trône, et qui ne pouvant imaginer un meilleur gouvernement que celui sous lequel ils vivent, font dépendre le salut de la patrie de la conservation du monarque. Les uns placent la félicité publique dans la chûte de la monarchie, les autres dans son affermissement. Si le premier parti l'emporte, et que le trône soit abattu, le patriotisme est vainqueur, puisque c'est s'élancer vers la liberté que de renverser la tyrannie. Mais si, au pouvoir absolu d'un seul, succède le pouvoir de plusieurs, et que ceux qui ont pris les armes contre le trône, maintiennent le despotisme de cinq cents dominateurs, au nom d'une république imaginaire. Ces hommes n'a guère patriotes, deviennent *contre-révolutionnaires*, puisque la révolution, au lieu d'offrir le règne de la liberté, ne produit à son issue qu'une tyrannie plus intolérable que celle de la monarchie. La révolution est donc une contre-révolution, et si les anti-révolutionnaires s'insurgent contre cette nouvelle tyrannie, ils deviennent patriotes, puis qu'ils tendent à délivrer leur patrie du joug de la servitude. L'époque de cette transfiguration politique est celle de la guerre civile, qui s'allume naturellement par le froissement des partis. Quelle qu'en soit l'issue, l'empire se divise en deux factions, dont l'une s'attache au retour du despotisme d'un seul, et l'autre au maintien du despotisme de plusieurs. Alors le patriotisme devient inutile, et manque de point de ralliement, puisqu'il ne peut trouver la liberté, ni par le retour de la monarchie, ni par le maintien d'une constitution vicieuse, principe immédiat des actes arbitraires, et de tous les fléaux politiques. Si le gouvernement était celui d'un peuple libre, chaque citoyen en serait le défenseur naturel, puisqu'il y trouverait le principe de son bonheur; quand il est tyrannique, il ne peut se prolonger que par des satellites, et quand il est anarchique, par des factieux. Mais aucun gouvernement ne peut régner par la corruption ni la force des armes; la justice seule peut le soutenir, et la distribution de ses bienfaits dépend de la simplicité et de l'évidence de la législation. Le peuple ne peut éprouver aucune crainte s'il vit sous le règne du contrat-social; car, en supposant que les gouvernans vinssent à lui manquer tous-à-la-fois, le gouvernement n'en survivrait pas moins aux individus, dans les deux autres hypothèses, comme le gouvernement est identifié avec l'existence physique des fonctionnaires, il en est le défenseur involontaire jusqu'a ce que l'accablement ou la prépondérance d'un chef de parti le conduise à un nouvel ordre de choses. Aussi le besoin simulé de se prémunir contre les attroupemens séditieux fut toujours le moyen des conspirateurs pour élever le trône de leur domination. Ils prennent des précau-

tions contre les mouvemens populaires qu'ils provoquent ; mais qu'est-ce qu'un attroupement séditieux, lorsque les mandataires sont en révolte contre
la société ? C'est dans ces momens de crise que le sang
du citoyen est versé par la main du citoyen. Il n'est
aucune tyrannie qui ne parvienne, en abusant du
nom de loi, à ranger sous ses enseignes une foule de
factieux et de partisans ; mais quelle est cette loi ?
le résultat d'une volonté arbitraire. Quelle en est la
conséquence ? *l'esclavage et la guerre civile.* Dans un
état démocratique, il faut donc éviter tout ce qui peut
enchaîner l'indépendance, et il n'est rien qui y soit
plus attentatoire que l'esprit et la discipline militaire.
Les factions qui agitent un peuple n'émanent que de
son gouvernement ; comme elles tendent à se contre-
balancer sans cesse, il arrive dans le cours d'une révolution que tel parti, regardé aujourd'hui comme séditieux, fut celui de la liberté à une époque antérieure, et il se trouve remplacé par celui qui l'avait
écrasé de sa prépondérance, lequel se remonte de lui-
même par l'abaissement de son adversaire. Il dépend
d'une représentation nationale, d'entretenir ce jeu de
bascule politique aussi long-tems que l'on lui semble ;
mais l'un et l'autre parti est également dupe d'une
tactique imaginée par des tyrans aussi fourbes que
sanguinaires, et qui se plaisent à mettre un peuple en
contradiction avec lui-même, afin de remplir le vuide
de leurs séances. Aussi les peuples ne font que passer
alternativement d'un excès à un autre, sans trouver
aucun point d'appui, sur lequel il puissent se reposer :
tel est l'effet inévitable de l'absence d'une constitution

libre, et de l'instabilité de la machine politique. Tant qu'un peuple se contentera du mot *liberté*, il sera nécessairement en proie a ces vicissitudes, par son existence anarchique, et ne présentera que des oppresseurs qui se vengent des oppressions qu'ils ont éprouvées, en attendant qu'ils soient opprimés à leur tour. Cependant quel est le but de ces deux partis, acharnés à leur ruine? Le premier est composé de ceux qui veulent conserver leurs propriétés ; le second, est formé par tous ceux qui cherchent à s'enrichir par le pillage et la dissolution. La représentation nationale leur sourit alternativement, et allume les espérances réciproques, parce que son dessein n'est que d'accumuler des richesses, en sauvant sa responsabilité politique à l'aide du tumulte, et de prolonger son autorité, en s'établissant juge médiateur entre les controversistes. Les instrumens passifs de sa tyrannie en sont tour-à-tour les victimes, car quelque parti que l'on embrasse, on sert également sa politique, et les évènemens décident ou du civisme ou de la licence de ceux qui se sont mis le plus en évidence.

C'est ainsi que dans le cours d'une révolution prolongée au-delà de son terme naturel, il n'est pas un citoyen dont la vie ne soit en danger, parce qu'il ne peut que se compromettre, soit par rapport au présent, soit par rapport à l'avenir. Le philosophe sait résister au torrent des passions honteuses, et placé au-essus de l'atmosphère des factions, il trace dans le calme et le silence le résultat de ses pensées, et prоage les vérités utiles, tandis que le commun des hommes est en proie à l'agitation. Si chaque citoyen

pouvait

pouvait s'adapter cette force de caractère, que de
sang serait épargné ! Mais comment un peuple
ne serait-il pas balloté en sens contraire, lorsque l'intérêt qu'il prend à la chose publique est la
source même de son aliénation. Il faudra donc une
force considérable, pour maintenir ce qu'on appelle
l'ordre et la sécurité dans un état voué à l'anarchie ;
mais quand le contrat-social a rangé toutes les prétentions sous le joug de la loi ; quand l'espoir des partisans des factieux et des conspirateurs est anéanti pour
toujours, quels ennemis le peuple aurait-il à craindre ?
C'est alors que les mandataires seuls pourraient exercer
quelques tentatives contre le gouvernement libre qui
borne leur ambition désastreuse ; mais qu'elle réaction
salutaire, l'esprit public n'opposerait-il pas au moindre
mouvement qui menacerait la liberté ! dans cette hypothèse, le citoyen ne serait plus arraché à son travail
habituel, et cette activité serait reversible sur la prospérité publique. Alors la sécurité sociale serait remise
avec d'autant plus de succès, entre les mains d'une
force armée peu nombreuse et inamovible, que, par
l'habitude de la surveillance, ces agens du gouvernement acquièrent des connaissances précieuses qui ne
peuvent être que les fruits de la pratique et de l'expérience ; mais si l'effervescence et le tumulte anarchique
ne cessent de troubler un vaste empire, la perte de
tems qu'éprouvent les citoyens par le joug du service
militaire, est le coup le plus mortel porté à la richesse
nationale. Sur une population de 25 millions d'hommes,
cette perte surpasse annuellement la valeur de 500
millions de journées de travail ; bientôt l'état n'est peu-

plé que par des automates débiles, gens mal nourris, mal vêtus, et qui ne peuvent atteindre que pénible-ment au prix excessif des subsistances et des autres objets nécessaires, par le déficit de la production ter-ritoriale, et le renchérissement de la main-d'œuvre.

ÉTAT

DE LA FORCE ARMÉE

PAR DÉPARTEMENT.

85 Prévôts.
425 Capitaines.
1700 Brigadiers.
15300 Cavaliers.

Total..... 17500 Hommes.

Division de la Force armée.

ARTICLE PREMIER.

LA force armée départementale est composée d'une phalange, commandée par un prevôt, cinq capitaines et vingt brigadiers.

II. La phalange est divisée en cinq compagnies, et chaque compagnie est commandée par un capitaine.

III. La compagnie est divisée en quatre brigades, et chacune d'elles est commandée par un brigadier.

Z 2

IV. Les brigades sont réparties de distance en distance pour la comodité du service.

V. La gendarmerie a droit de surveillance, et d'inspection extérieure par tout où elle se trouve.

VI. Elle a droit d'inspection intérieure de jour et de nuit, avec la présence ou l'autorisation d'un magistrat.

VII. En cas d'accusation verbale sur flagrant délit, elle a droit de poursuite et d'arrestation contre les accusés.

VIII. En cas de flagrant délit, indépendamment de la gendarmerie, tout citoyen a droit de main-forte, d'arrestation et de répulsion de violence.

IX. La gendarmerie reçoit les ordres des tribunaux de district.

X. Elle est inamovible, et la destitution des membres qui la composent, est prononcée par l'assemblée départementale, qui procède au remplacement.

Des Assemblées départementales.

ARTICLE PREMIER.

Les assemblées départementales sont formées par les présidens de district.

II. Si l'assemblée est élective, elle procède à la nomination de l'officier de justice et des places de gendarmerie.

III. Toutes ces places lui sont immédiatement soumises, et elle les délivre sur concours.

IV. En assemblée délibérante, elle discute sur la tenue des hospices, et la conservation des hommes et des choses soumises à son inspection.

V. Elle forme à cet égard, sur sa responsabilité, des demandes financières aux tribunaux de district, placés dans l'arrondissement.

VI. Les présidens réunis, prennent des arrêtés sur des dépenses locales et nécessaires, en se concertant avec le ministre des contributions, qui, dans ce cas, en réfère à la représentation nationale, en lui présentant ses conclusions.

DES FINANCES.

Les Finances sont les signes représen-
tatifs de la production.

IL y a des peuples chez lesquels les échanges ne
se font qu'en nature, et qui ne connaissent aucune
espèce de signes représentatifs ; mais cet état de choses
ne suppose pas une population nombreuse ; car une
multitude d'hommes réunis et dont les besoins sont
plus multipliés, éprouvent naturellement la nécessité
de donner une plus grande précision aux valeurs respectives, afin que chacun d'eux obtienne des jouissances, en raison de son travail. Telle est l'utilité des
finances, lesquelles établissent la balance des prix,
par l'application des choses à la nécessité commune.
une monnaie qui ne peut représenter une valeur par
sa nullité intrinsèque, ne peut qu'entraîner des inconvéniens, aussi les hommes ont-ils adopté pour signes
représentatifs, les métaux qui sont plus propres à exprimer une valeur de travail, que toute autre matière,
par les frais que nécessite l'exploitation des mines.
L'emploi de ces matières diverses dans les ouvrages de
l'industrie, leur rareté et leur qualités respectives con-

tribuent encore à en faire distinguer le prix. Il s'établit
en raison de leur usage dans le commerce, et de la facilité de les obtenir en les arrachant aux entrailles de
la terre. Ainsi, il dépend et ne cessera de dépendre
de la rareté ou de l'abondance des matières. Lorsque
le métal éprouve de l'avilissement par son expansion,
l'industrie l'employe à divers ouvrages, et ce retrait
de la circulation opère une balance, et entretient l'activité de l'exploitation des mines. Sans cette absorbtion,
les entrepreneurs et les ouvriers abandonneraient un
genre de travail, qui ne pourrait plus leur procurer
la subsistance, puisque les productions territoriales
augmentent de prix relatif, en raison de la quantité des
signes qui les représentent. Ainsi, le peuple qui, confondant la richesse fictive et la richesse réelle, s'adon-
nera à la recherche des signes représentatifs, en abandonnant la culture de son territoire, deviendra nécessairement tributaire de celui qui les reçoit en échange
de son superflu. Chez un peuple actif et nombreux,
les finances deviennent le principe de l'inégalité des
fortunes, qui s'établit en raison de l'émulation de
chaque citoyen, et cette inégalité est la source de la
prospérité publique. Il résulte de ces vérités incon-
testables, que les choses ont deux prix, savoir : le prix
direct et le prix relatif. Le prix direct est en raison de
la quantité des choses; et le prix relatif est en raison
de la quantité des signes représentatifs. Ainsi, dans un
état où il y a un millard de livres tournois en circulation, si la livre de pain est à cinq sols, elle s'élèvera au
prix de dix sols, si on ajoute un second millard au premier. En doublant la quantité des signes représenta-

Z 4

tifs, on doublera le prix relatif des choses. Si au contraire, on supprime la moitié du milliard en circulation, le prix de la livre de pain descendra dans la
proportion, et ne sera plus que de deux sols et demi.
Dans toutes ces hypothèses, le pain n'aura pas changé
de prix direct, puisque la quantité en aura toujours
été la même. Le prix du bled déterminant celui de tous
les alimens, ainsi que des ouvrages de l'art, soit qu'on
diminue, soit qu'on augmente la quantité des signes
représentatifs, une fois la balance établie, il n'y a rien
de changé, si la quantité des choses est la même par
rapport à la consommation; c'est pourquoi avec une
même somme ou un poids égal de matières, on obtient une plus ou moins grande quantité de choses
en raison des vicissitudes financières. Le prix direct
ou relatif du bled ne dépend donc ni du cultivateur,
ni du consommateur, puisque la valeur des métaux
en est une conséquence, et que ce prix est en raison
de la différence qui existe entre la production et la
consommation. Cette différence dépend des progrès
ou du dépérissement de l'agriculture; ainsi le territoire doit donc être regardé comme la source de toutes
les richesses, puisque les ouvrages de l'industrie ne
sont que des résultats du superflu qu'il procure, quand
il est bien cultivé. La multiplicité ou la diminution
graduelle des signes représentatifs n'apportant aucun
changement à la richesse réelle, est absolument indifférente, tandis que le déficit des subsistances a une
influence immédiate sur les empires, et en opère la
décadence et la subversion. Cependant, quand les signes représentatifs ne sont pas susceptibles d'être ab-

sorbés par l'industrie vu leur nullité intrinsèque, leur émission est un vol public, puisqu'elle donne aux créateurs la faculté d'envahir au-delà du superflu, et d'ébranler les fortunes particulières. Comme ces signes se propagent avec rapidité, par la facilité de la fabrication, il s'ensuit que le gouvernement qui met, de première main, un tel signe en circulation, reçoit beaucoup plus qu'il ne donne. Son signe est reçu au même prix que celui qui est déja en circulation ; mais la multiplicité faisant tout-à-coup augmenter le prix des choses, lorsqu'elles sont parvenues à un prix double de celui auquel elles étaient avant l'émission, il s'ensuit que celui qui a reçu cent mille livres en apparence, n'en a reçu réellement que cinquante, puisque sa somme ne représente que la moitié de la quantité des choses qu'elle représentait antérieurement, et la différence entre la somme qu'il a reçue et celle qu'il a cru recevoir, est le vol dont on se rend criminel à son égard. Si la situation de l'état exige une dépense extraordinaire, l'impôt est le seul moyen légitime pour y subvenir, et comme sa perception tend à faire diminuer le prix des choses, par l'absence des signes représentatifs qu'il retire de la circulation, le gouvernement a donc de plus grandes ressources par l'impôt que par la fabrication des signes représentatifs, laquelle rompt tout équilibre. S'il spécule sur les emprunts, il commet un vol d'une autre nature ; car il ne peut rembourser la minorité qui prête, qu'en exerçant des exactions sur la majorité qui paye. De la part d'un tyran, l'emprunt est une tactique financière, par laquelle il intéresse une partie du peuple au maintien de son despotisme. Le trône semble être favorable à des prêteurs qui y attachent leur existence ; mais quels que soient les avantages qu'un gouvernement fasse entrevoir à ses créanciers, il commet à leur égard un vol qui pèse sur-tout sur la race future, car, abstraction faite de la fabrication qu'il effecturait en signes représentatifs, insusceptibles d'être absorbés par l'industrie, la somme qu'il reçoit est toujours plus considérable que celle qu'il rembourse lors du retrait du capital. Je suppose deux citoyens que je nomme A. et B. Chacun d'eux possède une somme de cent mille livres. Le premier prête son capital au gouvernement, qui lui sert un intérêt annuel de cinq pour cent, et ce prêteur ne dépense que la moitié de sa rente. B. achète une terre qui ne lui rapporte qu'un intérêt de deux et demi, et ce propriétaire dépense tout son revenu. Je demande lequel des deux est le plus riche ? Quelques-uns pensent que c'est A., et moi, je prouve que c'est B. Comme l'absorbtion des matières métalliques n'a pas lieu dans la proportion de l'introduction, il s'ensuit que par la balance du commerce, qui penche toujours en faveur d'un peuple agricole, si le superflu de la production territoriale est d'un vingtième, toutes dépenses faites, au bout de vingt années, le revenu de B. sera égal à une somme de cinq mille livres. Le capital d'A. sera toujours de cent mille livres ; ajoutez-y une somme de cinquante mille, perçue sur ses épargnes, cette addition offre une somme de cent cinquante mille livres. Le capital de B. aura doublé par rapport à l'ancien site des finances. Intercallés ensuite les différences qui existent entre deux mille cinq cents et cinq mille livres, B. aura plus dépensé qu'A., et son capital offrira une balance bénéficière de cinquante mille livres. Sans l'introduction des signes représentatifs, il serait impossible de servir un intérêt excédent celui qui résulte du produit territorial ; aussi , dans les contrées éloignées du mouvement commercial, l'intérêt de l'argent est-il inférieur à celui de la production, et cette différence est une conséquence nécessaire de la suprématie des richesses agricoles, qui décident du prix des autres , qui ne sont que secondaires. Si le gouvernement emprontait à un intérêt de vingt pour cent, par exemple, lequel serait plus avantageux pour les prêteurs que s'ils étaient propriétaires; il ne pourrait le déservir qu'en commettant un vol sur l'agriculture , et précipiterait la ruine de l'état. Les prêteurs n'en retireraient pas un plus grand avantage , puisqu'ils payeraient leurs subsistances en raison directe de l'intérêt qui leur serait desservi. Ainsi, quand le gouvernement se livre à la fabrication des signes ou à l'emprunt, il commet un vol envers la société. En politique , les finances n'offrent qu'un mot vuide de sens, qui devient le prétexte des brigandages , par rapport à un gouvernement despotique. Il n'existe donc que l'impôt, seul moyen légitime pour subvenir aux dépenses.

DE L'IMPÔT.

L'impôt est la dépense de la Société.

Sous le règne de la tyrannie, l'impôt est une dette contractée par les esclaves envers les maîtres. Ceux-ci sont créanciers perpétuels et illimités de leurs sujets, et disposent arbitrairement de leurs fortunes, comme s'ils en étaient propriétaires. Le peuple n'est à leurs yeux qu'un vil troupeau qu'on soigne en raison de son utilité et du bénéfice qu'il rapporte. La principale occupation des tyrans, est de tarir jusqu'à l'épuisement une source de fécondité, qui par la perte de ses esprits vitaux, ne peut communiquer au corps politique la vigueur et l'embonpoint qui lui sont nécessaires. Retenu dans un état de langueur, il ne peut acquérir les forces qu'il n'appartient qu'à la nature de développer. Il est de l'essence du despotisme de traîner à sa suite une multitude de parasites. La moitié de la population s'exténue au service de l'autre, et c'est avec l'impôt, que les tyrans entretiennent des satellites, afin d'arracher par la force ce que la justice leur refuse. Les quatre élémens sont soumis a des tributs

inexorables, et la fortune publique remonte vers le
sommet, par des tuyaux d'aspiration, multipliés à
l'infini, pour redescendre ensuite, et s'épancher dans
les mains de la paresse et du crime. Sous le règne de
la liberté, l'impôt n'est exigible q l'autant qu'il a une
destination utile et nécessaire. C'est une dépense bénévole que le peuple fait pour son propre avantage,
et non une servile redevance entre le souverain et son
gouvernement. La société prescrit à ses mandataires
de veiller au maintien de la loi, et prend soin de
pourvoir à leur existence, en exigeant, en retour, une
partie du tems qu'ils employ raient a leur bénéfice.
Telle est la dépense à laquelle l'impôt doit subvenir;
mais pour qu'il soit perçu, conformément à la justice,
il est nécessaire que le peuple connaisse cette dépense,
et qu'elle soit fixée de manière à ce qu'elle ne puisse
devenir un prétexte de ruine et d'oppression entre les
mains des fonctionnaires publics. On évitera ce danger en asseyant la dépense sur une base fixe et immuable, et c'est à ce titre que nous lui donnerons le
nom de constitutionnelle. La perfection dans la perception de l'impôt dépend encore de la simplicité des
moyens, et celui par lequel on le fera rentrer sans
frais extraordinaires, sera sans contredit le plus avantageux, puisqu'on évite par là une multiplicité d'a-
gens, dont la dépense ne pourrait se prélever que sur
l'impôt lui-même. Les signes représentatifs, offrent
une grande facilité à cet égard; mais comme la valeur
de ces signes éprouve des variations perpétuelles, il
faudra recourir à des augmentations et a des dimi-
nutions numériques, en raison des vicissitudes. La

motivant l'impôt par le prix du bled, le peuple est à
l'abri des inconvéniens qu'un autre ordre de choses
ne manquerait pas de lui susciter ; ainsi, un fonctionnaire public dont la solde serait de la valeur de cent
septiers de bled, ne percevrait pas plus dans un tems
que dans un autre, quelle que fût la quantité numérique qui représentât cette somme de production. Par
cette méthode, la recette et la dépense seraient assises
sur une base inébranlable ; mais par l'habitude que
l'homme a contractée, de confondre la richesse réelle
avec la richesse imaginaire, c'est-à-dire, la chose elle-
même avec le signe qui la représente, il s'est persuadé
qu'une once d'or avait la même valeur dans tous les
tems, et n'a jamais senti l'absurdité de son calcul. La
valeur numérique change comme la valeur des métaux, dont la monnaie est composée, et cette valeur
dépend de l'activité de l'exploitation des mines. Ainsi,
plus on retire d'or et d'argent des entrailles de la terre,
moins la même quantité représente de choses, et plus
les métaux perdent de leur prix. Je suppose qu'un peuple adonné à l'exploitation des mines, mette annuellement en circulation une grande quantité de signes représentatifs, chez un autre peuple duquel il tire ses
subsistances, il s'ensuivra que les productions territoriales augmenteront de prix relatif chez le peuple
agricole, en raison du numéraire qu'il aura ajouté à
celui qu'il avait en circulation. Par suite, le peuple
exploitant les mines, payera les choses d'autant plus
cher qu'il aura émis plus d'espèces ; c'est donc l'or et
l'argent qui auront diminué de valeur puisque la quantité des productions sera la même, par rapport à la

consommation. Ce sur-haussement relatif à l'ancien
site des finances sera au désavantage du peuple qui
fournit les espèces ; aussi telle mine qui rendait annuellement quinze pour cent du bénéfice net, finit par
être plus onéreuse que lucrative. Une once d'or
n'a donc plus la valeur d'une once d'or, et si cette
somme me suffisait pour vivre l'espace d'un mois, il
y a vingt ans, et que je sois obligé de dépenser le
double aujourd'hui, sans augmenter ma consommation, il s'ensuit que l'or est à moitié prix de ce qu'il
était vingt ans en-deçà ; si avec la même quantité de
productions, j'ai en échange une quantité double de
métal, c'est que le site des finances a été ajouté une
fois à lui-même, et que les espèces ont perdu la moitié de leur valeur. C'est par-là, que l'on peut juger
d'un coup-d'œil de la richesse d'un état, et du superflu de la production, par rapport à la consommation ;
ainsi, si le site des finances est double dans vingt ans,
d'après les proportions relatives, c'est une preuve que
le peuple chez lequel s'opère cette vicissitude, à produit annuellement un vingtième au-delà de sa consommation, toutes dépenses faites. Quand l'impôt est
perçu en signes représentatifs, il est donc essentiel de
le faire porter sur la valeur du bled, puisque c'est lui
qui détermine la valeur des monnayes, en raison de sa
subordonnance ou du déficit. Ainsi, soit que l'absorbtion industrielle retire une grande quantité de numéraire de la circulation, soit que la quantité augmente par la balance du commerce, l'impôt sera invariable comme la dépense à laquelle il s'applique.
Ces principes reconnus, il ne s'agit plus de déter-

miner le mode de perception. Quelques-uns prétendent que l'impôt doit être prélevé sur le produit net territorial, source de la richesse; par ce moyen, disent-ils, la société entière contribue également, car le propriétaire vend ses productions en raison de l'impôt auquel il est assujéti; mais puisque le consommateur paye tout en dernière analyse, qu'importe que celui-ci le paye directement sur ses épargnes, ou directement sur ses dépenses; si ce mode nous présente le moyen de prélever l'impôt sans frais de perception, puisque le propriétaire ajoute l'impôt au prix nécessaire de sa production territoriale, il est donc plus avantageux que chaque citoyen paye immédiatement par l'économie qui résulte de cette méthode. Dans un gouvernement libre où chaque citoyen prétend à l'exercice des fonctions publiques, et vit sous l'empire de la loi; s'il n'y avait qu'une classe qui payât directement l'impôt, bientôt elle ferait valoir cette charge apparente pour prétendre au privilége d'une activité exclusive. Nous ne reconnaissons donc pour impôt constitutionnel que l'impôt capital, qui s'élève à la valeur d'un dixième de septier de bled. Examinons maintenant si cette somme est suffisante, et supposons le septier de bled représenté par cent livres tournois.

RECETTE.

RECETTE.

	Septiers.	à 100 liv.
25,500,000 citoyens à un dixième de septier de bled, ci.	2,550,000.	255,000,000 l.

DÉPENSE.

	Septiers.
4250 Fonctionnaires publics, à 100 sept. ci . . .	425,000
4250 Cantons, ayant deux fonctionnaires privés, partageants 60 septiers, ci . .	255,000
85 Prévôts, à 100 sept. ci.	8,500
425 Capitaines, à 80 septiers, ci.	34,000
1700 Brigadiers, à 60 septiers, ci.	102,000
15300 Cavaliers, à 50 septiers, ci.	765,000
85 Officiers de justice, à 100 septiers, ci.	8,500

MINISTÈRE.

85 Citoyens, à 100 septiers, ci.	8,500
85 hospices, contenant 300 infirmes, à 10 septiers, les-	

	1,606,500

A 2

REPORT. 1,606,500

quels dépensent par chaque
hospice 3000 septiers, ci. . 255,000

TRAVAUX PUBLICS.

20,000 hommes, à 10 sep-
tiers, ci. 200,000
    Edifices nationaux, biblio-
thèque, muséum, jardin des
plantes, cabinet d'histoire
naturelle, et ménagerie, ci. 60,000
    Illumination générale, ci. 200,000
    Frais de bureaux, céré-
monies publiques, et dépenses imprévues, ci. 228,500

BALANCE. 2,550,000   255,000,000l.

*Comptes à rendre au bénéfice de
la République.*

ADJUDICATION.

De l'enlèvement des boues, immondices
et salpêtres. . . . .
    De la ferme générale des postes, trans-
ports et messageries. . . . .
    Successions nationales. . . . . . .
    Intersoldes. . . . .

DE LA CONTRIBUTION.

ARTICLE PREMIER.

LA contribution de l'impôt est annuelle, et aucun citoyen n'en est exempt, pas même les fonctionnaires publics.

II. La valeur du septier de bled qui le détermine, est reconnue et proclamée un mois d'avance, par la représentation nationale, en prenant le terme moyen entre les mercuriales extrêmes de la république.

III. Chaque président de canton reçoit l'impôt.

IV. L'impôt est comptable depuis le premier jour de l'année, jusqu'au quinzième inclusivement.

V. Ce laps de tems écoulé, le contribuable est dans le cas de saisie de ses biens, des deux espèces.

VI. La saisie a lieu à la poursuite du président, et la vente se fait incontinent jusqu'à une concurrence double de la valeur de l'impôt.

VII. La moitié de la somme provenant de la vente est applicable à l'hospice de département.

VIII. Les propriétaires d'immobiles sont responsables de l'insolvabilité de leurs fermiers ou locataires, tant citadins que ruraux.

IX. Le président de canton leur délivre en leur

nom une quittance, à la faveur de laquelle ils peuvent, en tout tems, opérer la saisie et mise hors à défaut de remboursement.

X. Les présidens de canton font la remise de la collecte au tribunal de district, qui leur en délivre quittance.

XI. Chaque tribunal de district, après avoir déchargé les présidens de canton, prélève ses dépenses locales et annuelles, et verse l'excédent entre les mains du ministre de la contribution publique.

XII. La retenue de chaque district s'élève à la valeur de cinq mille septiers de bleds, et cette somme est versée dans la caisse à trois clefs.

XIII. Les appointemens de ceux qui ont des sommes à percevoir sur la caisse à trois clefs, sont soldés par portions égales tous les trimestres.

XIV. Les prévôts de gendarmerie et les officiers de justice ayant à prélever leurs appointemens sur plusieurs districts, chaque tribunal leur en fait parvenir le cinquieme à l'échéance de chaque trimestre.

XV. Le produit des successions nationales est remis immédiatement et sans retenue, au ministère de la contribution.

XVI. Les intersoldes demeurent en dépôt à chaque tribunal, qui en rend compte.

XVII. Les tribunaux se font respectivement décharger par le ministère.

DU MINISTÈRE.

ARTICLE PREMIER.

LE ministère est composé du receveur général de la contribution, et de quatre-vingt quatre adjoints, nommés, ainsi que lui, par la représentation nationale.

II. Chaque adjoint est chef de division départementale, et correspond avec cinq tribunaux de district.

III. Le receveur général est correspondant départemental du lieu où il fait sa résidence.

IV. Le travail de chaque district et des cantons qui en dépendent, est examiné et distribué par ordre de numérotage.

V. Tous ceux qui ont des prétentions sur la caisse du receveur général, sont soldés par portion égale, tous les premiers jours de chaque mois.

VI. Le ministre fait les dépenses extraordinaires, sur les arrêtés de la représentation nationale administrative.

VII. Il produit annuellement un compte balancé de recette et de dépense générale, imprimé et distribué dans tous les départemens.

VIII. La représentation nationale y réunit son compte physique, moral et politique.

Aa 3

DE LA REPRÉSENTATION NATIONALE.

Premier mouvement.

ARTICLE PREMIER.

Les représentans du peuple arrivés au lieu des séances, se rendent dans leurs comités de département et procèdent à l'élection d'un membre par chaque comité. En cas de parité de suffrages, le plus ancien a la préférence.

II. Cette élection donne 85 membres, qui forment le conseil sénatorial.

III. Ils réitèrent cette opération.

IV. Ce résultat offre le même nombre de 85 membres, qui forment la suppléance.

V. Le conseil sénatorial, après s'être séparé de la masse de la représentation, procède à l'élection d'un président et de quatre secrétaires.

VI. La suppléance exécute la même opération.

VII. Le président et les quatre secrétaires titulaires sont proclamés en séance sénatoriale.

VIII. Le conseil sénatorial est annuellement amovible et susceptible de réélection.

IX. Les membres du conseil sont individuellement destituables par arrêté de l'assemblée; et dans ce cas le membre est remplacé par son suppléant.

Installation de la Représentation nationale.

Second mouvement.

ARTICLE PREMIER.

Après avoir procédé à l'élection du conseil sénatorial et de la suppléance, les représentans du peuple se retirent dans la salle des séances sénatoriales.

II. Le président, en qualité de consul, se place sur son lit de justice, les secrétaires occupent le bureau, et le conseil se range en demi cercle autour du bureau.

III. Les autres membres se rangent à leurs places départementales, depuis n°. 1, jusqu'à 85.

IV. Le consul fait un discours d'ouverture, et après avoir fait constater l'acte d'installation, il le fait signifier à la représentation nationale cessionaire.

V. L'assemblée cessionaire envoye une députation par devers le consul, et son président portant la parole, expose l'état dans lequel il remet les rênes du gouvernement, et cet état est certifié par la signature de tous ses collègues.

VI. L'assemblée cessionnaire ne peut se retirer de la circonscription du département où elle tenait ses séances, qu'un mois après son remplacement, pendant lequel tems, l'assemblée, qui lui succède, procède à la vérification des comptes.

Séance Nationale adjudicative.

ARTICLE PREMIER

Quand l'assemblée nationale est adjudicative, elle n'est composée que du conseil sénatorial.

II. Les adjudications comprennent le service de la république sur l'illumination générale, l'entreprise des travaux nécessaires, la ferme générale des postes, messageries et transports.

III. Elles se font à l'enchère ou au rabais selon leur espèce.

IV. La ferme-générale est du terme de dix années consécutives, sauf à l'entrepreneur à être renouvellé par l'assemblée qui succède.

V. Les adjudications se font à extinction de bougies, conformément à l'annonce qui en est faite antérieurement.

VI. Les adjudicataires sont destituables par l'assemblée nationale administrative, en cas de négligence de service.

Séance Nationale administrative ou politique.

ARTICLE PREMIER.

La salle offre dans sa distribution le fauteuil du président, le bureau des secrétaires, une tribune en face du bureau, et une barre, pour les pétitionnaires.

II. Tous les représentans du peuple sont placés indistinctement dans la salle, sans être astreints à l'ordre départemental, et l'assemblée est compétente à moitié, plus un.

III. Les comités de département n'ont aucune influence sur l'assemblée ; ils ne sont institués que pour faciliter, par la correspondance, la reddition du compte physique, moral et politique, et le recensement des voes en séance sénatoriale.

IV. Le président ouvre la séance par la lecture de l'acte de la délibération de la séance antérieure et de la correspondance.

V. Il accorde la parole aux membres qui la réclament

VI. Les orateurs ne peuvent parler qu'à la tribune.

VII. Ils y paraissent successivement, selon l'ordre des demandes ou d'inscription.

VIII. En cas de contestation, l'assemblée décide sur l'interpellation du président.

IX. Si l'orateur s'écarte de la question, le président l'y rappelle.

X. Si l'orateur s'obstine à garder la parole hors de la question, l'assemblée peut lui interdire son enceinte pendant le cours de la séance.

XI. S'il n'y a lieu à un ordre du jour, le président lève la séance.

XII. S'il y a lieu, le président accorde la parole en conséquence.

XIII. La discussion épuisée, l'orateur qui a parlé le dernier, se résume de manière à ce qu'il puisse être délibéré par oüi et par non.

XIV. Tout membre peut proposer des amendemans, réfuter la manière dont la question est posée, et en offrir une autre.

XV. Sur toutes les délibérations, les votes sont recueillis par assis et levé, et la majorité décide la question.

XVI. En cas de doute, le président recueille les votes par appel nominal.

XVII. Les candidats qui concourent pour les divers emplois que l'assemblée délègue, y sont discutés publiquement, et admis à la majorité. Leur destitution a lieu dans la même forme.

XVIII. Les arrêtés de l'assemblée nationale ne peuvent, en aucun tems, être attentatoires à la constitution, tant dans sa partie morale que dans sa partie physique.

XIX. Si l'assemblée nationale prenait des arrêtés qui y fussent attentatoires, ils seraient nuls par le fait;

XX. Les délibérations de l'assemblée sont déposées
dans un registre, pour faire suite aux archives nationales.

De la qualité des pétitionnaires.

ARTICLE PREMIER.

Pour être pétitionnaire il faut avoir droit de réclamer une succession nationale ; en qualité d'héritier
légitime, ou se rendre accusateur d'un tribunal ou de
quelque magistrat.

II. Dans le premier cas, l'assemblée prononce la
restitution des biens au propriétaire légitime, d'après
les titres qu'il produit en sa faveur.

III. La restitution a lieu par le remboursement des
fonds versés par l'acquéreur.

IV. Le remboursement est fait par le ministre de
la contribution publique, sur un arrêté de l'assemblée.

V. Si le pétitionnaire se présente pour motif d'accusation, l'assemblée lance le mandat d'arrêt contre
les accusés, et se charge de l'exécution.

VI. Les pétitionnaires sont introduits à la barre par
un des huissiers, qui en réfère au président.

VII. Les pétitionnaires accusateurs ne sont point
soumis à cette formalité, ils ont la parole de droit,
toute discussion cessante.

VIII. Après l'arrestation des accusés, la représen-

tation se forme en assemblée sénatoriale extraordinaire, dans la salle destinée aux jugemens.

Séance extraordinaire sénatoriale.

ARTICLE PREMIER.

Le consul, les secrétaires, le conseil sénatorial, et
le surplus de l'assemblée, sont placés dans le même
ordre que lors de l'installation.

II. L'assemblée est compétente à la moitié, plus
un.

III. Le consul ouvre la séance par un discours qui
instruit l'assemblée de l'objet de sa convocation, et de
la nature de la cause sur laquelle elle doit prononcer.

IV. L'accusateur et les accusés paraissent ensemble, et sont introduits par les huissiers de la
salle.

V. L'accusateur a la parole.

VI. Après la production des chefs d'accusation et
des preuves au soutien, les accusés opposent la réplique et les moyens de défense.

VII. Les parties entendues, et les témoignages
consultés, le consul fait ses interpellations, et accorde
la parole pour le même objet aux secrétaires et aux
membres du conseil sénatorial, selon l'ordre de leur
inscription.

VIII. Après instruction suffisante, les parties se
retirent dans les lieux qui leur sont respectivement
assignés.

IX. Le consul va aux voix depuis n°. 1 jusqu'à 84'; chaque secrétaire et membre du conseil énonce son jugement et le motive.

X. Les votes recueillis, le président énonce le sien particulier, et la majorité donne le jugement provisoire.

XI. Le consul procède ensuite à l'appel nominal des autres représentans, selon l'ordre départemental, depuis n°. 1 jusqu'à 85; ils énoncent leur jugement sans le motiver, en disant, je *confirme* ou *j'infirme*.

XII. Si la majorité des représentans confirme le prononcé du conseil sénatorial, le jugement est définitif.

XIII. Si la majorité infirme le jugement provisoire, chaque opposant obtient la parole contradictoirement au conseil sénatorial, selon l'ordre de l'appel nominal, et motive ses conclusions.

XIV. Le conseil sénatorial a la réplique, selon l'ordre déja observé.

XV. La discussion épuisée, le président fait l'appel nominal immotivé, et la majorité donne le jugement définitif.

XVI. Si le tems ne suffit pas, dès le premier jour, à l'éclaircissement des faits et à l'obtention des votes, la séance sénatoriale est remise au lendemain et jours suivans, abstraction faite des jours de décade, consacrés aux séances administratives.

De l'Assemblée nationale et de son Président.

ARTICLE PREMIER.

Aucun acte de l'assemblée ne peut être revêtu du titre de Loi.

II. Les actes de l'assemblée s'appellent *arrêtés*, en séance administrative, et *décrets*, en séance sénatoriale.

III. Le chef porte le titre de *président*, en assemblée administrative, et celui de *consul*, en assemblée sénatoriale ; par tout ailleurs celui de *citoyen*.

IV. Les membres de l'assemblée nationale n'ont aucun caractère public hors de l'enceinte des délibérations.

DIRECTION

DE LA

REPRÉSENTATION NATIONALE

Après la reconnaissance du Contrat-
social, et la détermination du gou-
vernement.

Le Contrat-social reconnu, l'assemblée
nationale en représente le mode con-
servateur.

TELLE est l'essence du contrat-social, après avoir
été reconnu, il reste encore à en régler l'exécution, et
c'est cette partie qui constitue le gouvernement. Alors
la représentation nationale éprouve nécessairement
un changement d'état. Des fonctions législatives elle
passe aux fonctions administratives et juridiques. Telle
est la clef qui soutient la voûte de l'édifice constitutionnel; otez-là, tout s'écroule. La permanence d'un

corps législatif serait la plus déplorable des calamités.
Les fléaux de la nature n'ont qu'un tems ; mais quel
pourrait être le terme de celui que les hommes maintiennent et que la corruption a intérêt d'entretenir? Les
malheurs publics se succéderont les uns aux autres,
quand une assemblée exerçant, au nom du souverain,
le despotisme le plus absolu, n'aura aucun guide dans
sa marche, aucun frein dans ses mouvemens désor-
donnés. Répondez-moi, législateurs, quel pourrait
être le motif de vos éternelles séances? Est-ce la déclaration des droits de l'homme? ILS SONT RECONNUS.
Est-ce la proclamation d'une loi nouvelle? TOUS LES
RAPPORTS DE MORALE SONT CONSACRÉS DANS LE CONTRAT-
SOCIAL. Puisqu'il n'y a plus rien à reconnaître, vous
ne pourriez donc que détruire. Aussi, d'après l'institution de votre permanence législative, *la loi du jour*
tue celle de la veille, et meurt à son tour par celle du
lendemain.... Quelle est la conséquence de cette versatilité, si ce n'est la tyrannie anarchique, les schismes
et les déchiremens politiques? Que peut-on imaginer
de plus monstrueux, qu'une corporation créant et détruisant sans cesse? La morale est par tout uniforme,
la justice est éternelle et immuable ; et tandis que les
peuples ne soupirent qu'après les douceurs de son règne, des dominateurs insolens, sous le titre de législateurs, donneraient à leurs commettans leurs volontés
pour lois, leurs caprices pour dogmes, leurs rêveries
pour principes, leurs erreurs pour théorèmes, substituant l'anarchie à la liberté, la tyrannie des mandataires à la souveraineté du peuple, le tumulte des factions à l'établissement de la république, et la guerre
civile

civile aux sentimens de paix, de fraternité, de concorde, qui doivent animer tous les citoyens d'un vaste et florissant empire. Aigris par les divisions que vous avez fomentées, ces mêmes citoyens se reprocheront à eux-mêmes les sacrifices généreux qu'ils firent pour la liberté dans des tems moins sinistres ; et le patriotisme, la plus grande des vertus deviendra un titre de mépris public. Les citoyens rougiront de l'erreur qui les fit s'élancer vers une régénération chimérique, et conservant le venin politique dont vous les avez infectés par vos dissentions, l'acrimonie et l'irascibilité animeront par-tout leurs démarches, et se manifesteront jusques dans les moindres actions de leur vie privée. Le cahos des lois est celui de la morale, et le cahos de la morale entraîne la dissolution d'une société. Quand la législation cesse d'être lumineuse et d'appartenir à la justice éternelle ; elle devient liberticide entre les mains des conspirateurs, et n'est plus qu'un flambeau trompeur, dont la lueur ne brille aux yeux des hommes qui s'en approchent, que pour les entraîner dans le précipice. Quand un peuple est accablé par la multiplicité des forfaits, c'est qu'il est accablé par la multiplicité des lois. Qu'un législateur dégage le peuple de cette masse énorme qui l'oppresse et le suffoque, tout-à-coup il respire, ses forces renaissent, et il reprend promptement sa vigueur. Mais la permanence législative l'étouffe si elle ne le déchire. Comment pourrait-on motiver cette permanence? Si les lois se répètent, elles sont inutiles : si elles se contredisent, elles sont nulles : une succession de législatures périodiques est donc la plus grande des

B b

absurdités politiques. L'esprit de parti sera une conséquence inévitable de cet état perpétuel d'incertitude et d'angoisses ; une multitude s'immoralisera à
l'exemple de ses mandataires, qui la sollicitent à commettre le crime ; elle partagera leur haine et leurs fureurs, et ne prononcera le mot de liberté que le fer
à la main et l'assassinat à la bouche, et le peuple déchiré par les guerres civiles, s'acheminera à travers
les ruisseaux de sang et les monceaux de cadavres, à
la tyrannie d'un seul, plus supportable que celle de
plusieurs. Ce désastre est l'effet inévitable de la permanence anarchique d'une Représentation nationale.
Le dégoût qu'inspire le despotisme de tant de maîtres,
ramène le gouvernement d'un chef ; et tel est le terme
fatal où des représentans infidèles conduisent le peuple par le chemin sanglant des factions. Elles ne cesseront de se reproduire dans un état anarchique, dont
le gouvernement ne sera pas, par conséquent, assis
sur la base du contrat-social, puisque la volonté des
mandataires sera perpétuellement contradictoire. La
République n'existe que quand la législation est conforme aux intérêts de tous, et non aux intérêts particuliers de quelques conspirateurs, toujours prêts à
s'emparer exclusivement des rênes de l'empire.
Quelle est cette législation, si ce n'est celle qui découle de la justice éternelle ? C'est alors que l'oppression d'un seul devient l'oppression commune, et que
l'esprit public ne forme qu'un cri de ralliement contre
les prévaricateurs. Le règne de la liberté exige donc
que la Représentation nationale, abjurant la promulgation de ses lois arbitraires et tyranniques, courbe la

tête sous le joug de la loi éternelle. C'est alors que la constitution est sacrée, que ses dogmes sont inviolables et que les infracteurs peuvent être atteints dans tous les tems, quelque soit l'éminence de leurs places. Tel est le principe fondamental sur lequel repose le règne de la liberté.

LA CONSTITUTION
EST TERMINÉE.

Il serait possible d'avoir une constitution sans gouvernement, comme un gouvernement sans constitution ; mais les peuples n'ont jamais eu ni l'un ni l'autre. Je suppose que dans un état il n'y eut aucune loi écrite, et que toutes les causes fussent abandonnées à l'équité naturelle des magistrats, si ceux-ci obéissaient à l'impulsion de la justice éternelle, le résultat pour le peuple serait le même que s'il vivait sous l'empire de la loi. Dans cette hypothèse, le peuple se trouverait souverain sans le savoir, et il aurait un gouvernement sans avoir de constitution. Le peuple a une constitution sans avoir de gouvernement, quand le texte des droits de l'homme est anéanti par les décrets ultérieurs d'une représentation nationale, que sa permanence a rendu liberticide. Alors l'arbitraire et la tyrannie prennent la place de la justice. C'est au nom de la loi despotique que la loi de la nature est outragée. En admettant même la possession des droits de l'homme, cette possession devient illusoire dès qu'ils sont méconnus par la force. Le peuple peut donc avoir une constitution sans avoir de gouvernement. Il n'a ni l'un ni l'autre sous la domination d'un chef, ou quand un corps législatif, par son imperturbable versatilité, change non-seulement l'esprit de la loi, mais encore renverse les conventions générales, qui déterminent la forme et les modes sous lesquels le gouvernement se présente. Il crée et détruit tour-à-tour des autorités successives et éphémères, et rapportant toutes les opérations à son centre, la nullité morale et politique dans laquelle il est réduit, fait que le peuple n'a ni constitution ni gouvernement. Si la République avait jamais existé sur une partie du globe, elle se serait propagée sur toute sa surface. Quel peuple a jamais désiré son malheur et son oppression! Le genre humain n'a cessé de vivre dans l'esclavage, et si le modèle d'un gouvernement libre eut été présenté par un législateur, ce gouvernement serait devenu celui de tous les hommes, puisque la liberté seule à le pouvoir de les rendre heureux. C'est afin de procurer aux peuples la jouissance de ses bienfaits, que nous avons divisé cette constitution républicaine en deux parties essentielles, l'une morale, l'autre physique. La première exprimée par le nom de *Contrat-Social*, la seconde par celui de *son mode conservateur*. Le titre de Contrat-Social lui est délégué par la nature, puisque sans son observance, il n'est plus de société sur la terre, celui de mode conservateur reconnaît le même principe, puisque le gouvernement n'a d'autre but que l'exécution de la loi. Pour donner à cet ouvrage une latitude telle qu'il puit s'appliquer à tous les peuples, nous avons considéré la société en général, et reconnu la souveraineté du

peuple, ensuite envisageant l'homme sous tous les rapports de son existence, nous avons tellement consacré
les droits de tous et de chacun, qu'il est impossible,
soit à un peuple, soit à un citoyen de ne pas s'y reconnaître et d'admettre une hypothèse dans laquelle un
peuple ou un citoyen ait été oublié. Cette méthode
nous ayant donné un code essentiel et nécessaire, la
simplicité de l'exécution a été la conséquence naturelle de la pureté des principes fondamentaux, et la
forme du gouvernement ne peut que les corroborer,
loin d'avoir une tendance à les détruire. Il eut été
plus facile de composer des monceaux de volumes
sur cette matière que d'en composer un seul; mais
quand on adresse la parole au genre humain, il faut
se mettre à portée, non-seulement d'être entendu,
mais encore d'être lu par chaque citoyen du monde;
et dans quelle série de discussions interminables une
seule citation ne nous aurait-elle pas entraînés? Ainsi,
quoiqu'il soit possible de dire les mêmes vérités par
des tournures de phrases différentes, nous avons
adopté une manière courte, claire et profonde;
courte, pour que l'intelligence en saisisse l'ensemble
avec rapidité; *claire*, afin que chaque citoyen la com-
prenne sans effort, et puisse s'en faire l'application;
Profonde, afin de tirer avec justesse et sans peine
toutes les conséquences nécessaires. Par le même motif qui nous a fait consacrer tout ce qui est essentiellement constitutionnel, nous avons écarté tout ce qui
est nuisible et anti-constitutionnel, comme les armées
de terre et de mer, les colonies, les relations extérieures et les hôtels des monnaies, qui sont autant de

cancers politiques qu'un peuple libre **ne peut trop** tôt s'empresser d'extirper. Cependant comme ces institutions sont des débris d'un gouvernement despotique, si dans une grande révolution un peuple ne peut les anéantir tout-à-coup et qu'il veuille ménager leur chûte par une pente insensible, alors il peut créer une agence extra-constitutionnelle chargée de ces détails, et laquelle rend compte de ses opérations à la Représentation nationale. La dépense de ce supplément peut se prélever extra-constitutionnellement par un impôt territorial. Le législateur ne doit connaître d'aucune institution de cette espèce, car il ne peut supposer qu'un peuple veuille conserver ce qui lui est nuisible ; mais son devoir est de connaître de tout ce qui est nécessaire, et telle est la tâche que nous avons remplie. Nous aurions du peut-être ajouter à notre ouvrage une carte distributive, d'après les bases de la population, mais ce travail exigeait un tems considérable pour un seul homme, qui ne peut comparer les localités qu'on ne connaît parfaiteme t que par une correspondance immédiate. D'ailleurs, lorsque nous avons conçu le plan et l'exécution d'un gouvernement libre, nous avons eu moins égard à des détails soumis aux vicissitudes de la nature, qu'au bonheur de nos contemporains et de la postérité.

Le mouvement spontané de tous les ci-
toyens, pour se rendre le premier mes-
sidor, dans leur assemblée de canton
respective, d'après la distribution du
territoire, en sera l'accomplissement
irrécusable.

PAR quelle fatalité la science sur laquelle les hommes
devraient le plus méditer, est-elle précisément celle
qu'ils négligent le plus? Hé, quelle est cette science,
si ce n'est celle qui a pour objet la félicité sociale?
Par quelle fatalité les législateurs ne l'ont-ils jamais
approfondie? Que l'on consulte le résultat de leur
travail, y trouve-t-on le règne d'une liberté immuable? S'il est vrai que les Républiques ayent éprouvé
des subversions désastreuses, nous devons en conclure que les Républiques n'en avaient que le nom,
puisque la *République* signifie la chose que chacun à
intérêt de soutenir et de défendre. L'anarchie et le
despotisme, voilà les deux monstres que présentent
les constitutions intitulés *républicaines.* Pourquoi
tromper, les hommes et pourquoi l'homme se trompe-
t-il lui-même!!!... Le peuple en donnant un mandat
à remplir à des délégués, ne crée pas des législateurs,
il lui serait aussi difficile de produire par le même
moyen des artistes et des philosophes. Les législa-

teurs se font eux-mêmes par l'étude, la réflexion et la pratique des vertus; mais jusqu'ici ceux qui ont porté ce titre n'étaient que des rédacteurs de réglemens, souvent contradictoires, et toujours liberticides. Des systèmes monstrueux, fruits d'une imagination en délire, ont été accueillis par des peuples enthousiastes, et des calamités sans nombre ont été les conséquences de leurs essais. Malheur aux peuples qui écoutent les organes du blasphème et de l'hérésie politique!... *Anathème, anathème* aux novateurs insensés qui les déchirent, sous le prétexte de les régénérer. Comment des individus qui n'ont qu'un titre usurpé, pourraient-ils donner un gouvernement, quand ils n'en connaissent ni le principe ni la forme? S'ils sont incapables de sentir les vices radicaux de leur ouvrage, si les bornes de leur intelligence ne leur permettent pas de prévoir tous les malheurs qui peuvent en résulter, comment le peuple pourrait-il en porter un jugement plus profond et plus sage? Il faudra donc s'en rapporter à l'expérience; mais combien cette école coûte-t-elle de sang et de larmes, et qu'elle issue présente-t-elle aux malheureux qui la consultent? Dans le cours d'une révolution, tout le monde est d'accord pour abattre, et personne ne se présente pour édifier. Que s'ensuit-il de cette insouciance? Les peuples sont entraînés dans une carrière de dissentions, d'anarchie et de malheurs, dont il est impossible d'appercevoir le terme: en effet, dans un état de désorganisation constitutionnelle, la science du gouvernement ne reconnaît, ainsi que sous le despotisme, que le balancement des forces; et c'est dans

ces tems calamiteux qu'une minute de différence, que
le récit d'une nouvelle fausse ouvraie, que la présence
ou le dévouement d'un homme obscur, et que des
hasards qui dérangent les combinaisons et les calculs des
ambitieux, changent quelquefois la situation des empires, et décident du sort de la postérité. Un peuple
compte le nombre de ses révolutions par celui des factions qui se succèdent, et aucune barrière ne peut en
arrêter les progrès et les ravages. Une constitution libre
peut seule prévenir ces excès lamentables ; mais quelle
ressource un peuple pourrait-il obtenir d'un code informe et absurde, qu'il aura revêtu d'une sanction
plus absurde encore? S'il s'élève un homme courageux, qui réduise au néant le cahos politique, source
des calamités, il passera dans l'esprit de ses concitoyens
abusés, pour l'ennemi de sa patrie. Que sert-il d'ailleurs de découvrir les plaies de l'humanité, si on ne lui
en présente pas le remède ? De quelle utilité peut être
à ses concitoyens celui qui, ayant le talent de foudroyer l'ouvrage du mensonge et de l'erreur, n'a pas
la conception assez vaste pour achever lui-même une
autre constitution, en remplacement de celle contre
laquelle il exhale sa colère. Le cours révolutionnaire
ne sera qu'une succession d'abus, et il suffira de les
dénoncer pour paraître grand citoyen aux yeux de
la multitude. Mais dénoncer, n'est pas produire ;
abattre, n'est pas édifier. Rien n'est plus facile que le
blâme ; mais la construction constitutionnelle est si
difficile, qu'aucun législateur n'a encore su remplir sa
tâche. Il ne suffit pas de prendre une voix éclatante,
et de tonner contre les tyrans et les ambitieux, c'est

la tyrannie et l'ambition dont il faut détruire jusqu'à la racine. Quelques idées éparses, quelques citations vagues sur les gouvernemens monstrueux, ne donnent point une constitution. Celui qui veut servir dignement son pays, ne doit pas se borner à dire ce qu'il faut faire, il doit l'exécuter lui-même. Peuple, ne prête jamais attention à ce que dit tel ou tel homme, mais donne la méditation la plus profonde aux vérités qu'il te démontre. Si la somme des instructions qu'on te présente renferme mille erreurs sur un principe, comment ne serais-tu pas en proie à l'aliénation, en consultant des oracles perfides que tu prends pour guides de tes démarches, et qui ne t'offrent qu'une liberté spéculative? Si pressé par le besoin, tu acceptes un gouvernement vicieux, lequel suppose la permanence des législatures, tu te donneras le *despotisme national*, qui est le plus effroyable de tous; car un peuple n'est jamais plus tyrannisé que quand il est devenu son propre tyran. Telle est l'origine de ce fameux adage, *le pire des états, c'est l'état populaire*. On aurait plus de raison de dire, *le pire des états, c'est l'état anarchique*, puisque jusqu'ici l'état populaire n'a point encore existé. Je défie que l'on puisse dire avec raison, le pire des états est un état libre, puisque la liberté ne se maintient que par le règne de la justice. Pour qu'un peuple puisse juger en connaissance de cause, le mérite de la constitution qu'on lui présente; il faut qu'il soit mis à portée de l'apprécier par les développemens qui doivent accompagner un travail de ce genre, et comme les vérités morales et politiques se démontrent jusqu'à l'évidence , la propriété morale d'un seul homme devient celle de toutes les nations, et rien ne peut ébranler une constitution qui porte sa sanction en elle-même.

L'époque à laquelle le représentant du mode conservateur est inactif, est celle d'un bonheur universel dans la République.

IL appartient à la tyrannie de ne rien faire de ce qui est de l'attribution du gouvernement, et de s'occuper sans cesse de ce dont elle ne devrait prendre aucune connaissance. C'est sous le prétexte de faire le bien qu'elle ne discontinue de faire le mal, et qu'elle donne une extension à la science des rapports sociaux, hors du cercle ou la nature les a circonscrits. Les formes de la tyrannie sont innombrables; mais pour un peuple il n'y a qu'une manière d'être libre, car il n'est qu'une manière de consacrer la justice. Le peuple fait son bonheur a lui-même, et ce bonheur dépend de son émulation, de son activité, et de son amour pour la morale. Le gouvernement ne peut faire aucun bien, son seul but est de prévenir le mal, et de ne pas souffrir qu'il se commette impunément, s'il outre-passe ce but, il devient arbitraire, et la mobilité de son existence le rend l'ennemi le plus cruel de la société. Les hommes probes n'ont pas besoin de gouvernement, ils obéissent à la loi sans y être contraints par la force. C'est à ceux-ci que le gouvernement doit être toujours invisible, et son action toute puissante ne doit se faire ressentir qu'au viola-

teur qui outrage le droit de son semblable. La société
reçoit le mouvement, la vie, l'abondance et le bonheur par cette sécurité qui en anime les ressorts, et
ce mouvement est imprimé par la main de la nature.
Si le gouvernement fait intervenir l'autorité dans ces
rapports réciproques, il ne peut qu'en détruire l'ordre
et l'harmonie. Ainsi, si la Représentation nationale,
rendue aux fonctions que la nature lui délègue, se
voyait réduite à un état d'immobilité, le repos du
glaive de la loi dont elle est dépositaire, serait la preuve
évidente que l'observance des droits de l'homme prévient jusqu'au moindre murmure. Cessant de tenir
cette attitude terrible et menaçante que lui donne
l'exécution de la souveraineté, ses soins se borneraient
à quelques détails administratifs, à la célébration des
fêtes nationales, et à présenter les couronnes civiques,
que la reconnaissance publique décerne aux bienfaiteurs de l'humanité. Qu'un pareil spectacle serait touchant et sublime! Combien ne contribuerait-il pas à
enflammer tous les cœurs de l'amour de la patrie!
Quelle harmonie, quelle confiance intime et quelle
fraternité résulteraient de cet accord moral et politique!.. Avec quel empressement les nations que la
nature a placées sous un autre hémisphère, ne s'em-
presseraient-elles pas de briser les chaînes de la servitude! L'espèce humaine rendue à sa dignité jouirait
d'une félicité parfaite, sous les auspices de la loi éternelle. L'affermissement de la liberté serait le terme
de toutes les misères; son règne bienfaisant mettrait
les peuples à l'abri des outrages du despotisme, et le
globe, qui fut trop longtems un théâtre de carnage et

d'horreurs, n'offrirait de toutes parts que l'union,
la paix et la concorde. Mais si le gouvernement conserve l'exercice de l'arbitraire, il deviendra le tyran le
plus cruel ; il décrétera tour-à-tour le pillage, l'assassinat, la famine et la guerre civile ; son existence désastreuse ouvrant les prétentions au pouvoir absolu ;
les citoyens opposés aux citoyens seront tenus par les
ambitieux dans un état perpétuellement révolutionnaire, jusqu'à ce que le trône d'une nouvelle tyrannie
s'élève sur les débris sanglans de la chose publique.
La nature physique est hors de l'homme, et il est
soumis lui-même à sa loi irrévocable, mais la nature
morale lui appartient toute entière ; c'est donc à lui
seul qu'il convient de la fixer sur la terre, en mettant
un terme à la décadence des empires. Dans les révolutions physiques du globe, les vents déchaînés se
croisent, se tourmentent, soulèvent et abaissent alternativement les ondes en remuant la masse jusqu'à
la plus grande profondeur. Des secousses qui se pro-
longent à de grandes distances, annoncent la présence
d'un foyer, dont l'action comprimée ébranle une surface immense, en répandant le trouble et la terreur.
Les montagnes s'affaissent, se choquent et se confon-
dent ; les fleuves connus sont engloutis dans les abymes. Des torrents impétueux s'élancent d'une source
nouvelle, renversent les édifices, les moissons, et se
creusent un lit au milieu des cités et des peuplades.
Ainsi, dans les révolutions morales, les peuples
s'ébranlent et impriment des mouvemens convulsifs
aux empires ; les passions mugissantes leur mettent les
armes à la main, et font de leur territoire un théâtre

de mort et de dissolution....... Mais quel a été le sort
de ces peuples qui ont tout abattu sans reconstruire ?
ils ont confié leurs destinées à des hommes qui n'ont
cherché qu'à se maintenir dans l'exercice d'une domination tyrannique ; les malheureux ! ils ont mieux aimé
vivre pour le règne d'un jour, que pour l'affranchis-
sement des siècles ! Au lieu de la justice éternelle, les
peuples n'ont obtenu que le monstre de l'anarchie.
Les schismes politiques, les dissentions, les guerres
civiles ont renversé les empires les plus florissans,
et les peuples éperdus, au milieu des décombres de
leurs foyers, n'ont trouvé que dans la paix des tombeaux, un asyle assuré contre l'agitation d'une tempête à laquelle ils ne voyaient pas succéder la sérénité
d'un beau jour. La nature physique n'éprouve que des
changemens nécessaires. Le soc de la charrue se pro-
menera dans le fond des abymes, et le sommet des montagnes, qui s'élève au-dessus des nuages, sera submergé
par les flots. Cependant, malgré ces vicissitudes, les
espèces sont conservées, les générations se succèdent,
la mer a ses limites certaines, et ses mouvemens
obéissent à la loi du grand équilibre ; mais les révolutions morales ne présentent qu'une fin déplorable.
Telle a été jusqu'ici la condition humaine de vaciller
sans cesse entre le juste et l'injuste, la félicité et la
misère, et les peuples ne semblent s'être élevés au
sommet de la splendeur, que pour se précipiter dans
les abymes, en laissant après eux de longs souvenirs
de honte et de fragilité. Ils passent du siècle des
sciences à celui de la barbarie ; les monumens qui at-
testaient leur gloire, épars et mutilés, sont recouverts
par

par le lierre et la mousse : les chef-d'œuvres des arts
sont enfouis dans les entrailles de la terre ; des villes
immenses par leur population , et célèbres par leur
industrie et leur commerce, n'offrent plus que des
contrées désertes où l'œil du voyageur ne peut se reposer que sur des ruines. La famine et la guerre civile
ont tout renversé, tout anéanti ; rien ne résiste à ces
fléaux dévastateurs !..... Tout est changé, tout doit
changer encore, si l'espèce humaine ne sait donner
des bornes à sa fureur. L'homme a toujours été le
destructeur de l'homme, parce qu'il n'a cessé de vivre
sous le despotisme. Le despotisme seul est le principe
de toutes les révolutions et de la subversion des empires. Mais cet esprit de haine et de discorde est aussi
étranger à la nature humaine que les difformités physiques produites par les accidents étrangers. L'homme
est tour-à-tour fourbe, ingrat, sanguinaire et perfide, quand les gouvernemens lui donnent intérêt à le
devenir. Changez la face des choses, et vous changez
les destinées du monde. Les esclaves contrarient sans
cesse le but de la nature qui les appelle vers la félicité. Au-dedans ils se livrent des guerres intestines ;
au-dehors ils s'entretuent pour assouvir l'ambition de
quelques dominateurs. Peuples, ce n'est ni contre
vous-mêmes, ni contre les autres peuples que vous
devez tourner vos armes ; vos vrais ennemis sont au
milieu de vous, au sein de vos murailles ; vous obéissez
tous les jours à leur voix sinistre et traîtresse, et puisque ces ennemis sont vos gouvernemens, c'est donc
eux seuls que vous devez combattre ; mais gardez-
vous de vous engager dans une vaine entreprise,

C c

et de remplacer une tyrannie par une autre.
Gardez-vous d'imiter ces peuples inconséquens qui,
incapables d'édifier, ne font des révolutions que pour
changer de despotisme. Ne courez pas après le fantôme d'une liberté imaginaire et fugitive. Fixez-là au
milieu de vous par le règne de la loi, vivez en paix
sous son auguste empire. Les générations passeront,
mais la liberté ne passera point avec elles.

F I N.

RÉTABLISSEMENT
DES PRINCIPES
CONSTITUTIONNELS.

GOUVERNEMENT
DES HOMMES LIBRES
Ou Constitution Républicaine.

DE LA CONSTITUTION.

ARTICLE PREMIER.

UNE Constitution est le principe et la forme du gouvernement.

II. Le principe est moral, éternel, indestructible.

III. La forme est physique, réglémentaire et conventionnelle.

IV. Le principe est le Contrat-Social.

V. La forme en est le mode conservateur.

De la perfection de la Constitution.

La perfection de la Constitution est l'impossibilité morale et physique de l'étendre ou de la réduire sans péril pour la liberté.

Principe Moral de la Constitution du Contrat-Social.

ARTICLE PREMIER.

Le Contrat-Social est le lien moral, éternel et sacré, qui unit tous les hommes épars sur la surface de la terre.

II. Les hommes épars sont divisés en Peuples, par les limites de la nature.

III. Un Peuple est une masse d'hommes réunis en société.

IV. La société a pour but le bonheur de tous les hommes, et est essentiellement juste.

V. Le but de la société ne peut être rempli que par l'application et l'exécution du Contrat - Social.

VI. L'application et l'exécution du Contrat-Social reposent sur la souveraineté des peuples.

VII. La souveraineté d'un peuple est l'accomplissement de sa volonté.

VIII. La souveraineté est éternelle, universelle, inaliénable.

IX. Elle est répartie dans son essence en autant de fractions qu'il y a d'individus composant la société, parce que chaque citoyen a le même droit de connaître du principe et de la forme du gouvernement sous lequel il doit vivre.

X. Elle est indivisible dans son exercice, en ce qu'aucun individu, aucune fraction du peuple ne peut se l'attribuer, et qu'elle ne se manifeste que par la réunion de la société.

XI. L'acte de la souveraineté émane par l'expression de la volonté du peuple.

XII. Un Peuple ne peut se donner un ou plusieurs tyrans, parce que l'acte par lequel il tenterait d'aliéner sa souveraineté serait nul.

XIII. Le devoir d'un peuple est de renverser tous les obstacles qui s'opposent à l'exercice de ses droits et à l'accomplissement de son bonheur; ce devoir est l'insurrection.

XIV. Il ne peut contracter d'alliance avec les tyrans, dont l'existence seule est un crime.

XV. Les Peuples libres ne reconnaissent d'autre culte que celui du Contrat-Social.

XVI. C'est mourir tous les jours que de vivre dans l'esclavage.

XVII. C'est vivre éternellement dans ses semblables, que de mourir pour la liberté.

Reconnaissance des Droits de l'Homme.

ARTICLE PREMIER.

L'homme naît, vit et meurt libre.

II. Il mérite bien de la société, quand il ôte la vie à celui ou à ceux qui oppriment la liberté, ou qui conspirent contre elle.

III. La liberté est la jouissance des droits du citoyen.

IV. Ses droits sont, le droit personnel, le droit civil, le droit politique, le droit social et le droit général.

V. La jouissance de ses droits n'a de bornes que celles qui assurent à ses concitoyens la jouissance des mêmes droits; ainsi il n'est pas un droit sans un devoir, ni un devoir sans un droit corrélatif.

VI. Le droit personnel est le libre exercice des facultés de l'esprit et du corps; ainsi chaque citoyen peut exercer la profession qui lui plaît, voyager, parler et propager ses pensées, pourvu qu'il n'attente en aucune manière au Contrat-Social.

VII. Son droit civil est l'existence, la sûreté de la vie et de la propriété physique et morale. Ainsi, s'il est dans une indigence involontaire, la société lui doit des secours en raison de ses besoins et de ses services, et le juste châtiment de celui qui aurait outragé le Contrat-Social dans sa personne.

VIII. Son droit politique est la concurrence directe ou indirecte à la reconnaissance et au maintien du Contrat-social ainsi, il est admissible à toutes les fonctions, sans autre titre que la confiance de ses concitoyens.

IX. Son droit social est, s'il a bien mérité de la patrie, d'en être l'enfant adoptif et le créancier titulaire ; ainsi, s'il s'est dévoué pour son salut, elle lui doit des récompenses en raison de ses sacrifices.

X. Son droit général est la résistance à tous les genres d'oppression ; ainsi, il a le droit de repousser la force par la force, à moins que cette force ne soit employée par la loi.

Reconnaissance de la Loi.

ARTICLE PREMIER.

La Loi est le résultat moral des Droits et des Devoirs de l'Homme.

II. La Loi, pour n'être pas écrite, n'en est pas moins essentiellement préexistente au crime.

III. Tout citoyen est inviolable par la Loi, dans les injustices qu'il éprouve.

IV. Tout Citoyen est responsable envers la Loi des injustices qu'il commet.

V. La Loi punit le crime.

VI. La Loi protège l'innocence.

VII. La Loi n'ordonne l'arrestation d'un citoyen que dans le cas où il est accusé d'avoir attenté aux Droits de l'Homme.

VIII. Tout homme arrêté par la Loi, doit obéir à l'instant ; il se rend criminel par la résistance.

IX. La Loi est égale pour tous, soit qu'elle protège, soit qu'elle punisse.

X. La Loi ne peut être injuste; si la volonté du gouvernement était injuste, elle n'aurait qu'un caractère de tyrannie et d'oppression, et la résistance à cette volonté serait le premier des devoirs.

De la reconnaissance de la Loi.

ARTICLE PREMIER.

La Loi est reconnue par l'expression de la volonté du Peuple.

II. Cette expression est directe ou présumée.

III. La volonté directe est infaillible.

IV. La volonté présumée est faillible.

Du Mandat.

ARTICLE PREMIER.

Le Mandat du Peuple est tacite et impératif.

II. Il commande souverainement la reconnaissance du Contrat-Social.

III. Si les mandataires reconnaissent le Contrat-Social, ils sont les bienfaiteurs de l'humanité.

IV. S'ils ne le reconnaissent pas, ils en sont les oppresseurs.

De la sanction du Contrat-social.

La sanction du Contrat-Social est son évidence.

De la Justice.

ARTICLE PREMIER.

La Justice est l'application de la Loi.

II. Il n'est qu'un seul crime, c'est l'assassinat.

III. Il n'est qu'un seul châtiment, c'est la peine de mort.

De l'Assassinat.

ARTICLE PREMIER.

L'Action par laquelle on attente à la vie ou à la propriété d'un ou plusieurs citoyens, est un assassinat.

II. Le viol est un assassinat physique.

III. La calomnie est un assassinat moral.

IV. Le blasphême est un assassinat politique.

V. La prévarication est un assassinat physique et moral.

VI. La conspiration est un assassinat physique, moral et politique.

VII. L'inertie d'un fonctionnaire de la République est un assassinat passif.

VIII. La complicité ou le silence sur un crime, est un assassinat passif.

IX. L'assistance à un duel est un assassinat passif.

X. Le refus volontaire de la mère, d'alaiter sa progéniture, est un assassinat passif.

XI. Le refus du père ou de la mère, de donner à l'enfant les soins que sa faiblesse réclame de la nature, est un assassinat passif.

De la Preuve juridique.

La Preuve est le résultat du témoignage des hommes et des choses qui, en éclairant la conscience, y portent la conviction.

La Preuve résulte de ces recherches :

1º. Quelle est cette personne ?

2º. Qu'a-t-elle fait ?

3º. En quel lieu ?

4º. Par quels moyens.

5º. Par quel motif ?

6º. Avec qui, et à l'instigation de qui ?

7º. Quel jour, et à quelle heure ?

Du Meurtre.

Le meurtre est l'action involontaire ou légitime, par laquelle on ôte la vie à un homme.

De l'ipshéroïcide.

L'Ipshéroïcide est l'action légitime par laquelle un citoyen cherche en vain à mourir tout entier.

Du Suicide et du Duel.

ARTICLE PREMIER.

Le suicide est l'action par laquelle un homme s'ôte la vie à lui-même.

II. Le duel est l'action réciproque par laquelle deux hommes cherchent à s'ôter la vie.

III. Le suicide et le duel sont légitimes sous le règne du despotisme ; ils sont des actes de démence sous le règne de la liberté.

De la Démence.

ARTICLE PREMIER.

La démence est l'absence de la raison.

II. La justice ne punit pas la démence, elle en prévient les actes dangereux à la société.

III. L'homme en démence est rendu à la liberté physique, par le retour de l'existence morale ou de la raison.

Application du Contrat-Social.

ARTICLE PREMIER.

Le Contrat-Social, par son application, établit un peuple en république.

II. Le peuple confie au gouvernement l'exécution du Contrat-Social.

Exécution du Contrat - Social du Gouvernement.

ARTICLE PREMIER.

Le gouvernement est le mode conservateur du Contrat-Social.

II. Le Contrat-Social est le pouvoir.

III. Le gouvernement est le devoir.

IV. Le gouvernement ne doit point avoir d'intérêt séparé de celui de la république.

V. Le gouvernement est le débiteur des belles actions, il donne l'existence par le travail à ceux qui ne peuvent personnellement y pourvoir.

VI. Il maintient la liberté de l'agriculture, du commerce et des arts.

VII. Le gouvernement est confié à des fonctionnaires.

VIII. Les fonctionnaires sont responsables comme hommes privés et comme hommes publics.

IX. Tout fonctionnaire et destituable par son constituant.

X. Les fonctionnaires sont nommés directement ou indirectement par le peuple, l'intérêt seul de la république détermine le mode d'élection.

De la perfection du Gouvernement.

La perfection du gouvernement est sa simplicité.

Des Fonctions.

Une fonction est l'acquit de la dette contractée par les fonctionnaires envers la république.

Division des Fonctions.

Les fonctions se divisent en devoir législatif et devoir exécutif.

EN MORALE.

Le devoir législatif est la reconnaissance du Contrat-Social.

Le devoir exécutif est l'obéissance.

EN PHYSIQUE.

Le devoir législatif est le rapport du centre aux extrémités.

Le devoir exécutif est le rapport des extrémités au centre.

Du Centre.

Le centre est la réunion de tous les rayons moraux et physiques qui partent des extrémités pour y être réfléchis dans leur pureté inaltérable.

La réflexion des rayons moraux est la reconnaissance du Contrat-Social.

La réflexion des rayons physiques en est le mode conservateur.

Distribution du territoire de la République française, d'après les bases de la population.

Élection des Fonctionnaires publics.

Des Assemblées de la République.

Règlemens civils et politiques.

De la ... ...

Des Finances

Les finances sont les signes représentatifs de la production.

De l'Impôt.

L'impôt est la dépense de la société.

Direction de la Représentation nationale après la reconnaissance du Contrat-Social, et la détermination du gouvernement.

La Constitution est terminée.

Le mouvement spontané de tous les citoyens, pour se rendre le premier messidor, dans leur assemblée de canton respective, d'après la distribution du territoire, en sera l'accomplissement irrécusable.

L'époque à laquelle le représentant du mode conservateur est inactif, est celle d'un bonheur universel dans la République.

POST-SCRIPTUM.

Cet Ouvrage commencé immédiatement après le 10 Août 1792, a été terminé le 6 Mars de l'année suivante. Des obstacles insurmontables en ont retardé l'impression.

ERRATA.

Page 2. ligne 7. dont elle ait rédigée, *lisez* : dont elle est rédigé.

Pag. 5. ligne 7. ce nom qui signifie, *lisez* : cette forme qui détermine.

Pag. 12. lig. 31. et de réglémens, *lisez* : et de réglemens.

Pag. 13. lig. 15. mais les deux genres, *lisez* : mais ces deux genres.

Pag. 17. lig. 7. unit les hommes, *lisez* : unit tous les hommes.

Pag. *idem.* lig. 15 et 16. indépendence, *lisez* : indépendance.

Pag. 19. lig. 11. à la naissance des républiques, *lisez* : à la naissance et à la splendeur.

Pag. 31. lig. 26. égale au millionième, *lisez* : à un millionime.

Pag. 32. lig. 12. les ont parqueté, *lisez* : les ont parqués.

Pag. *idem.* lig. 25. qu'ils saient, *lisez* qu'ils soient.

Pag. 39. lig. 3. de vou, *lisez* : de vous.

Pag. 48. lig. 30. te seras, *lisez* : te sera.

Pag. 51. lig. 5. aucun devoir, *lisez* : aucuns devoirs.

Pag. *idem.* lig. 11. ainsi l'hommme, *lisez* : l'homme.

Pag. *idem.* lig. 13. l'homme ne doit trouver, *lisez* : l'homme ne doit donc trouver.

Pag. 54. lig. 12. le sang qui arrose, *lisez* : le sang qui arrosa.

Pag. 58. lig. 6. car pour tout, *lisez* : car par tout.

Pag. 78. lig. 11. sont convenus, *lisez* : a décidé.

Pag. 85. lig. 15. qu'il doit s'insurger, *lisez* : qu'il devrait s'insurger.

Pag. 89. lig. 19. puisqu'il l'aurait outragé, *lisez* : puisqu'il l'aurait outragée.

Pag. 105. lig. 26. contradictoire, *lisez* : contraire.

Pag. 109. lig. 28. puise-tu, *lisez* : puisse-tu.

Pag. 113. lig. 21. cette même liberté, *lisez* : cette même société.

Pag. 135. lig. 4. fallacieuses, *lisez* : fallacieux.

Pag. 136. lig. 7. sa douleur, *lisez* : la douleur.

Pag. *idem.* lig. 17. endurcissent, *lisez* : qui endurcissent.

Pag. 238. lig. 16. avant que de, *lisez* : avant de.

Pag. 140. lig. 27. envier, *lisez* : dérober.

Pag. 146. lig. 28. avait-il de l'habitude, *lisez* avait-il l'habitude.

Pag. 248. lig. 19. ou montrent-ils, *lisez* : et montrent-ils.

Pag. 150. lig. 14. l'a-t-il fabriqué, *lisez* : l'a-t-il fabriquée.

Pag. *idem.* lig. 18. l'aurait-t-il acheté, *lisez* : l'aurait-t-il achetée.

Pag. 176. lig. 6. la chûte, *lisez* : le choc.

Pag. *idem.* ligne 7. un coup, *lisez* : un corps.

www.ingramcontent.com/pod-product-compliance
Lightning Source LLC
Chambersburg PA
CBHW072006270326
41928CB00009B/1567